Festschrift

der

Juristischen Gesellschaft in Leipzig

Festschrift

der

Universität Leipzig

zur

fünfhundertjährigen Jubelfeier

gewidmet von der

Juristischen Gesellschaft in Leipzig

Leipzig
Verlag von Veit & Comp.
1909

Druck von Metzger & Wittig in Leipzig.

Tausend Semester sind seit der Gründung der alma mater Lipsiensis verflossen. Dem Kampfe um die deutsche Nationalität verdankt sie ihre Entstehung; in freien Geisteskämpfen hat sie Jahrhunderte lang um die Wahrheit gerungen auf allen Gebieten der Wissenschaft.

Mit Stolz kann die Universität auf die Vergangenheit zurückblicken und sich der Gegenwart freuen.

Darum hat die Leipziger Juristische Gesellschaft beschlossen, ihrer Anteilnahme an dem Jubiläum der Universität durch eine Festschrift verehrungsvoll Ausdruck zu geben.

Die Juristische Gesellschaft erfüllt damit eine tiefempfundene Dankespflicht für die Belehrungen, Anregungen und Förderungen aller Art, die sie seit ihrem Bestehen von ihren der Universität angehörenden Mitgliedern empfangen hat.

Leipzig, im Juli 1909.

Inhalt

Aus dem Patentrecht.

Von

Dr. Albert Bolze,

Senatspräsident beim Reichsgericht a. D.

1.

Nach dem deutschen Patentgesetz § 1 werden Patente erteilt für neue Erfindungen, welche eine gewerbliche Verwertung gestatten. Auf die Erteilung des Patents hat derjenige Anspruch, welcher die Erfindung zuerst nach Maßgabe dieses Gesetzes angemeldet hat (§ 3). Das Patent hat die Wirkung, daß der Patentinhaber ausschließlich befugt ist, gewerbsmäßig den Gegenstand der Erfindung herzustellen, in Verkehr zu bringen, feilzuhalten oder zu gebrauchen (§ 4). Lange vor dem Erlaß des Patentgesetzes war in der zunächst für das Gebiet des Norddeutschen Bundes erlassenen, demnächst auf das weitere Gebiet des Deutschen Reichs ausgedehnten Gewerbeordnung der Grundsatz ausgesprochen: Der Betrieb eines Gewerbes ist jedermann gestattet, die noch bestehenden ausschließlichen Gewerbeberechtigungen sind aufgehoben. Unter Einschränkung dieses für das ganze Reichsgebiet proklamierten gemeinen Rechts sollen nach dem spätern Reichspatentgesetze Patente mit den genannten ausschließlichen gewerblichen Berechtigungen je einer einzelnen Person oder mehreren einzelnen Personen zusammen von einer Reichsbehörde, dem Patentamt, erteilt werden. Die Erlasse, durch welche solche Vorrechte abweichend von dem gemeinen Recht an Einzelpersonen verliehen werden, und die dadurch begründeten Vorrechte, pflegt man seit der Römerzeit Privilegien zu nennen. — Savigny, System Bd. 1 S. 65.

Hier sei es mir gestattet, in dieser, unserer Universität zur Feier ihres großen Festes, des 500 jährigen Jubiläums, gewidmeten Schrift die besonders klaren Ausführungen eines ihrer großen Rechtslehrers wiederzugeben, dessen wir allzeit gern gedenken — v. Wächter, Württembergisches Privatrecht Bd. 2 S. 15: „Es kann eine Ausnahme und Abweichung vom regelmäßigen Recht für einen konkreten Fall und für ein einzelnes Individuum festgesetzt werden (Privilegium im engeren Sinne) ... zum Vorteil des Beteiligten ... Solche Privilegien können von der Gesetzgebung durch Erlassung eines persönlichen Gesetzes ausgehen ... Häufig aber wird auch die Verwaltung durch die Gesetzgebung befugt, solche Privilegien einzelnen Individuen zu verwilligen.

Anm. 11: Das Wort privilegium bezieht sich zunächst auf eine für ein einzelnes Individuum oder einen konkreten Fall festgesetzte Ausnahme ... und bezeichnet sowohl das Gesetz, welches eine solche Ausnahme festsetzt (lex in privos homines lata, so namentlich bei den röm. nichtjuristischen Klassikern, z. B. Cicero de legibus III 19) als auch (subjektiv) ein durch ein solches Privilegium eingeräumtes Vorrecht."

§ 22. „Eine Rechtsnorm außer Wirkung setzen kann nur diejenige Gewalt, welche eine Rechtsnorm geben kann. Dies gilt natürlich nicht nur von der Rechtsnorm an und für sich, sondern auch von der Rechtsnorm in ihrer Geltung und Anwendung auf einzelne Individuen. Ausnahmen von den bestehenden Privatrechtsgesetzen für einzelne Individuen kann daher nur die Gesetzgebung machen. Allein die Gesetzgebung kann solche Ausnahmen in doppelter Weise machen, teils geradezu, indem ein Gesetz gegeben wird, welches für ein Individuum eine solche Ausnahme feststellt, teils mittelbar, indem das Gesetz für gewisse Fälle andern Organen das Recht überträgt, solche Ausnahmen zu verfügen. Ein solches Recht ist durch die Gesetze in gewissen Fällen teils dem Regenten gegeben, teils einzelnen Staatsbehörden eingeräumt." Das wird bestätigt von Gierke, Deutsches Privatrecht Bd. 1 § 34 S. 304. „Auch wird nicht selten durch ein Gesetz die Krone oder eine Verwaltungsbehörde ausdrücklich zur Verleihung gewisser Privilegien ermächtigt." Anm. 9 „die Verleihung erfolgt hier kraft delegierter Gesetzgebungsgewalt, bleibt also Normsetzung und bleibt eine lex specialis". Nach den Bestimmungen des Deutschen Patentgesetzes entsteht das Recht des Patentträgers durch ein derartiges Privilegium.

Man spricht wohl von einem gewerblichen Eigentum des Erfinders an dem, was er erfunden hat, und Viele glauben damit die Annahme eines Privilegs ausschließen zu können. Dieses gewerbliche oder geistige Eigentum soll mit der Erfindung in der Person des Erfinders an dem immateriellen Gut der Erfindung auch im Deutschen Reich entstehn und nur durch die Patenterteilung sanktioniert werden. Der materielle Gehalt des Rechts soll schon vor der Patentierung vorhanden sein als ein persönliches Recht des Erfinders, die Patentierung sei nur die gesetzliche Form, mit welcher das bestehende Recht anerkannt werde. Mit besonderer Energie ist diese Ansicht von Kohler in einer Reihe von Abhandlungen und in seinem Handbuch des Patentrechts aufgestellt, neuerdings von Seligsohn in einer Abhandlung vertreten „Bilden formelle

Mängel im Erteilungsverfahren einen Nichtigkeitsgrund?" Festgabe Kohler S. 225 f. März d. J. Die Ansicht hat etwas Bestechendes; auch ich habe mich früher von derselben leiten lassen. Bolze, Der Entwurf einer Patentnovelle 1890 S. 6. Erfahrungen, welche ich seitdem gemacht, haben mich zu einer wiederholten Prüfung veranlaßt, und ich bin dann zu der Überzeugung gelangt, daß jene Ansicht die Bedeutung der Patenterteilung unterschätzt.

Der Ausdruck „gewerbliches Eigentum" ist wohl nicht in Deutschland geschaffen, er ist aber auch hier so weit verbreitet, daß er nicht mehr auszurotten ist; er hat auch hier offizielle Anerkennung gefunden. Das Deutsche Reich ist der von mehreren Staaten zu Paris am 20. März 1883 geschlossenen „Übereinkunft zum Schutze des gewerblichen Eigentums" beigetreten — Reichsgesetzblatt von 1893 Nr. 17 S. 147. — Nach dem Originaltext ist die Übereinkunft geschlossen „pour la protection de la Propriété industrielle, contribuer à la garantie des droits des inventeurs". Allein daß die hohen Kontrahenten damit hätten ein Recht bezeichnen wollen, welches in der Person der Erfinder vor der Patenterteilung mit dem Augenblick der Erfindung entstanden wäre, kann ich aus den dezisiven Bestimmungen der Übereinkunft nicht entnehmen. Art. 2 beschränkt sich auf die Bestimmung: Les sujets ou citoyens de chacun des États contractants jouiront, dans tous les autres États de l'Union, en ce qui concerne les brevets d'invention ... des avantages que les lois respectives accordent actuellement ou accorderont par la suite aux nationaux. Sie sollen denselben Schutz wie diese und dieselbe Rechtshilfe gegen jeden Eingriff in ihre Rechte haben, vorbehältlich der Erfüllung der Förmlichkeiten und Bedingungen, welche den Staatsangehörigen durch die innere Gesetzgebung jedes Staates auferlegt worden.

Art. 4 Celui qui aura régulièrement fait de dépôt d'une demande de brevet d'invention.. dans l'un des États contractants, jouira, pour effectuer le dépôt dans les autres États... d'un droit de priorité pendant les delais déterminés ci-après...

Folgt im Art. 5 eine Bestimmung über die Einfuhr von patentierten Gegenständen durch den Patentinhaber...

Nur im Art. 11 wird ein zeitweiliger Schutz den inventions brevetables zugesagt, welche auf amtlichen oder amtlich anerkannten internationalen Ausstellungen zur Schau gestellt werden.

In dem Schlußprotokoll zur Zusatzakte vom 14. Dezember 1890 Nr. 3b (S. 175 RGZ.) wird dann noch Bestimmung getroffen über den Verfall eines Patents wegen Nichtausübung. Am wenigsten ergibt sich aber aus dem deutschen Patentgesetze vom 1. Juni 1891, daß durch seine Bestimmungen die Auffassung ausgeschlossen werde, das Patent sei ein von dem Patentamte namens des Reichs erteiltes Privileg.

Natürlich kann ein Patent nicht erteilt werden, wenn keine Erfindung oder keine neue Erfindung vorliegt. Hat die patenterteilende Behörde das, was angemeldet ist, irrtümlich für eine Erfindung angesehen oder für eine neue Erfindung, so wird auf erhobene Klage das Patent von der Nichtigkeitsabteilung des Patentamts oder in der Berufungsinstanz von dem Reichsgericht für als von Anfang an nichtig erklärt (§ 10 Nr. 1, § 13 Abs. 1, § 14 Nr. 2, § 28 Abs. 1, § 33 PG.).

Die Nichtigkeit ist auch dann auszusprechen, wenn die Erfindung Gegenstand eines früheren deutschen Patents war: wenn schon das frühere Patent zu der Zeit, als dieselbe Erfindung zum zweiten mal angemeldet wurde, bereits erloschen war. Denn das Patentamt hat seine patenterteilende Macht, ein ausschließendes Recht zu gewähren, damit erschöpft, daß es dieses Recht einmal verliehen hat. Dieser vom Reichsgericht in dem Urteil vom 13. Januar 1900 I 390/99, mitgeteilt im Blatt für Patentwesen 6 S. 148 ausgesprochene Satz wurde anfänglich in der Literatur außer von Kohler angefochten, später ist seine Richtigkeit anerkannt. Vgl. Kohler, Handbuch des Patentrechts S. 279; Seligsohn, Kommentar zu § 3 S. 80 der 3. Auflage; Damme, Deutsches Patentrecht S. 208. — In England ist das gar nicht bestritten. Edmunds Law and practice of letters patent p. 294. Das Reichsgericht hat weiter ausgesprochen, und diesen Satz u. a. mit der Privilegiennatur des Patents begründet, daß, wenn die Patenterteilung auf einem Verstoß gegen die für die Patenterteilung wesentliche Bestimmung des Gesetzes beruht, der Richter das Patent nicht zu beachten hat. Das gelte auch für den Zivilrichter natürlich mit der Einschränkung auf den von ihm abzuurteilenden Einzelfall. E. 46 Nr. 46 unter Bezugnahme auf Bolze in der Zeitschrift für gewerblichen Rechtsschutz 1892 S. 158 und E. 50 Nr. 41 und I 469 1905 vom 11. April 1906 Juristische Wochenschrift 1906 S. 401 „Das Patent hat die Natur eines Spezialgesetzes, welches subjektive Regeln gegen alle schafft."

Die Römer hatten keine Patente, aber für die von dem Richter im allgemeinen zu befolgenden Kaiserlichen Reskripte galt der Satz L. 7 C. de prec. imp. (1. 19) Rescripta, contra jus elicita, ab omnibus judicibus [refutari] praecipimus... L. 6 C. si contra jus (1. 22) Wächter a. a. O. § 22 Anm. 4. Die Opposition wird sich auch wohl hier legen.

Wenn auch der Erfinder im deutschen Patentgesetz nicht als derjenige bezeichnet ist, welcher den Anspruch auf Erteilung des Patents hat, und dem infolgedessen das Patent zu erteilen ist, so hat das Gesetz doch diesen im Auge. Das Patentgesetz in der Fassung von 1877 ist ja gerade zu dem Zweck erlassen, um den Erfindersinn zu reizen und durch dessen Betätigung die deutsche Industrie zu heben. Auch ist dieser Zweck erreicht.

Dem Erfinder steht auch der Weg offen, seine Anmeldung zuerst einzureichen und so sich die Priorität vor der Anmeldung eines andern zu sichern, und die Abweisung wegen inzwischen eingetretener Offenkundigkeit der Benutzung (§ 2 PG.) auszuschließen. Er braucht nur die Anmeldung zu beschleunigen und bis dahin das Geheimnis zu bewahren. Ist aber trotz seiner dahin gerichteten Bestrebungen oder weil er zunächst die Patentierung gar nicht will, seinen Beschreibungen, Zeichnungen, Modellen, Gerätschaften oder Einrichtungen, oder einem von ihm angewendeten Verfahren der wesentliche Inhalt der Anmeldung eines andern entnommen, so kann der so benachteiligte Erfinder immer noch zur Patentierung auf dem Wege des § 3 PG. gelangen oder durch Erhebung einer Klage auf Abtretung aus §§ 823, 826, 812, 819 BGB. — Vgl. Bolze, Praxis des Reichsgerichts Bd. 10 Nr. 159, Bd. 15 Nr. 98.

Endlich steht dem Erfinder, wenn ihm ein anderer oder ein späterer Erfinder mit der Anmeldung der Erfindung zuvorgekommen ist, immer noch der Schutz des § 5 PG. zur Seite, sofern er bereits zur Zeit der Anmeldung im Inlande die Erfindung in Benutzung genommen oder die zur Benutzung erforderlichen Anstalten getroffen hatte. Er bleibt dann befugt, die Erfindung für die Bedürfnisse seines eigenen Betriebes in eigenen oder fremden Werkstätten auch dem Patentierten gegenüber auszunutzen. Und diese Befugnis kann er zusammen mit seinem Betriebe vererben oder veräußern.

Hat das Gesetz also auch den Erfinder tunlichst sichergestellt, damit er das Patent, d. h. das Privilegium, welches das ausschließliche Recht gewährt, zu erlangen, so entsteht dieses Recht immer erst durch die Patentierung.

Das würde auch nicht anders sein, wenn das Gesetz den Erfinder oder den ersten Erfinder ausdrücklich als denjenigen bezeichnet hätte, welcher den Anspruch auf die Erteilung des Patents habe, sofern er die neue Erfindung zur Patentierung anmeldet.

Nun gibt zwar Seligsohn S. 238 zu, daß die Patenterteilung eine konstitutive Bedeutung habe. Das komme aber auch bei andern Privatrechten vor, daß sie durch einen konstitutiven Akt einer Behörde ins Leben gerufen würden: so bei der Hypothek und Grundschuld durch Eintrag im Grundbuch, bei dem Eigentumsübergang von Grundstücken durch Eintrag nach erfolgter Auflassung; bei der Begründung einer Aktiengesellschaft durch Eintrag im Handelsregister, beim Warenzeichen durch Eintrag in die Rolle nach vorangegangener Prüfung durch die Behörde. Und in diesen Fällen spreche man doch nicht von einem Privileg.

Dabei ist ja vollkommen übersehen, daß in allen diesen Fällen nicht durch die Behörde ein Ausnahmerecht begründet wird, welches als Vorzugsrecht das gemeine und reguläre Recht, zu welchem auch jene angezogenen Formvorschriften gehören, durchbricht. Dort werden — S. 236 — durch die Gesetzgebung Rechtsnormen aufgestellt, auf Grund deren beim Vorhandensein entsprechender Tatsachen eine ungemessene Zahl von subjektiven Berechtigungen erworben werden können.

Wenn aber durch Spezialakt des Staats für einen einzelnen Fall die angemeldete eine Erfindung des einen Erfinders patentiert wird, entgegen dem generellen Gesetze, kraft dessen die Millionen Personen, welche übereinstimmend die Gewerbefreiheit genießen, um jenes für den einzelnen zu gewährenden Vorrechts willen auf 15 Jahre gebunden werden, so ist dieser Spezialakt ein Gesetz, wenn schon eine lex specialis, wie es ein Gesetz bleibt, wenn durch die gesetzgebende Gewalt selbst das Privileg in den Formen der Gesetzgebung erteilt wird.

Vgl. außer den oben zitierten Schriftstellern Windscheid, Pandekten § 131 Nr. 1a unter Berufung auf das in Form eines Gesetzes verliehene Nachdrucksprivileg der Schillerschen Erben, das deutsche Reichsbankgesetz vom 14. März 1875 § 1, die arrogatio per populum bei den Römern, „in diesem Fall beruht das Privilegium auf einem Rechtssatz, welches in der individuellen von ihm hervorgebrachten rechtlichen Wirkung aufgeht; objektives und subjektives Recht fallen zusammen". Friedberg, Kirchenrecht § 98 II S. 237 unten. Besonders aber Hinschius Art. Privileg in v. Stengels Wörterbuch des deutschen Verwaltungsrechts Bd. 2 S. 311. v. Stengel in Marquardsens Handbuch des öffentlichen Rechts II. 3 S. 172.

Nun kann man ja zugeben, daß, wenn ein Gegenstand in einer für alle Untertanen gleichartigen Weise gesetzlich geregelt und dabei dem Ermessen der Verwaltungsorgane kein Spielraum gelassen ist, eine Erteilung von Privilegien nicht stattfindet. Georg Meyer, Deutsches Staatsrecht § 178 S. 561. Wäre die Materie der Patenterteilung im Patentgesetz im allgemeinen und im einzelnen so präzis geordnet, daß es sich bei den Akten der patenterteilenden Behörde nur um eine einfache Anwendung dieser Bestimmungen auf den einzelnen Fall handelte, so könnte man etwa sagen, daß auf dem Gebiet des Patentwesens die gesetzliche Gewerbefreiheit durch das Patentgesetz generell ausgeschlossen sei; das Patentgesetz selbst sei ein Teil des gemeinen Rechts geworden und das Privileg ausgeschlossen. Allein noch sind wir sehr weit davon entfernt, daß beim Patent die materiellen Voraussetzungen der Erteilung genau präzisiert seien, daß das Patentamt durch den Erteilungsbeschluß nur feststelle, daß die gesetzlichen Voraussetzungen vorliegen, und daß deshalb die Erteilung eines Privilegiums nicht vorliege — Seligsohn S. 237 —. Nichts weniger ist präzis im Patentgesetz als die Bezeichnung „neue Erfindungen", für welche die Patente erteilt werden.

Ich darf mich dafür auf die goldenen Worte eben desselben, Seligsohn in seinem Kommentar zu § 1 des Patentgesetzes S. 31 beziehen. „Die Erfindung im patentrechtlichen Sinne läßt sich überhaupt nicht so scharf abgrenzen, daß man an der Hand ihrer Begriffsbestimmung ohne weiteres entscheiden könnte, ob im einzelnen Falle eine Erfindung vorliege oder nicht. Es handelt sich um die Abwägung, ob das neue Produkt gegenüber dem bereits Vorhandenen einen so erheblichen technischen Fortschritt bedeutet, daß es sich rechtfertigt, seinem Urheber ein die allgemeine Gewerbefreiheit in dem Maße einschränkendes Recht, wie es der Patentschutz ist, zu gewähren. Denn, daß dieser Schutz nicht jeder Neuerung zuteil werden soll, sondern nur derjenigen, welche über die stetigen Fortschritte der Technik durch ihren geistigen Inhalt und ihre technische Wirkung hinausragt, darüber besteht keine Verschiedenheit der Meinung. Bei der Relativität des Erfindungsbegriffs ist es unmöglich, ihn in eine allgemeine Formel zu bannen; vielmehr kann allein die Praxis im einzelnen Falle die Grenze ziehen, welche die patentfähige von der patentunfähigen Neuerung scheidet."

Handelt es sich aber bei der Patenterteilung wie bei der Privilegienverleihung um einen Verwaltungsakt, nicht um ein richterliches

Urteil — vgl. den für diese Ansicht von Seligsohn S. 30 zitierten, Laband, Staatsrecht § 75 —, so wird die Ansicht bedeutend, welche Meyer a. a. O. ausspricht: „Der Grundsatz, daß die Verwaltungshandlungen sich innerhalb der gesetzlichen Schranken bewegen muß, findet auch auf die Erteilung der Privilegien Anwendung": wie ja auch v. Wächter a. a. O. erklärt, „die vollziehende Gewalt ist, wie überhaupt so auch bei allen Einwirkungen auf die Bestimmung konkreter Verhältnisse an die Gesetze gebunden". Meyer fährt dann fort: „Die Privilegienerteilung erscheint nur zulässig in bezug auf solche Gegenstände, hinsichtlich welcher entweder ein bestehender Rechtssatz der Verwaltung ausdrücklich die Ermächtigung zur Privilegienerteilung verleiht oder deren Regelung dem freien Ermessen der Verwaltungsorgane überlassen ist."

Hier ist zunächst durch das Gesetz dem Patentamt die gesetzgebende Funktion übertragen, auf die Anmeldung eines einzelnen Gegenstandes ein Patent an einen Einzelnen oder mehrere Einzelne zusammen zu verleihen und insoweit die der Allgemeinheit zustehende Gewerbefreiheit beiseite zu setzen, die noch nicht durch die Tatsache beiseite gesetzt wird, daß jemand in irgend einem Orte eine Erfindung gemacht hat, ohne dieselbe zur Patentierung anzumelden, vielmehr durchbricht erst die Patenterteilung soweit als sie reicht das Gesetz. Sodann aber ist damit, daß das Patentgesetz den Gegenstand der Patentierung so unbestimmt gelassen hat, daß im einzelnen Falle dem Ermessen der Behörde der weiteste Spielraum gelassen ist, der andere Fall einer Privilegierung durch die von dem Gesetz hierzu autorisierte Verwaltungsbehörde gegeben. Das Patentamt hat denn auch, um in jedem einzelnen Fall in angemessener Weise eine Wahl für seine Entschließung zu treffen, von seinem Ermessen in weitem Umfang Gebrauch gemacht, wie die Resultate seiner amtlichen Tätigkeit ergeben. Das Blatt für Patent-, Muster- und Zeichenwesen vom Jahre 1908 S. 51 veröffentlicht eine amtliche Übersicht. Danach sind in den Jahren 1877 (in welchem das Patentgesetz in seiner ersten Fassung erschien) zweites Semester bis 1907 zur Patentierung angemeldet 495445 Erfindungen. Es wurden 194525 patentiert (eine Zahl, die sich nicht auf alle im Jahre 1907 angemeldeten erstrecken kann, weil zur Zeit des Abschlusses dieser Übersicht doch noch nicht über alle 36763 Anmeldungen aus dem Jahre 1907 befunden sein konnte. Rechnet man die Hälfte der Anmeldungen von 1907 als im Jahre 1908 patentiert noch zu obigen 194525 hinzu mit 18382, so ergibt sich doch erst eine Zahl von 212907 erteilten Patenten, also noch lange nicht die Hälfte der Anmeldungen. Bekannt gemacht waren 217765. Nach der Bekanntmachung versagt 8057 Anmeldungen.

Ein hervorragender Patentanwalt, Dr. Wirth, spricht sich im „gewerblichen Rechtsschutz“ von 1905 Nr 6 dahin aus:

„Zwei Maßstäbe kommen bei der Bestimmung der Grenze zwischen einer Erfindung und einer bloßen ‚Konstruktion‘ oder ‚schlichten‘ Neuerung zur Anwendung; ein wirtschaftlicher: die Förderung des Gewerbes und ein individualrechtlicher: der Schutz geistiger Arbeit... Nach beiden Gesichtspunkten wird die Patentwürdigkeit von einem Werturteil abhängig gemacht... In beiden Fällen ist das sachverständige Gefühl oder eine Schätzung ausschlaggebend. Nach der individuellen Anlage der Urteilenden oder nach der herrschenden allgemeinen Richtung der Prüfung wird hiernach strenge und milde geprüft... Die Anpassungsfähigkeit der patentamtlichen Praxis scheint durch die Statistik der Schwankungen derselben bewiesen zu sein.“ Folgt eine Tabelle der Patenterteilungen in Prozenten der Anmeldungen je des Vorjahres.

1879	1880	1881	1882	1883	1884	1885	1886
74%	61	62	58	64	55	47	43
1887	1888	1889	1890	1891	1892	1893	1894
39	40	45	40	47	46	49	44
1895	1896	1897	1898	1899	1900	1901	1902
38	36	33	30	37	42	48	42
			1903	1904			
			36	32			

Ich lasse hier folgen die Zahlen der Anmeldungen und der Patenterteilungen in den folgenden Jahren nach der Übersicht von 1908:

Jahr	Anmeldungen	Patenterteilungen
1904	28360	—
1905	30085	9600
1906	33822	13430
1907	—	13250

Ich denke, es wird sich danach bestätigen, daß dem Ermessen des Kaiserlichen Patentamts ein sehr weiter Spielraum gelassen ist.

Außer diesen Indizien für eine durchaus individuelle Behandlung der Patentanmeldungen bei der Prüfung der Patentwürdigkeit tritt dieselbe bei der wohl noch schwierigeren Prüfung der Fassung der Patentbeschreibung einschließlich der Patentansprüche (§ 20 PG) zu Tage. Aus ihnen soll sich ja die Tragweite der Erfindung und des Patents gegenüber dem Gemeinfreien, den früheren und eventuell auch den späteren Patenten ergeben. Zur richtigen Fassung der Patentschrift gehört oft eine wahre Kunst. Eine Kunst des Anmelders und seines Patentanwalts, eine Kunst des Vorprüfers, eine Kunst der Erteilungs- und eine Kunst der Beschwerdeabteilung. Von der Schwierigkeit dieser dreifachen Kunst haben die Juristen und Techniker, welche sich mit Patentsachen noch nicht beschäftigt haben, kaum einen Begriff. Ihre Beurteilung der hier in Betracht kommenden Fragen bloß nach generellen Gesichtspunkten ist deshalb bisweilen von recht problematischem Werte. Die Patentschrift soll wiedergeben, was erfunden ist, nichts anderes als das, was erfunden ist; nicht mehr als das, was erfunden ist. Und wer die Scylla vermieden hat, fällt leicht in die Charybdis. Die Sünde und der Fehler nach jeder dieser Richtung bringt eigentümliche Gefahren mit sich für den Bestand und für den Fortbestand des Patents. Umsicht, Scharfsinn, Treffähigkeit des Urteils, Kunst des Ausdrucks und der Darstellung. Und alles in der Anwendung auf einen individuellen Gegenstand. Wer Gelegenheit hat, einen Aufsatz von Dr. Wirth zu lesen, „Die begriffliche Auffassung der Maschine" Festgabe Kohler März 1909, namentlich die letzte Abteilung über die Pfeffermühle von Peugeot frères, ihrem Patent, ihren Abwandlungen und den möglichen Patentansprüchen, wird sich ungefähr ein Bild von den in der Sache liegenden Schwierigkeiten machen können. Und dabei kann es sich ereignen, und es hat sich ereignet, daß nach Aufwendung aller Kunst und Sorgfalt eine Erfindung patentiert wurde, welche so wie das Patent lautete, sich als nicht ausführbar herausstellte, oder bei welcher der in Anspruch genommene Erfolg nicht eintrat. Und umgekehrt, daß einer nützlichen und wertvollen Erfindung, die auch in England das Patent erlangte, die Patentierung versagt wurde, während später dieselbe oder eine ähnliche Erfindung eiues Konkurrenten das Patent erhielt, das denn freilich auf die Nichtigkeitsklage des ersten Erfinders kassiert wurde.

Und was sind diesen Schwierigkeiten gegenüber die ganz allgemeinen Bestimmungen des Patentgesetzes über die Voraussetzungen, die Wirkungen des Patents und das Erteilungsverfahren?

Es werden Aufgaben gestellt, der Behörde aber wird überlassen den Weg der Lösung im engen mit Klippen durchsetzten Fahrwasser selbst zu finden. Dazu bedarf sie eines klugen und findigen Ermessens. Also Privileg oder lex specialis, welche immer die Grenzen inne zu halten hat, welche das allgemeine Patentgesetz gezogen hat.

Auch dadurch wird die Privilegientheorie nicht ausgeschlossen, daß das Gesetz dem ersten Anmelder einer patentfähigen Erfindung den Anspruch auf Erteilung des Patents gibt. Das ist der Gang der deutschen Geschichte, daß Privilegien zwar im Mittelalter und im absoluten Staat vielfach aus Willkür erteilt sein mögen, im modernen Staat ist aber überhaupt die Erteilung von Privilegien an bestimmte Bedingungen gebunden. Und wenn das Reich demjenigen, welcher zum Besten der Industrie und der Allgemeinheit eine neue gewerbliche Erfindung darbringt, nun auch einen Anspruch auf die Erteilung eines Erfinderprivilegs, das ausschließliche Recht zur Verwertung seiner Erfindung während der Dauer von 15 Jahren gibt, so ist das ganz in der Ordnung.

Mit der Erteilung des Patents ist das Privileg erteilt und damit das unter Schutz gestellte neue gewerbliche Gut zugleich bekannt gegeben und aus dem großen Kreise der der gemeinfreien gewerblichen Benutzung zugänglichen gewerblichen Güter herausgehoben. Was vorher gegangen, waren nur Vorstufen, welche Ansprüche oder Anrechte begründen, die zum Erwerb des Rechts führen *konnten*, wenn alles gut ging. Der Erwerb vollzog sich erst mit der Verleihung. Allerdings kann während eines fünfjährigen Zeitraums nun noch die Nichtigkeitsklage erhoben werden, und dann wird in einem richterlichen Verfahren die Frage erörtert und durch richterliches Urteil entschieden, ob die gesetzlichen Voraussetzungen und Bedingungen für die Patenterteilung vorlagen, ob also das Patent aufrechtzuhalten oder ob dasselbe ganz oder teilweise zu vernichten sei.

Allein, wenn auch in diesem Verfahren in eine Nachprüfung der die Verleihung rechtfertigenden individuellen Begründung einzutreten ist, so ist doch eine Nachprüfung etwas anderes als die erste Prüfung individueller Verhältnisse, und die Nichtigkeitsabteilung des Patentamts darf so wenig wie das Reichsgericht das Patent erweitern, sie dürfen nur einschränken und vernichten: wie es denn auch eine Klage auf Erteilung eines Patents durch eine richterliche Behörde im Deutschen Reich nicht gibt, sondern nur die Erteilung des Privilegs durch den Akt einer Verwaltungsbehörde.

Ich resümiere: Kraft der durch das Patentgesetz „delegierten Gesetzgebungsgewalt“ verleiht das Patentamt unter Beobachtung der durch das Gesetz aufgestellten allgemeinen Bestimmungen einer einzelnen Person oder mehreren Personen zusammen das Privileg eines Erfinderpatents auf deren Ansuchen; und dieses Patent gibt dem Patentträger vor jedermann das Vorrecht, den privilegierten Gegenstand ausschließlich gewerblich innerhalb der gesetzlich bestimmten Frist zu benutzen und damit die Anwendung der gemeinrechtlichen Gewerbefreiheit auszuschließen mit dem Recht, das Patent ganz oder zum Teil zu veräußern, zu vererben und Lizenzen zu erteilen.

Nunmehr mag man ja das so verliehene „gewerbliche Eigentum an dem Immaterialgut" und seine Stellung in der Reihe der Rechte und Güter des Privatrechts klassifizieren. Man wird sich dabei immer bewußt bleiben, daß wie sich die Staatsgewalt, welche dies Eigentum verliehen hat, nur auf das eigene Territorium erstreckt, die ausschließende Wirkung des Patents zum Unterschied von andern Privatrechten, sich auch nur auf das Territorium des Deutschen Reichs erstreckt. Die Erfindung selbst kann zum Nutzen der ganzen Menschheit dienen; die Gedanken, welche zur Erfindung führen, sind an keine territoriellen Grenzen gebunden. Aber noch sind wir weit von einem geistigen Eigentum des Erfinders in dem Sinne entfernt, daß der erste Erfinder, wo er auch immer seine Erfindung gemacht und kundgegeben hat, damit jedermann von der gewerblichen Benutzung dieser Erfindung auf dem ganzen Erdkreis ausschließen könnte. Allerdings kann auch der Ausländer auf Grund der Gegenseitigkeit (§ 12 des Patentgesetzes) und nach der Pariser Übereinkunft der Unionsstaaten seine Erfindung bei unserem Patentamt anmelden und auf diesem Wege ein Vorrecht erlangen. Aber solange er diesen Weg nicht beschritten hat und nicht zum Ziele gekommen ist, hilft ihm das geistige Eigentum, welches er etwa in seiner Heimat erlangt hat, bei uns nichts. Und umgekehrt. Auch das erinnert an das Privileg.

Patente werden nicht unentgeltlich verliehen, sondern wie viele andere Privilegien gegen eine jährliche, hier mit den Jahren steigende Abgabe (§ 8 Patentgesetz). Das Privileg erlischt, wenn die Abgabe nicht gezahlt wird. Man hat sich über die Höhe dieser Abgabe beschwert. Allein man muß berücksichtigen, daß diese Abgabe einen Regulator bildet. Man kann bei der Patenterteilung nicht immer den wirtschaftlichen Wert der angemeldeten neuen Erfindung beurteilen; ein Moment, das — wie wir gesehen haben — für die Entscheidung der Frage nicht ohne Bedeutung ist, ob überhaupt eine patentierbare Erfindung vorliegt. In der Praxis stellt sich die Brauchbarkeit oder Unbrauchbarkeit der patentierten Erfindung erst nach einiger Zeit heraus. Patente, welche für den Inhaber nicht so viel abwerfen, daß er auch nur die mit den Jahren sich steigernde Abgabe, im sechsten Jahre 250 Mark, aus dem Erträgnisse bezahlen kann, läßt er durch Nichtzahlung erlöschen, oder er verzichtet darauf. Das kann für die Allgemeinheit von Nutzen sein. Wenn sich auch herausstellt, daß die Erfindung von keinem positiven Nutzen ist, so kann mit weitgefaßten Patentansprüchen ein erheblicher Schaden angerichtet werden, indem die Ausbeutung von wertvollen Verbesserungen, welche auf der Basis des patentierten, aber unbrauchbaren Patentes gewonnen werden, von dem Patentträger verboten werden. Nach Wirth, Technische Wahrheit S. 6, lohnt es sich im allgemeinen nicht, alle Jahrestaxen bis zum Ende der Patentdauer (15 Jahre) zu bezahlen. Es sind im Deutschen Reich nur 2,7 %, welche alle Taxen zahlen, von den chemischen Patenten 21 %. Die durchschnittliche Dauer eines deutschen Patents beläuft sich auf nicht ganz fünf Jahre. Nach der von mir öfter angezogenen amtlichen Übersicht standen am Ende des Jahres 1901 von den bis dahin erteilten Patenten noch im ganzen

28540 in der Patentrolle eingetragen,
52793 wurden in den Jahren 1902—1906 erteilt
81333;
202 wurden 1902 bis Ende 1907 vernichtet und zurückgenommen.
81131
Ende 1907 waren aber einschließlich der in diesem Jahre erteilten 13250 Patenten nur noch
40184 eingetragen, also
40947, wie man annähernd wird annehmen dürfen, als wertlos von den 1902—1906 erteilten und Anfang 1902 bestandenen verfallen. (Die Übersicht gibt 44340 als in diesen Jahren abgelaufene und sonst gelöschte Patente an.)

Privilegien können wegen Mißbrauchs zurückgenommen werden — Puchta, Pandekten § 31 Pr. ALR. Einleitung § 72. „Dies rechtfertigt sich dadurch, daß Vorrechte regelrecht zum Korrelate Pflichten haben; sie beschränken nicht selten die Freiheit von Dritten besonders, sodaß diese im Falle des Mißbrauchs doppelt gefährdet sind.“ — Dernburg, Pr. Privatrecht Bd. 1 § 25 a. E. — Das Privilegium des deutschen Patents, welches in hohem Maße die Freiheit Dritter beschränkt, wird ja nicht bloß zum Vorteil des Anmelders erteilt, vielmehr erwartet man von ihm und seiner Ausübung eine Förderung der deutschen Industrie und Vorteile für die Allgemeinheit. Der Patentträger hat also auch Pflichten gegen das Vaterland. Es kann deshalb auch insoweit wie bei andern Privilegien dem Mißbrauch durch Zurücknahme des Patents nach drei Jahren gesteuert werden: 1. wenn der Patentinhaber es unterläßt, die Erfindung im Inlande in angemessenem Umfange zur Ausführung zu bringen oder doch alles zu tun, was erforderlich ist, um Ausführung zu sichern, 2. wenn im öffentlichen Interesse die Erteilung der Erlaubnis zur Benutzung der Erfindung an andere geboten erscheint, der Patentinhaber aber gleichwohl sich weigert, diese Erlaubnis gegen angemessene Vergütung und genügende Sicherstellung zu erteilen (§ 11 Patentgesetz). Das Schlußprotokoll zum Zusatzakte des Pariser Übereinkommens, welches wie das Abkommen und die Zusatzakte von den gesetzgebenden Faktoren der kontrahierenden Staaten genehmigt ist, enthält zu 1 die Änderung, daß die dreijährige Frist, welche nach dem deutschen Gesetz von dem Tage der über die Erteilung des Patents erfolgten Bekanntmachung zu rechnen ist, von der Hinterlegung des Gesuchs (Anmeldung) in dem Lande läuft, um das es sich handelt; — und den Zusatz, daß die Zurücknahme nicht soll ausgesprochen werden können, wenn der Patentinhaber Gründe für seine Untätigkeit nicht dartut (im Original où le breveté ne justifierait pas des causes de son inaction).

Der Umstand, daß überhaupt die Anmeldung neuer gewerblicher Erfindungen zur Patentierung für jedermann freigegeben ist, schließt nicht aus, daß es ein Privileg ist, was dem Anmelder von dem Patentamt erteilt wird, wenn die angemeldete Erfindung für patentfähig erkannt wird. Daß jeder Einzelne von allen das Vorrecht hätte erlangen können, wenn er in der glücklichen Lage gewesen wäre, die Erfindung zu machen und anzumelden, schließt nicht aus, daß es immer nur ein Einzelner oder mehrere Einzelne zusammen gewesen sind, welche das Privileg erlangt haben.

Auch das deutsche Reichsgericht hat in seiner Rechtsprechung daran festgehalten, daß das Patent die Bedeutung einer lex specialis hat, und daraus zutreffende Konsequenzen gezogen.

Der französische Kassationshof legt das Patent aus wie jedes andere Gesetz. Pouillet, Traité des brevets d'invention § 82. Cour de cassation, gardienne et souveraine interprétatice des lois; elle garde et interprète la loi du brevet comme toute autre; elle revise l'appréciation des tribunaux; elle recherche si cette appréciation est conforme au texte et à la pensée du brevet ou lui est contraire (§ 473).

Die Privilegientheorie ist wohlbegründet, und eine Praxis, welche auf diesem Boden arbeitet, wird noch lange gesunde Früchte treiben. Unter anderem gehört hierher die Frage, wie weit bei der Auslegung des Patents der Stand der Technik zur Zeit der Anmeldung und die Kenntnis der Anmeldeabteilung von dem Stande der Technik zu jener Zeit zu berücksichtigen resp. zu erforschen sei; die Frage, in welchem Sinne das Patentamt das Patent erteilt habe? „Die Formulierung der Patentansprüche und der Patentverletzungsprozeß von Dr. Wirth", Mitteilungen vom Verband deutscher Patentanwälte Nr. 3 vom 9. März 1909. Ist einmal die lex specialis des Patents erlassen, so handelt es sich nicht mehr um die in der Patenturkunde nicht ausgesprochenen Gründe der patenterteilenden Behörde, um deren hinter der Urkunde liegenden Sinn des Patentamts, sowenig wie um das, was der Gesetzgeber mit dem Gesetzestext gewollt oder in den „Motiven" ausgesprochen hat, sondern um den Text des Patents dort wie um den Text des Gesetzes hier. Kann bei der Auslegung und der Anwendung des Gesetzes unter Umständen der Richter die wirtschaftlichen und sozialen Verhältnisse zur Zeit, als das Gesetz erlassen wurde, das Ganze der Gesetzgebung usw. erforschen und die Resultate bei der Gewinnung seines Urteils verwenden, so kann er nicht minder die objektiven gewerblichen und technischen Verhältnisse, in welche das Patent in der damaligen Zeit hineingesetzt wurde, bei der Gewinnung seiner Entscheidung über den Sinn und die Bedeutung des Patents, nicht blos den von der patenterteilenden Behörde hineingelegten Sinn und Bedeutung, erörtern und benutzen. Die Lehre aber, daß Privilegien im strengsten Sinne auszulegen seien — Seligsohn S. 234 —, und daß deshalb ein vom Richter frei auszulegendes Patent kein Privileg sein könne, hat heute für unsere Richter so wenig Bedeutung wie der andere Satz — quam plenissime interpretandae — Glück, Pandektenkommentar Bd. 1 S. 561, 562.

2.

Daß der Patentinhaber, nachdem ihm das Privilegium erteilt ist, die Untersagungsklage gegen denjenigen hat, welcher innerhalb des

Deutschen Reichs ohne seine Genehmigung den Gegenstand der Erfindung gewerbsmäßig herstellt, in Verkehr bringt, feilhält oder gebraucht, ist selbstverständlich. Das ist ja der notwendige Schutz des Privilegiums (§ 4 des Patentgesetzes). Erachtet das Patentamt die Anmeldung für gehörig erfolgt und die Erteilung des Patents nicht für ausgeschlossen, so beschließt es die Bekanntmachung der Anmeldung. Mit der Bekanntmachung treten für den Gegenstand der Anmeldung zugunsten des Patentsuchers einstweilen die gesetzlichen Wirkungen des Patents ein (§ 4). Mit der Bekanntmachung des Patents ist der Eintritt jenes einstweiligen Schutzes anzuzeigen (§ 23 des Patentgesetzes). Mit der Versagung des Patents gelten die Wirkungen des einstweiligen Schutzes als nicht eingetreten (§ 21). Diese Gewährung eines einstweiligen Schutzes an den Anmelder, der nur erst einen Anspruch auf das Patent hat, wenn ihm dasselbe demnächst gewährt wird, steht der Richtigkeit der Annahme nicht entgegen, daß das Recht des Erfinders erst mit der Verleihung des Privilegs und nicht schon mit der Erfindung entsteht. Auch die Rechtsfähigkeit des Menschen beginnt erst mit der Vollendung der Geburt. Und Erbe wird nur, wer zur Zeit des Erbfalls lebt. Aber als vor dem Erbfalle geboren gilt nach BGB. wer zur Zeit des Erbfalls noch nicht lebte, aber bereits erzeugt war. Die Leibesfrucht erhält zur Wahrung ihrer künftigen Rechte, soweit diese einer Fürsorge bedürfen, einen Pfleger und erlangt durch diesen einen provisorischen Schutz jener Rechte. So akkommodiert sich das Recht den in der Entwicklung befindlichen menschlichen Verhältnissen. Die Grenze zwischen dem Recht des Privilegierten und den Befugnissen der im gemeinen Recht Stehenden ist in dieser Weise richtig gezogen. Es ist ein wesentlicher Nachteil für jeden Patentträger, der zur Klage aus § 4 des Patentgesetzes wegen Patentverletzung gezwungen ist, wenn der Beklagte während der Dauer des Prozesses seinen gewerblichen Betrieb, welchen der Kläger als patentverletzend in Anspruch nimmt, fortsetzt. Nach § 35 PG. ist nur derjenige dem Verletzten zur Entschädigung verpflichtet, welcher wissentlich oder aus grober Fahrlässigkeit den Bestimmungen der §§ 4 und 5 PG. zuwider eine Erfindung in Benutzung nimmt. Nach unserer Rechtsprechung ist diese Bestimmung auch maßgebend für die Dauer des Prozesses bis zur rechtskräftigen Verurteilung des Beklagten. Vgl. dazu meinen Aufsatz 9 im Archiv für ziv. Praxis Bd. 92 Nr. 1: Gibt es einen Anspruch auf Schadenersatz oder Herausgabe der gezogenen Nutzung wegen einer Patentverletzung, die weder wissentlich noch grobfahrlässig begangen ist? und meinen Aufsatz: Der Entschädigungsanspruch für die Zeit nach der Klagerhebung usw. in Rassow und Küntzel Beiträge 33 Nr. 29. Ist dem Beklagten keine Wissentlichkeit nachzuweisen, so entschließt sich das Prozeßgericht angesichts einer in vielen Fällen großen Zweifelhaftigkeit der Tragweite des Patents gegenüber dem, was der Beklagte unternommen hat, grobe Fahrlässigkeit des Beklagten anzunehmen, wenn auch schließlich die objektive Unrechtmäßigkeit seiner gewerbsmäßigen Handlungen ausgesprochen und ihm der Fortbetrieb untersagt wird. Jenes um so weniger, als es den Beklagten nicht allzuschwer wird, günstige Sachverständigengutachten beizubringen, denen sie geglaubt haben können. Die Stellung der Rechtsanwälte, welche auf Schadenersatz wegen Patentverletzung klagen, ist nicht zu beneiden und die Stellung des Klägers, welcher vergeblich Kosten aufgewendet, noch Kosten zu erstatten und einige Jahre von der gesetzlichen Dauer seines Privilegs ohne entsprechenden Nutzen verloren hat, den vielleicht noch der gutgläubige Konkurrent trotz des Patents des Klägers bei der Kundschaft unterboten, und so dauernd geschädigt hat, auch nicht. Auch der Beklagte kann einen großen Schaden zu erleiden haben, wenn er im Unterlassungsprozeß einem energischen Kläger gegenübersteht, welcher Abnehmer und Kunden des Beklagten auf Grund seines Patents warnt, den Fortbezug zur Vermeidung eigener Haftung nicht fortzusetzen und neue Kunden durch öffentliche Bekanntmachungen verscheucht. Durch diese Selbsthilfe kann der Betrieb des Beklagten ruiniert werden. Es ist dann prekär, ob beim guten Glauben des Klägers Beklagter seinen Schaden aus der Zeit des Prozesses ersetzt erhält, wenn er den Prozeß gewinnt. Doppelseitig droht beiden Parteien die Gefahr, wenn jede derselben ein Patent für sich hat, dessen Tragweite wegen der Zweifelhaftigkeit der Abhängigkeit umstritten ist.

Und wer ersetzt dem Beklagten seinen Schaden, wenn er, obwohl er in gutem Glauben an sein Recht zwar den Prozeß aufnimmt, aber ängstlich durch die Klagerhebung geworden, den Weiterbetrieb unterläßt, solange er nicht das richterliche Urteil für sich hat?

Besonders schlimm wird die Sache für den Kläger, wenn der Beklagte die Nichtigkeitsklage beim Patentamt erhebt, und die Aussetzung des beim Gericht schwebenden Untersagungsprozesses für die Zeit des Nichtigkeitsverfahrens erlangt, das mit dem Berufungsverfahren zusammen leicht mehrere Jahre dauern kann. Wird dann auch schließlich der Nichtigkeitsantrag abgewiesen, der Untersagungsprozeß wieder in Lauf gesetzt und durch drei Instanzen getrieben, so kann es sich ereignen, daß der Kläger das letzte den Beklagten verurteilende Erkenntnis erlangt, wenn der Ablauf der gesetzlichen Dauer des Patents vor der Tür steht. Inzwischen hat der Beklagte die Erfindung gefahrlos benutzt. Daß der Kläger, oder der auf den Schutz seiner gewerblichen Freiheit oder des ihm verliehenen Patents widerklagende Beklagte eine Verfügung auf einstweilige Ordnung der Ausnutzung des Gegenstands des Patents für die Zeit des schwebendes Prozesses aus § 940 ZPO. beantragen kann, ist ein sehr schwacher Trost. Die Gerichte nehmen nicht gern im Anfang des Prozesses die Gefahr der schließlichen Entscheidung auf die eigenen Schultern. Da sollte in jedem Falle der Versuch einer richterlichen Vermittelung zur Anbahnung eines Vergleichs bei Beginn des Prozesses gemacht werden: Feststellung der Einstellung oder des Fortbetriebs während des Prozesses unter Sicherstellung, daß der Unterliegende auf alle Fälle Schadenersatz leistet oder den unrechtmäßigen Gewinn herausgibt. Welche Rolle spielten die Kautionen im römischen Prozeß! Beim Reichsgericht ist uns solche Vermittelung wohl gelungen. Noch auf eine andere Weise kann geholfen werden, wenn sich die Gesetzgebung zu einer Ergänzung des schon seit langer Zeit viel angegriffenen § 35 des Patentgesetzes endlich entschließt.

Es ist wohl angemessen, daß dem Inhaber eines Ausnahmerechts überlassen wird, zur Wahrung seines Rechts sich von vornherein und stetig danach umzutun, wieweit das gewerbtreibende Publiknm sein Patent tatsächlich respektiert, und ob keine empfindlichen Patentverletzungen eingetreten sind. Unterläßt er das oder treibt er seine Erkundigungspflicht lässig, so mag er sich den Schaden zuschreiben, wenn sein Patent von andern unwissentlich und ohne grobe Fahrlässigkeit verletzt ist. Man kann selbst damit einverstanden sein, wenn trotz seiner Vigilanz derartige Verletzungen vorgekommen sind, ohne daß er sie wahrgenommen hat. Der Privilegierte trägt die Gefahr; die dritten Personen dürfen sich zunächst dabei beruhigen, daß sie bei Betreibung ihres Gewerbes das gemeine Recht für sich haben.

Anders stellt sich die Sache, wenn ein Gewerbtreibender von einem Patenträger wegen Patentverletzung angesprochen und gewarnt wird, diese Art des Gewerbebetriebs nicht fortzusetzen. Hat das Deutsche Reich ein Privileg auch im Interesse der deutschen Industrie, nicht bloß des Erfinders, maßgeblich für die deutschen Staaten verliehen, so möchte es doch wohl nicht unangemessen sein, wenn das Reich und die Einzelstaaten den Patentträger etwas intensiver schützten. Es ist aber kein ausreichender Schutz, wenn der Privilegierte erst durch die Rechtskraft eines nach Jahren ergehenden Urteils vor weiteren Verletzungen seines Rechts gesichert wird, ohne Ersatz für die seit seiner Warnung vorgenommenen weiteren rechtswidrigen Verletzungen zu finden.

Das Gesetz sollte aussprechen, daß der durch die Warnung des Patentträgers von dessen Anspruch in Kenntnis gesetzte Gewerbtreibende auf seine Gefahr handelt, wenn er trotz der Warnung mit seinem von der Warnung betroffenen Geschäftsbetriebe fortfährt, und daß der Patentträger die Gefahr seiner Warnung trägt.

Strengt die eine oder die andere Partei dann die Unterlassungs- oder die Feststellungsklage an, so müßte die unterliegende Partei zum Ersatz des Schadens oder entgangenen Gewinns verurteilt werden, gleichviel ob sie ein Verschulden trifft.

Das würde ein gesunder Rechtszustand sein. Dabei ließe sich wohl ein einfaches Verfahren obrigkeitlicher Notifikation der Warnung gestalten, welche einerseits offenbar unberechtigte mutwillige Warnungen ausschlösse, andererseits dem Berechtigten die Möglichkeit verschaffte, sofort Kenntnis von den Unterlagen der Warnung zu erlangen, um sich ein Urteil darüber zu bilden, ob es für ihn nicht besser ist, der Warnung Folge zu geben, oder ob er die Gefahr glaubt auf sich nehmen zu können. Wieviel praktischer als wir waren doch die Römer. Ich erinnere nur an solche Institute wie die operis novi nuntiatio und das interdictum quod vi aut clam.

3.

Die Unvollständigkeit der Bestimmung des § 35 unseres Patentgesetzes und des entsprechenden § 9 des Gesetzes, betreffend den Schutz von Gebrauchsmustern, ergibt sich noch nach einer andern Richtung.

Aus dem Wortlaut dieser Bestimmungen ist nicht abzuleiten, daß nur der physische Urheber der Verletzung („W e r in Benutzung nimmt") in Anspruch genommen werden kann. Bestimmungen über die Haftung für Schadenersatz aus unerlaubten oder rechtswidrigen Handlungen dritter Personen sind im Patentgesetz überhaupt nicht getroffen. Das bedeutet nicht, daß solche Haftung bei Patentverletzungen ausgeschlossen sein soll. Vielmehr sind die allgemeinen Bestimmungen des gemeinen Rechts auch bei dieser Art von unerlaubten Handlungen soweit anzuwenden, als nach den Spezialgesetzen für solche Handlungen, wenn sie von dem Geschäftsherrn selbst vorgenommen worden wären, auf Ersatz gehaftet würde.

Aus allgemeinen Grundsätzen, insbesondere aus der Konstruktion und Bedeutung der offenen Handelsgesellschaft ergibt sich, daß die im Geschäftsbetriebe der offenen Handelsgesellschaft vorgenommenen Handlungen eines von der Geschäftsführung nicht ausgeschlossenen Gesellschafters als Handlungen der offenen Handelsgesellschaft auch in Beziehung auf das Verhältnis zu dritten Personen und außerhalb der mit solchen abgeschlossenen Verträgen zu gelten haben. Vgl. die grundlegende Entscheidung des Reichsgerichts vom 5. Februar 1886 I 390/85, abgedruckt in den Entscheidungen Bd. 15 Nr. 26, ferner VI 406/86 vom 21. März 1887 in E. Bd. 17 Nr. 21, VI 165/93 vom 9. Oktbr./2. Novbr. bei Bolze, Praxis des Reichsgerichts Bd. 17 Nr. 523 und die daselbst angeführten weiteren Entscheidungen: „Gerade in der unlösbaren Beziehung der unerlaubten Handlungen zu der Geschäftstätigkeit des IB. liegt der Grund für die Haftung der Gesellschaft. Diese kann die Geführung des vertragsberechtigten Gesellschafters nicht deshalb, weil sie in gesetzwidriger Weise ausgeübt wurde, ablehnen; noch weniger kann sie sich die Früchte der Geschäftsführung aneignen, ohne zugleich die Verantwortlichkeit für dieselbe im ganzen Umfange zu übernehmen." Diese Grundsätze darf man auch noch heute anwenden, obwohl man bei der Revision des Handelsgesetzbuchs dieselben nicht ausdrücklich ausgesprochen hat. Sie sind namentlich bezüglich der Haftung der offenen Handelsgesellschaft für wissentliche oder grobfahrlässige Verletzungen eines Patents seitens des geschäftsführenden Gesellschafters anzuwenden. Auch bei der Kommanditgesellschaft wird man sie anzuwenden haben.

Nach dem BGB. § 31 ist der Verein für den Schaden verantwortlich, den der Vorstand, ein Mitglied des Vorstandes oder ein anderer verfassungsmäßig berufener Vertreter durch eine in Ausführung der ihm zustehenden Verrichtungen begangene, zum Schadenersatz verpflichtende Handlungen einem Dritten zufügt.

Die Anwendung dieser Vorschrift auch auf Aktiengesellschaften, Gesellschaften mit b. H., Genossenschaften und Gewerkschaften läßt sich rechtfertigen.

Die entsprechende Anwendung auf Stiftungen ist durch § 86 BGB., auf den Fiskus, sowie Körperschaften, Anstalten und Stiftungen des öffentlichen Rechts durch § 89 des BGB. angeordnet. Für Handlungen, die ein Vertreter oder Beamter der juristischen Person in Ausübung der ihm anvertrauten öffentlichen Gewalt vorgenommen hat, haftet der Staat oder die juristische Person nach Art. 77 des EG. zum BGB. nur nach Maßgabe der Landesgesetze.

Diese Haftung der Gesellschaften und juristischen Personen tritt nicht ein, wenn die Verletzung von andern Personen, einem Prokuristen, Handlungsbevollmächtigten, Beauftragten, Gehilfen oder Angestellten verübt worden ist.

Hier, sowie immer, wenn der Prinzipal eine Einzelperson ist, kommt die Anwendung der §§ 831, 832 BGB. in Frage, — alles natürlich in der durch § 35 PG., § 9 des Gebrauchsmustergesetzes gegebenen Beschränkung, also wenn böser Vorsatz bzw. grobe Fahrlässigkeit des Prinzipals in der unterlassenen Aufsicht oder bei der Auswahl der bestellten Person oder der Leitung, oder Wissentlichkeit oder grobe Fahrlässigkeit des Urhebers der Verletzung vorliegt. Beides zusammen ist zur Haftung nicht erforderlich. Das ist auch wohl der Sinn der Entscheidung des Reichsgerichts I 682/1907 vom 2. Dezember 1908, abgedruckt in der Spruchbeilage zu Nr. 6 der Deutschen Juristenzeitung vom 15. März 1909, welche in extenso in den Entscheidungen des Reichsgerichts abgedruckt werden soll.

Die Lückenhaftigkeit und Mangelhaftigkeit des Ganzen dieser Gesetzesbestimmungen, wenn man sie zusammenhält, liegt zutage. Ich brauche darüber kein Wort zu verlieren. Nach den Protokollen der Kommission für die zweite Lesung des Entwurfs des bürgerlichen Gesetzbuchs Band 2 S. 597 folgende hatte eine Minderheit den Antrag gestellt und vertreten, den § 711 des Entwurfs (jetzt 831 des BGB.) so zu fassen:

Wer ein Gewerbe betreibt, haftet für den Schaden, welchen seine Angestellten oder Arbeiter in Ausführung der ihnen übertragenen gewerblichen Verrichtungen einem Dritten widerrechtlich zufügen.

Es wurde S. 601 u. a. ausgeführt:

Den Ausgangspunkt müsse der volkswirtschaftliche Grundsatz bilden, daß jedes Gewerbe diejenigen Lasten auf sich zu nehmen habe, die in der Eigenart seines Betriebes liegen. Schäden, die öfter wiederkehren, seien nicht als Zufall, sondern als eine Eigentümlichkeit des Unternehmens aufzufassen, und aus dem Unternehmen zu decken. Nur diejenige Unternehmung habe Existenzberechtigung, welche die mit ihr erfahrungsmäßig verbundenen Lasten aus ihren Erträgnissen bestreiten kann.

Die Mehrheit lehnte den Antrag in seiner Allgemeinheit ab. S. 603. Er enthalte allerdings insoweit ein berechtigtes Element, als er auf dem Gedanken beruhe, daß derjenige, der die Vorteile eines Unternehmens genieße, auch für die Schäden aufzukommen habe, die für Dritte daraus entstehen.

Aber im Rahmen des BGB. lasse sich dieser Gedanken nicht ausgestalten, das könne nur auf dem Wege der Spezialgesetzgebung geschehen.

Hier handelt es sich um Spezialgesetze, welche aber die Konsequenzen aus dem von der Kommission aufgestellten und anerkannten Prinzip nicht gezogen haben.

Für das Gebiet dieser Spezialgesetze würde sich eine Gestaltung rechtfertigen und sie ist zu beanspruchen, wie diese:

Wer ein Gewerbe betreibt, haftet für den Schaden, welchen seine Vertreter, Angestellten oder Arbeiter dem Verletzten dadurch zugefügt haben, daß sie wissentlich, grobfahrlässig oder trotz einer von dem Berechtigten an den das Gewerb Betreibenden erlassenen Warnung in ihrer Stellung den §§ 4 und 5 des Patentgesetzes oder §§ 4 und 5 des Gebrauchsmustergesetzes zuwider eine patentierte Erfindung oder ein Gebrauchsmuster in Benutzung genommen haben.

Hat das Patentamt in Gemäßheit der Reichsgesetzgebung das Patent im Interesse auch der gesamten Industrie verliehen, oder ist auf die nicht minder im Interesse des Gewerbes vom Patentamt getroffene Verfügnng der Eintrag eines Gebrauchsmusters in der Rolle erfolgt und dadurch ein ausschließliches Gebrauchsmusterrecht erworben, so muß auch jeder im Deutschen Reich ein Gewerbe Betreibende diejenigen Gefahren tragen, welche sich für die unter Schutz gestellten Erfindungen aus dem Betriebe seines Gewerbes durch Handlungen seines Personals ergeben, ohne das er sein Gewerbe überhaupt nicht betreiben kann. Erst so ergibt sich ein ausreichender Schutz des gemäß des Gesetzes verliehenen Privilegs und eine normale Ausfüllung der von der Gesetzgebung gelassenen Lücken.

Die Revisionsgründe

des österreichischen und des deutschen Zivilprozesses.

Von

Dr. Wilibald Peters,
Reichsgerichtsrat.

Der nachstehende Aufsatz ist hervorgegangen aus einem Vortrage, den ich auf den Wunsch der Juristischen Gesellschaft in Wien in einer Sitzung dieser Gesellschaft im Dezember 1908 gehalten habe. Da die Annahme nahe lag, daß bei der Wahl des Themas das Bestreben leitend gewesen sei, aus einer Vergleichung der von der Gesetzgebung der beiden Länder geschaffenen Einrichtungen einen Beitrag zum wissenschaftlichen und praktischen Ausbaue des Rechtsinstituts der Revision zu gewinnen, so ist bei der Gestaltung der Darstellung regelmäßig von dem österreichischen Gesetze ausgegangen und das deutsche dann zur Vergleichung herangezogen worden. Indessen meine ich, daß einer Vergleichung der Rechtseinrichtung der Revision in beiden Ländern zu einem solchen Zwecke in dieser Form auch reichsdeutsche Fachgenossen Interesse entgegenbringen werden. Und da von allen deutschen Universitäten die Leipziger diejenige ist, die durch ihren geschichtlichen Ursprung am engsten mit Österreich und seinen früheren Schicksalen verknüpft ist, so habe ich dem Wunsche des Herrn Vorsitzenden des Vorstandes der Juristischen Gesellschaft in Leipzig entsprechen zu sollen geglaubt, indem ich den gegenwärtigen Aufsatz als einen Beitrag für die Festgabe der Gesellschaft an die Universität Leipzig zu der Feier ihres fünfhundertjährigen Bestehens zur Verfügung stelle.

So lasse ich denn die Darstellung selbst folgen.

Die Gestaltung des Rechtsmittels der Revision in Ansehung der Revisionsgründe einerseits nach der österreichischen, andererseits nach der deutschen Zivilprozeßordnung erscheint zunächst weniger in sachlicher Hinsicht verschiedenartig als nach der formellen Anordnung des gesetzgeberischen Stoffes. Die österreichische Zivilprozeßordnung bezeichnet in § 503 Z. 1—4 ganz bestimmte Gründe, denen es ausschließlich die Kraft beilegt, die Revision zu rechtfertigen, wobei allerdings die Ziffer 4 in sich eine sehr weitgehende allgemeine und an die Formulierung der Revisionsgründe des deutschen Rechts stark erinnernde

Fassung erhalten hat. Die deutsche dagegen begnügt sich mit der allgemeinen Vorschrift ihres § 549: Die Revision kann nur darauf gestützt werden, daß die Entscheidung auf der Verletzung eines Reichsgesetzes oder eines Gesetzes, dessen Geltungsbereich sich über den Bezirk des Berufungsgerichts hinaus erstreckt, beruhe, und sie erklärt nur noch in § 550 den Begriff der Gesetzesverletzung dahin, daß eine solche vorliege, wenn eine Rechtsnorm, also nicht bloß ein geschriebenes Gesetz, sondern auch ein Gewohnheitsrecht, nicht oder nicht richtig angewendet worden sei. Der folgende § 551 verpflichtet dann das Revisionsgericht in einer Reihe von Fällen, die Entscheidung des Berufungsgerichts stets als auf einer Verletzung des Gesetzes beruhend anzusehen, ähnlich wie der § 509 Z. 1 der österreichischen Zivilprozeßordnung die Aufhebung des Berufungsurteils schlechterdings vorschreibt, wenn dieses wegen eines der neun Mängel nichtig ist, die der § 477 aufzählt. Eine weitergehende Sonderung der Revisionsgründe hat das deutsche Gesetz aber nicht vorgenommen: es besteht grundsätzlich kein Unterschied zwischen Verletzungen des materiellen, namentlich des bürgerlichen, und des Prozeßrechts, kein Unterschied, wie nach dem früheren preußischen Rechte, zwischen Rechtsgrundsätzen und anderen Rechtsnormen, zwischen wesentlichen und unwesentlichen Prozeßvorschriften, sofern nur anzunehmen ist, daß die Entscheidung auf ihrer Verletzung beruht. Dabei ist jedoch zur möglichsten Aufrechterhaltung der Urteile der Berufungsgerichte in § 562 noch bestimmt, daß, wenn die Entscheidungsgründe zwar eine Gesetzesverletzung ergeben, die Entscheidung selbst sich aber aus einem andern Grunde als richtig darstellt, die Revision zurückzuweisen ist. Nur in einer Beziehung ist nachträglich, durch die Novelle vom 5. Juni 1905, ein Unterschied zwischen prozessualen und materiellrechtlichen Revisionsgründen insofern eingeführt worden, als jene, also die prozessualen, nur berücksichtigt werden dürfen, wenn sie in der Revision oder in der Revisionsbegründungsschrift geltend gemacht worden sind, während im übrigen das Revisionsgericht völlig frei in der Berücksichtigung der Verletzung von Rechtsnormen ist, die in dem Berufungsurteile hervortritt, also so berechtigt wie verpflichtet ist, auch wegen Verletzung einer Rechtsnorm, die von dem Revisionskläger nicht gerügt ist, das Berufungsurteil, wenn die Entscheidung darauf beruht, aufzuheben (ZPO. §§ 554, 556 und 559 in der Fassung des Gesetzes vom 5. Juni 1905). Erhebt also die Partei rechtzeitig die

Rüge der Verletzung einer Norm des Prozeßrechts, so begründet sie damit nach deutschem Rechte unter der soeben angegebenen Voraussetzung die Revision ganz ebenso, wie die Verletzung irgendeiner Norm des materiellen revisiblen Rechts sie rechtfertigt, sofern nur spätestens innerhalb der Revisionsbegründungsfrist überhaupt eine schriftliche Begründung des Rechtsmittels in Ansehung des betreffenden Anspruchs eingegangen ist.

Was nun die einzelnen Revisionsgründe betrifft, so gehe ich von dem österreichischen Gesetze aus. Der § 503 des letzteren bestimmt zunächst, daß die Revision begehrt werden könne,

„weil das Urteil des Berufungsgerichts wegen eines der im § 477 bezeichneten Mängel nichtig"

sei. Die Nichtigkeitsgründe des § 477 Z. 1—9 decken sich im allgemeinen mit denjenigen Gründen, von denen der § 551 der deutschen ZPO. sagt, daß „eine Entscheidung stets als auf einer Verletzung des Gesetzes beruhend anzusehen" sei, wenn einer der dann unter Nr. 1—7 bezeichneten Mängel vorliege. Sie sollen die allgemeinen Grundlagen des gerichtlichen Verfahrens und einer unparteiischen Rechtsprechung, die absoluten Garantien wirklicher Rechtsfindung gegen Verletzung sichern. Liegt eine solche vor, so ist das Revisionsgericht, wie schon vorher angedeutet, verpflichtet, das Berufungsurteil lediglich deswegen aufzuheben, ohne daß es zu prüfen berechtigt wäre, ob der Mangel die Entscheidung im gegebenen Falle auch wirklich beeinflußt hat. Das drückt das österreichische Gesetz damit aus, daß es auf die in § 477 bestimmte Nichtigkeit eines solchen Urteils hinweist, das deutsche in der Fassung, daß beim Vorliegen eines solchen Mangels die Entscheidung „stets als auf einer Verletzung des Gesetzes beruhend anzusehen" sei Auf die einzelnen Fälle einzugehen, hat kein besonderes wissenschaftliches Interesse. Eine bemerkenswerte Verschiedenheit der beiden Prozeßrechte besteht bei diesen absoluten Revisionsgründen nur insofern, als das österreichische Gesetz in der Z. 4 des § 477 ausdrücklich auch den Fall aufführt, daß einer Partei die Möglichkeit, vor Gericht zu verhandeln, durch einen ungesetzlichen Vorgang, insbesondere durch Unterlassung der Zustellung, entzogen war. Dieser Grund der sog. Versagung des rechtlichen Gehörs ist im deutschen Gesetze nicht hervorgehoben. Durch die Vorschriften über die Voraussetzungen des Versäumnisverfahrens und die Zulässigkeit des Einspruchs gegen ein Versäumnisurteil, insbesondere durch die Bestimmung des § 233 Abs. 2 der ZPO., daß einer Partei, welche die Einspruchsfrist versäumt hat, die Wiedereinsetzung in den vorigen Stand auch dann zu gewähren ist, wenn sie von der Zustellung des Versäumnisurteils ohne ihr Verschulden keine Kenntnis erlangt hat, ist indessen Vorsorge getroffen, daß die Parteien gegen die Verletzung des Grundsatzes des wechselseitigen Gehörs völlig ausreichend geschützt sind.

Von größerem Interesse ist die Betrachtung der Z. 2 des § 503 des österreichischen ZPO., wonach die Revision begehrt werden kann,

„weil das Berufungsverfahren an einem Mangel leidet, welcher, ohne die Nichtigkeit zu bewirken, eine erschöpfende Erörterung und gründliche Beurteilung der Streitsache zu hindern geeignet war."

Die erläuternden Bemerkungen der Regierungsvorlage zum Entwurfe der ZPO. rechtfertigen diese Vorschrift in Verbindung mit der der Z. 1 dahin: Wenn das Urteil des Berufungsgerichts an einer Nichtigkeit oder das Berufungsverfahren an einem Mangel leide, der eine erschöpfende Erörterung und gründliche Beurteilung der Streitsache gehindert habe, so habe die Berufung ihren Zweck verfehlt. Was die Partei nach dem Gesetze verlangen könne, eine formell korrekte, in die Sache eindringende, sorgfältige Prüfung der Entscheidung des ersten Rechtszuges, sei ihr nicht zuteil geworden. Trotz des Berufungsurteils, das die Partei empfangen habe, stehe hier das vom Gesetz verheißene Berufungserkenntnis in Wahrheit noch aus, und es bedürfe daher wohl keiner Erklärung, wenn der Entwurf bei einer solchen Sachlage das Rechtsmittel der Revision einräume, um den Schein eines Berufungserkenntnisses zu beseitigen und die Erlangung einer gültigen, auf gründlicher Beurteilung fußenden Berufungsentscheidung zu ermöglichen. Gegen einen solchen ungehörigen Verlauf des Berufungsverfahrens könne nur die Revision Abhilfe gewähren und die für derlei Fälle im Entwurfe geordnete Art der Revisionserledigung werde der besondern Beschaffenheit des Beschwerdegrundes gerecht: die Revision solle hier nur eine bessere, eine ordnungsmäßige Berufungserledigung anbahnen.[1]

Der Revisionsgrund der Z. 2 des § 503 richtet sich hiernach gegen eine materiell unzulängliche Erledigung des Berufungsverfahrens, gegen eine ungenügende, oberflächliche Beurteilung des Sach- und Rechtsverhältnisses, während derjenige der Z. 1 die Beobachtung der

---

[1] Vgl. Materialien zu den neuen österreich. Zivilprozeßgesetzen, herausgegeben vom k. k. Justizministerium, 1. Bd. S. 358 und 359.

formalen gesetzlichen Grundlagen des gerichtlichen Verfahrens sicherstellen soll. Er findet, seiner eigentümlichen Natur entsprechend, seine notwendige Ergänzung in § 509 Abs. 3 des Gesetzes, wonach Erhebungen oder Beweisaufnahmen, die zur Feststellung der im § 503 Z. 1 und 2 angeführten Revisionsgründe notwendig sind, durch einen ersuchten Richter zu erfolgen haben, der die Akten über sie unmittelbar dem Revisionsgerichte vorzulegen hat. Die Entscheidung des Revisionsgerichts über die Revision selbst ist dann aber gemäß § 510 dahin zu erlassen, daß das Berufungsurteil aufzuheben und die Streitsache zur neuen Verhandlung an das Berufungsgericht zurückzuverweisen sei — eben deshalb, damit die materiell bisher fehlende ordnungsmäßige Entscheidung des Berufungsgerichtes nachgeholt werde.

Wie stellt sich nun hierzu das deutsche Gesetz? Eine allgemeine Vorschrift, die dem § 503 Z. 2 des österreichischen entspräche, findet sich hier nicht. Trotzdem wird derselbe Erfolg auf anderem Wege erreicht. Gemäß dem die deutsche Revision beherrschenden Grundsatze, wonach sie nur darauf gestützt werden kann, daß die Entscheidung auf der Verletzung einer bestimmten Rechtsnorm beruhe, sind es nach der Rechtsprechung des Reichsgerichts hauptsächlich drei an verschiedenen Stellen sich findende Bestimmungen der ZPO., die eine erschöpfende Erörterung und gründliche Beurteilung des Rechtsstreites sicherzustellen bezwecken, und deren Verletzung deshalb, wenn auf ihr die Entscheidung beruht, die Revision begründet. Der erste ist der dem § 272 der österreichischen ZPO. entsprechende § 286:

„Das Gericht hat unter Berücksichtigung des gesamten Inhalts der Verhandlungen und des Ergebnisses einer etwaigen Beweisaufnahme nach freier Überlegung zu entscheiden, ob eine tatsächliche Behauptung für wahr oder für nicht wahr zu erachten sei. In dem Urteile sind die Gründe anzugeben, welche für die richterliche Überlegung leitend gewesen sind.

An gesetzliche Beweisregeln ist das Gericht nur in den durch dieses Gesetz bezeichneten Fällen gebunden."

Zur Durchführung dieser Bestimmungen wird in der Rechtsprechung des Reichsgerichts besonders darauf gehalten, daß eben der gesamte Inhalt der Verhandlungen und des Ergebnisses einer Beweisaufnahme berücksichtigt wird. Es wird deshalb erfordert, daß das Berufungsurteil erkennen lasse, daß das gesamte Vorbringen der Parteien an tatsächlichem Streitstoffe einer Prüfung auf seine Erheblichkeit unterzogen, daß keine Behauptung, die hiernach für die Entscheidung von Bedeutung sein kann, ungewürdigt geblieben und, wenn sie bestritten, der dafür angetretene Beweis erhoben sei. Diese Kontrolle aber wird an der Hand der Entscheidungsgründe des Berufungsurteils geübt, die Auskunft darüber geben müssen, welche Erwägungen für die richterliche Überzeugung leitend gewesen sind. Der zweite Satz des § 286 Abs. 1 bildet hiernach zugleich das notwendige Korrelat zu der Freiheit der Tatsachenfeststellung und der freien Beweiswürdigung, die der erste Satz den Gerichten gewährt. Er soll verhüten, daß das Gericht durch diese Freiheit dazu verleitet werde, sich über die Bedeutung der einzelnen tatsächlichen Behauptungen, der einzelnen Ergebnisse der Beweisaufnahme keine genügende Rechenschaft zu geben und sich bloß mit einem allgemeinen, unbestimmten Eindrucke der Verhandlungen und der Beweisaufnahme bei der Tatsachenfeststellung und der Bildung seiner Überzeugung von der Wahrheit oder Unwahrheit einer tatsächlichen Behauptung zu begnügen. Insofern ist hier in die Praxis umgesetzt, was Ofner in seinem Vortrage „Der prozessuale Aufbau des Rechtsfalles" ausführt: im Rechtsstreite bezeichne freie Beweiswürdigung die Abschaffung der mechanischen Beweistheorie, des Zwanges für den Richter, unter gewissen, genau bestimmten Voraussetzungen den Beweis für erbracht oder nicht erbracht zu erklären; aber an die Stelle der mechanischen Vorschrift trete nunmehr die durch sie bisher unterbundene wissenschaftliche Regel, die Leitung des juristischen Denkens durch erfahrungsmäßig erprobte Psychologie, welche die Vorschule der Juristik schon für das materielle Recht, noch mehr aber für den Prozeß sei, der Aussagen von Menschen deuten, Meinungen und Entschlüsse von Menschen entziffern solle.[1] Über diese Vorgänge sollen eben die Entscheidungsgründe nach § 286 Abs. 1 der deutschen ZPO. Rechenschaft geben.

Die zweite jener Bestimmungen ist der § 139 Abs. 1 der ZPO., wonach der Vorsitzende durch Fragen darauf hinzuwirken hat, daß unklare Anträge erläutert, ungenügende Angaben der geltendgemachten Tatsachen ergänzt und die Beweismittel bezeichnet, überhaupt alle für die Feststellung des Sachverhältnisses erheblichen Erklärungen abgegeben

---

[1] Sonderabdruck aus der „Allgemeinen österreich. Gerichtszeitung" Nr. 46, 55. Jahrgang, 1904 S. 4.

werden. Diese Vorschrift, die bekanntlich die Aufklärungspflicht des Gerichts nicht in ganz so weitem Umfange festlegt wie der entsprechende § 182 der österreichischen ZPO., dient in der Rechtsprechung des Reichsgerichts vorzugsweise dazu, zu verhindern, daß bestimmte von den Parteien geltendgemachte Angriffs- oder Verteidigungsmittel, Klagegründe, Einreden oder Einwendungen, Repliken usw., wegen nicht genügender Substantiierung in tatsächlicher Beziehung ohne weiteres verworfen werden. Es soll vielmehr zunächst die Fragepflicht erfüllt, und erst, wenn auch auf diesem Wege keine ausreichende Darlegung des erforderlichen Tatsachenstoffes erfolgt, darf das Angriffs- oder Verteidigunsmittel unberücksichtigt gelassen werden. Es wird auf diese Weise insbesondere verhindert, daß die frühere sog. Klagabweisung angebrachtermaßen fortlebe, welche die Erneuerung derselben Klage unter Beseitigung ihres früheren Mangels zuließ. An deren Stelle ist jetzt nach dieser Praxis die unbedingte Abweisung einer selbst nach Ausübung des Fragerechts nicht gehörig substantiierten Klage getreten. Die hiernach erforderlichen Ergänzungen des tatsächlichen Vortrags, auf deren Beschaffung durch Erfüllung der Fragepflicht gedrungen wird, betreffen der Regel nach Angaben über die näheren Umstände eines bisher nur allgemein angedeuteten Vorganges, insbesondere in zeitlicher oder örtlicher Beziehung, oft aber auch in anderer Richtung, namentlich über die Beweggründe einer bestimmten Handlung u. dergl. mehr.

Von minderer Bedeutung ist die Dritte jener Bestimmungen, die Nr. 7 des § 551, wonach eine Entscheidung stets als auf einer Verletzung des Gesetzes beruhend anzusehen, also das Urteil auf eingelegte Revision stets aufzuheben ist, „wenn die Entscheidung nicht mit Gründen versehen ist," das Seitenstück zu der ausführlicheren Bestimmung des § 477 Abs. 1 Z. 9 der österreichischen ZPO. Die Fassung der deutschen Vorschrift beruht, im Gegensatze zu denjenigen des § 608 Nr. 16 des hannoverschen Entwurfs, des § 854 Nr. 5 des norddeutschen Entwurfs und des § 5 Nr. 9 der preußischen Verordnung vom 14. Dezember 1833: „wenn das Urteil keine Entscheidungsgründe enthält," auf der Erwägung, daß letztere Fassung nicht den Fall deckt, in welchem zwar das Urteil als Ganzes Entscheidungsgründe aufweist, nicht aber der angegriffene Teil[1]. Hieraus ergibt sich schon die Tragweite der

[1] Vgl. Hahn, Materialien zur ZPO., 2. Aufl., Bd. 1 S. 370.

Vorschrift. Im übrigen hat auch hier die Rechtsprechung des Reichsgerichts angenommen, daß unverständliche Gründe[1] sowie solche, die miteinander im Widerspruche stehen, endlich solche, die zur Urteilsformel nicht passen[2], als ungenügend anzusehen sind, so daß auch dann der unbedingte Revisionsgrund des § 551 Nr. 7 als vorliegend angesehen wird. Damit ergibt sich insoweit im wesentlichen eine völlige Übereinstimmung des deutschen Rechts mit dem österreichischen, wie es in jener Ziffer 9 des § 477 Abs. 1 ausführlicher geordnet ist. Von minderer Bedeutung aber als Revisionsgrund im Vergleiche zu den beiden vorher erörterten ist diese Bestimmung der deutschen ZPO. deshalb, weil selten auch nur ein Stück des Urteils ohne alle Entscheidungsgründe gelassen wird, sonst aber jene anderen beiden Vorschriften als die besonderen, die erschöpfende Erörterung und gründliche Beurteilung des Rechtsstreits bezweckenden, die Handhabe bieten, um ungenügend begründeten Urteilen der Berufungsgerichte im Wege der Revision entgegenzutreten.

Einige Beispiele aus der neuesten Rechtsprechung des Reichsgerichts mögen die Art der Handhabung der beiden hier hauptsächlich in Betracht kommenden Bestimmungen beleuchten.

Ein Hauseigentümer, übrigens ein Rechtsanwalt, hatte gegen den Bauunternehmer, dem er einen teilweisen Umbau der Läden in seinem Hause übertragen hatte, deswegen Klage auf Schadenersatz erhoben, weil schließlich die Baupolizei gewisse von dem Beklagten in Angriff genommene Bauarbeiten verboten hatte. Er stützte sich hierbei auf die Z. 1 des zwischen den Parteien abgeschlossenen Vertrages, wonach der Beklagte für die Erteilung der baupolizeilichen Genehmigung des Umbaues einzustehen hatte. Der Beklagte wandte ein, es sei Sache des klagenden Hauseigentümers selbst gewesen, vor Ausführung der Arbeiten die baupolizeiliche Genehmigung einzuholen. Sein Bevollmächtigter habe sich gegen jene Z. 1 des Vertrags ausdrücklich verwahrt, habe deshalb die Vollziehung des Vertragsentwurfs verweigert und sich schließlich nur durch die Erklärung des Klägers, „er werde keine Konsequenzen aus Ziffer 1 des Vertrags ziehen,“ hierzu bewegen lassen. Diese Verteidigung des Beklagten hatte das Berufungsgericht mit der Be-

[1] Vgl. RG. bei Gruchot, Beiträge zur Erläuterung des deutschen Rechts, Bd. 26 S. 1173.

[2] Vgl. Entsch. des RG. Bd. 8 S. 7.

gründung verworfen, daß es sich bei jener Äußerung des Klägers nur um eine unverbindliche Redensart gehandelt habe, wie sie häufig vorkomme. Demgegenüber wurde in dem Revisionsurteile ausgeführt: „Die Annahme, daß es sich bei der Äußerung des Klägers, ‚er werde keine Konsequenzen aus Ziffer 1 des Vertrags ziehen‘, nur um eine unverbindliche Redensart gehandelt habe, ist mit der bloßen Bemerkung, daß solche häufig abzugeben zu werden pflegten, nicht ausreichend begründet. Denn an sich enthält eine solche Äußerung die bestimmte Erklärung, die Rechte, die aus der niedergeschriebenen Verpflichtung nach dem bestehenden Rechte abzuleiten wären, nicht geltend machen zu wollen. Daß eine solche Bemerkung gleichwohl eine bloße unverbindliche Redensart enthalten kann, ist freilich einzuräumen. Allein gegenüber der ihr an sich innewohnenden sachlichen Bedeutung hätte dies mit besonderen, aus den Umständen des vorliegenden Falles entnommenen Gründen gerechtfertigt werden müssen, nicht mit jener allgemeinen Erwägung, die in jedem Falle gegeben werden kann. Und bei Würdigung der besonderen Umstände des vorliegenden Falles war dann auch nicht außer acht zu lassen, daß die Erklärung hier von einem Rechtsanwalte abgegeben war, von dem angenommen werden muß, daß er gewohnt ist, die Bedeutung seiner Bemerkungen im rechtsgeschäftlichen Verkehre besonders sorgfältig zu erwägen".

Es wurde demgemäß eine Verletzung des § 286 der ZPO. für vorliegend erachtet und deshalb das Berufungsurteil aufgehoben (Urteil des III. Zivilsenats des Reichsgerichts vom 2. Oktober 1908).

Ein anderer Fall. Die ordungsmäßige Niederlegung eines Schiedsspruchs bei der Gerichtsschreiberei gerade des zuständigen Gerichts bildet nach den §§ 1039 und 1049 der ZPO. die Voraussetzung für die Erhebung der Klage auf Erlassung des Vollstreckungsurteils wie auf Aufhebung des Schiedsspruchs. Zuständig für diese Klagen ist aber nach den §§ 1075 und 1076 das Amtsgericht oder das Landgericht, das in einem schriftlichen Schiedsvertrage als solches bezeichnet ist, und in Ermanglung einer solchen Bezeichnung das Amtsgericht oder das Landgericht, das für die gerichtliche Geltendmachung des Anspruchs zuständig sein würde. In dem gegebenen Falle hatte nun das Berufungsgericht selbst ausgesprochen, daß die Frage, ob ein schriftlicher Vertrag zwischen den Parteien geschlossen worden sei, in der Verhandlung „nicht ausdrücklich erörtert" worden sei. Gleichwohl nahm es diese

Tatsache „als unstreitig" an, weil die Klage ausdrücklich auf zwei „Kontrakte" verweise, „ausweise" deren die den Ansprüchen zugrunde liegenden Verkäufe vorgenommen seien, und diese Ausdrucksweise einen schriftlichen Vertrag voraussetze, und weil, wenn in dieser Beziehung etwas nicht in Ordnung wäre, die Beklagte, die in ausgiebigster Weise alles Mögliche herangezogen habe, um das Vollstreckungsurteil zu vermeiden, gewiß nicht verfehlt haben würde, darauf aufmerksam zu machen. Demgegenüber erklärte das Revisionsgericht, daß hierin keine ausreichende prozessuale Grundlage für jene Annahme gefunden werden könne, zumal da gegenüber der gesetzlichen Formvorschrift des § 1075 der ZPO. kein Abschluß durch Briefwechsel genügen würde, vielmehr die Erfordernisse des § 126 des BGB. erfüllt sein müßten. Die dem Berufungsgerichte von Amts wegen obliegende Prüfung habe hier eine bestimmte Feststellung des Sachverhalts durch Erfüllung der Fragepflicht gemäß § 139 der ZPO. erfordert. Ob sich dann das Vorhandensein eines schriftlichen Schiedsvertrags im Sinne des § 126 des BGB. ergeben hätte, erscheine in hohem Maße zweifelhaft. Jedenfalls wurde demnach das Berufungsurteil wegen Verstoßes gegen § 139 der ZPO. aufgehoben (Entsch. des RG. Bd. 68 S. 185ff.).

Dem österreichischen Prozeßrechte völlig eigentümlich ist sodann der Revisionsgrund, den der § 503 Z. 3 der ZPO. dahin bezeichnet, daß er gegeben sei, wenn

> „dem Urteile des Berufungsgerichts in einem wesentlichen Punkte eine tatsächliche Voraussetzung zugrunde gelegt erscheint, welche mit den Prozeßakten erster oder zweiter Instanz im Widerspruche steht."

Die erläuternden Bemerkungen zum Entwurfe der ZPO.[1] erblicken darin selbst mit Recht eine Ausnahme von dem Grundsatze, daß, wenn keiner der Fälle des § 503 Z. 1 und 2 des Gesetzes vorliege, das Eingreifen des Revisionsgerichts auf diejenigen Fälle beschränkt sei, in denen „eine Kritik des angefochtenen Urteils ohne neuerliche Vorführung des Sachverhalts und ohne neuerliche Beweisführung stattfinden könne". Der Entwurf glaube, so führen sie aus, dem begreiflichen Wunsche nach möglichst leichter Zugänglichkeit eines Rechtsmittels dritter Instanz entgegenkommen zu sollen, indem er die Revision auch hier und damit tatsächlich soweit zulasse, als überhaupt

[1] a. a. O. S. 360 und 361.

der Revisionszweck die zu seiner Erreichung notwendigen Mittel noch überwiege, die Revision praktisch noch vorteilhaft sein könne. Diese Gestaltung des Rechtsmittels werde auch den Interessen der Parteien nicht gefährlich sein. Denn wenn im ersten und zweiten Rechtszuge bei der Ermittelung und Erörterung des Sachverhalts sowie bei der Beweisprüfung ordnungsmäßig vorgegangen sei — und das sei ja hier die Voraussetzung, weil sonst der Revisionsgrund der Ziffer 2 des Gesetzes zu Gebote stehe —, werde das Revisionsgericht stets über ein so ausreichendes Material an Protokollen und andern Niederschriften verfügen, daß es sich daraus leicht ein genügend treues Bild des Sachverhalts werde verschaffen können.

Der Charakter der Vorschrift als einer Ausnahme von dem die Revision auch nach dem österreichischen Rechte beherrschenden Grundsatze, daß die Wahrheitsprüfung durch das Revisionsgericht beim Mangel der Unmittelbarkeit der Verhandlung ausgeschlossen ist, kann in der Tat keinem Zweifel unterliegen. Denn an sich wäre es nach diesem Grundsatze unzulässig, daß das Revisionsgericht eine selbständige tatsächliche Feststellung träfe, selbst wenn dies nur auf Grund von Urkunden geschähe, die sich sämtlich in den Prozeßakten befinden und dem Revisionsgerichte vorliegen. Klein hat dies in seinem Aufsatze: „Die Beweiswürdigung in der Revisionsinstanz“ [1], selbst ausgeführt und dabei darauf hingewiesen, daß „exceptio firmat regulam.“

Betrachtet man nun die einzelnen Fälle, die unter diesen Revisionsgrund denkbarerweise fallen können, so ergibt sich folgendes: Eine bestimmte Behauptung ist in dem Berufungsurteile durch die Aussage der vernommenen Zeugen oder Parteien, durch das Gutachten eines Sachverständigen oder durch eine Urkunde für bewiesen erklärt worden. Die Akten ergeben dagegen, daß die Zeugenaussage, die Urkunde usw. über diesen Umstand nichts enthalten oder sogar das Gegenteil erhärten. Hier trifft zwar zweifellos die Vorschrift der Ziffer 3 nach Wortlaut und Sinn zu, daß der Entscheidung eine tatsächliche Voraussetzung zugrunde gelegt ist, die mit den Prozeßakten, nämlich mit dem Inhalte des darin befindlichen Protokolls über die Zeugenaussage oder mit dem Inhalte der darin enthaltenen Urkunde, im Widerspruche steht. Das Revisionsgericht hat dann lediglich diese

---

[1] Allgem. österreich. Gerichtszeitung 1899, S. 77.

Aktenwidrigkeit festzustellen, sie zu berichtigen und daraus die rechtliche Folgerung für die Entscheidung zu ziehen. Klein hat dies in seinen „Vorlesungen über die Praxis des Zivilprozesses“[1] dahin veranschaulicht: es werde das Beweismittel mit den von dem Berufungsgerichte anerkannten Beweisgründen und mit der ihm beigelegten Beweiskraft übernommen und nur richtiggestellt, daß nach Lage der Akten die vom Berufungsgerichte bezeichnete Beweiswirkung „nicht der Behauptung A, sondern der Behauptung non A oder B gebühre“. Die Vergleichung des Berufungsurteils mit den Prozeßakten ergebe hier sowohl das Mittel zur Entscheidung über die Stichhaltigkeit des Revisionsgrundes wie im Falle seines Zutreffens das Mittel zur Reformierung des Berufungsurteils; es werde nunmehr die Klage abgewiesen, während vorher der Beklagte verurteilt gewesen sei, oder umgekehrt, weil eben die Beweisaufnahme in Wahrheit das entgegengesetzte Ergebnis, wie das Berufungsgericht angenommen, gehabt habe.

Zweifelhaft kann es dagegen sein, ob der Revisionsgrund der Ziffer 3 auch dann gegeben ist, wenn das Berufungsgericht eine tatsächliche Behauptung durch die Beweisaufnahme für nicht dargetan erklärt, während sich aus den Akten das Gegenteil ergibt. Beispielsweise die Zeugen haben einen bestimmten Umstand schlechthin bestätigt oder die Urkunde hat ihn erhärtet, ohne daß dabei irgendein Bedenken obwaltete. Der Wortlaut des Gesetzes spricht nämlich nur von einer tatsächlichen Voraussetzung, die dem Urteile des Berufungsgerichts zugrunde gelegt ist, scheint also davon auszugehen, daß es sich um eine Feststellung des Beweisergebnisses durch das Berufungsgericht in positivem, bejahendem Sinne handelt. Nach den erläuternden Bemerkungen zum Entwurfe der ZPO. soll jedoch der Revisionsgrund zu Ziffer 3 alle Fälle umfassen, in denen „ein nach Meinung des Beschwerdeführers bei der Feststellung des tatsächlichen Ergebnisses des Rechtsstreits angeblich untergelaufener Irrtum unmittelbar mit Hilfe des Inhalts der Prozeßakten selbst konstatiert und behoben werden kann[2].“ Und es läßt sich nicht leugnen, daß auch diese Auffassung mit dem Wortlaute des Gesetzes einigermaßen vereinbar ist. Denn von einer bestimmten tatsächlichen Voraussetzung, die im Widerspruche mit den Prozeßakten steht, ist das Berufungsgericht

[1] S. 51 u. 52.

[2] An dem in Anm. 1 S. 30 bezeichneten Orte S. 360.

auch dann ausgegangen, wenn es eine bestimmte tatsächliche Behauptung für nicht erwiesen erklärt und demnach der Gesamtheit der festgestellten Tatsachen, die es seiner Entscheidung zugrunde gelegt hat, eine Tatsache mangelt, die bei irrtumloser Feststellung dieser Gesamtheit hätte eingefügt sein müssen.

Freilich wird es oft sehr schwierig sein, mit Sicherheit zu ermitteln, daß es sich bei der Feststellung des Berufungsgerichts in der Tat nur um einen Irrtum handelt, daß das Gericht in Wirklichkeit gar nicht diese, sondern die entgegengesetzte Feststellung treffen wollte. Denn sobald auch nur wahrscheinlich ist, daß das Gericht diese absichtlich so, wie geschehen, getroffen habe, wenn auch unter dem Einflusse einer oberflächlichen und mangelhaften Prüfung des Beweisergebnisses, so ist der Fall der Ziffer 3 nicht gegeben. Er ist aber ebenso auch dann ausgeschlossen, wenn zwar der Irrtum des Berufungsgerichts in der Beweiswürdigung offenbar, dagegen nicht ganz zweifelsfrei ist, welche andere Feststellung anstelle ihrer zu setzen ist. Klein hat in seinen erwähnten Vorlesungen[1] selbst hervorgehoben, wie solche Möglichkeiten sich in verschiedener Weise gestalten können. Er bemerkt: ein ebenso gutes und sicheres Ergebnis wie bei der mündlichen Verhandlung und unmittelbarer Beweisaufnahme werde natürlich selten zu erreichen sein, aber die Akten müßten doch gestatten, jenem Ergebnisse recht nahe zu kommen. Das werde namentlich möglich sein, wenn die Aussagen der vernommenen Personen entschieden zugunsten eines Umstandes lauteten oder die Urkunde ihn bestimmt bestätige oder wenn mehrere Beweise übereinstimmend die Behauptung bekräftigten. Je zurückhaltender, unsicherer die Aussage sei oder je mehr Widersprüche die vorliegende Beweisaufnahme in wesentlichen Punkten zeige, desto mehr werde das Revisionsgericht Bedenken tragen, den Rechtsspruch letzter Instanz darauf zu gründen. Diese Ausführungen sind sicherlich zutreffend, sie zeigen aber zugleich die Bedenken, die gegen die Zulassung der Ausnahme von dem allgemeinen Grundsatze des Revisionsverfahrens sprechen, daß dem Revisionsgerichte die selbständige Beweisprüfung und Wahrheitsbeurteilung entzogen sein muß. Denn darüber, ob die Aussagen der vernommenen Personen wirklich entschieden zugunsten einer tatsächlichen Behauptung lauten, ob die Urkunde sie wirklich bestimmt bestätigt, andererseits, ob eine Aussage mehr

[1] S. 53.

oder weniger zurückhaltend lautet, ob die Beweisaufnahme in der Tat Widersprüche aufweist, werden im einzelnen Falle die Ansichten oft auseinandergehen. Deshalb wird die Berichtigung der tatsächlichen Feststellung des Berufungsgerichts durch das Revisionsgericht stets auf mehr oder weniger schwankender Grundlage erfolgen, und das stellt den Wert der Einrichtung, die ja nach dem oben Dargelegten nur den Zweck verfolgt, das Rechtsmittel des dritten Rechtszuges möglichst leicht zugänglich zu machen, meines Erachtens erheblich im Zweifel.

Abzulehnen dürfte aber endlich die Annahme sein, daß, wie Trutter, Das österreichische Zivilprozeßrecht S. 561, meint, der Fall des § 503 Z. 3 auch dann gegeben sei, wenn dem Urteile nicht ein irrig angenommenes Beweisergebnis zugrunde gelegt, sondern wenn eine tatsächliche Behauptung nicht berücksichtigt worden ist, die nach den Prozeßakten hätte berücksichtigt werden müssen. Denn dann steht nicht eine von dem angefochtenen Urteile seiner Entscheidung zugrunde gelegte tatsächliche Voraussetzung mit den Prozeßakten im Widerspruche, sie ist nicht irrig, sondern nur die Würdigung des aus den Akten sich ergebenden Streitstoffs ist nicht vollständig.[1] In solchen Fällen kann die Abhilfe nur die Z. 2 des § 503 gewähren.

Für das deutsche Zivilprozeßrecht kann, wie schon angedeutet, gar kein Zweifel darüber bestehen, daß dem Revisionsgerichte eine ähnliche Befugnis zur selbständigen Tatsachenfeststellung, insbesondere zur selbständigen Beweiswürdigung nicht verliehen ist. Insofern ist es doch von Bedeutung[2], daß das deutsche Gesetz die ausdrückliche Bestimmung im § 61 Satz 1 enthält:

„Für die Entscheidung des Revisionsgerichts sind die in dem angefochtenen Urteile gerichtlich festgestellten Tatsachen maßgebend. Außer denselben können nur die im § 557 Nr. 2, 3 erwähnten Tatsachen" —

das sind die, welche den gerügten Mangel des Verfahrens ergeben —

„berücksichtigt werden,"

ein Grundsatz, der für das österreichische Recht nur aus seinen Folgesätzen abgeleitet wird. Immerhin kommen auch in der Praxis des deutschen Reichsgerichts Fälle vor, in denen die Entscheidung des Revisionsgerichts wenigstens eine gewisse Ähnlichkeit mit den der Revision

[1] Vgl. auch Klein, Allgem. österreich. Gerichtszeitung 1899, S. 77 Anm. 9.
[2] Vgl. hiergegen Klein, a. a. O. S. 79.

nach Z. 3 des § 503 der österr. ZPO. stattgebenden Entscheidungen aufweist. In einem Senate kam vor kurzem folgender Fall zur Aburteilung. Der Ersteher eines Grundstücks, auf dem eine Kalksandsteinfabrik betrieben wurde, hatte gegen dessen Mieter Klage auf Räumung erhoben, weil er ihm nach Erlangung des Zuschlags das Mietverhältnis unter Einhaltung der gesetzlichen Kündigungsfrist von drei Monaten gekündigt habe. Der Beklagte widersprach der Klage mit der Behauptung, daß er zur Räumung noch nicht verpflichtet sei, weil das zwischen ihnen bestehende Rechtsverhältnis sich nicht als Miete, sondern als Pacht darstelle, dem Pächter eines Grundstücks aber nach den Bestimmungen des BGB. nur zum Ablaufe eines vollen Pachtjahres und auch nur unter Einhaltung einer Frist von sechs Monaten gekündigt werden dürfe. Das Berufungsgericht hatte nun, abweichend von dem Landgerichte, angenommen, das durch die locatio conductio begründete Rechtverhältnis sei im vorliegenden Falle ein Miet- und kein Pachtverhältnis, weil an einem Fabrikgrundstücke kein Fruchtgenuß eingeräumt werden könne, wie ein solcher zur Erfüllung des Begriffs des Pachtvertrages nach § 581 des BGB. erforderlich sei. Denn ein solches Grundstück könne Früchte aus sich selbst nicht erzeugen. Es diene nur dem Gebrauche, und die durch diesen hergestellten Fabrikate seien nicht durch das Grundstück, nicht durch das Gebäude, sondern durch den in diesem geführten Gewerbebetrieb hergestellt, das Berufungsgericht hatte deshalb der Klage auf Räumung stattgegeben. Das Reichsgericht hob jedoch auf eingelegte Revision dieses Urteil auf und wies die Berufung gegen das die Klage abweisende Urteil des Landgerichts zurück. Es entnahm nämlich gegenüber dem zweifelhaften Inhalte des Vertrages, in welchem nur von der Verpachtung einer Kalksandsteinfabrik die Rede war, aus dem eigenen Kündigungsschreiben des Klägers zwei Momente tatsächlicher Art. Zuvörderst hatte darin dieser selbst davon gesprochen, „die Grundstücke seien nebst dem darauf befindlichen Werke“ dem Beklagten verpachtet. Ferner enthielt dasselbe Schreiben des Klägers dessen Erklärung, der Beklagte habe die Ausnutzung des Grundstücks eingestellt. In beiden Bemerkungen des Klägers wurde ein außergerichtliches Geständnis dahin gefunden, daß der Vertrag dem Beklagten die Befugnis auch zur Gewinnung von Bodenbestandteilen, nämlich von Sand zur Herstellung Kalksandsteinen, gewährte. Dann aber war, von allen übrigen Bedenken, insbesondere daß schon die Überlassung eines eingerichteten Gewerbebetriebes das Rechtsverhältnis als Pacht erscheinen ließ, abgesehen, das Rechtsverhältnis eben deshalb als Pacht anzusehen, weil dem Konduktor durch den Vertrag unmittelbar das Recht zur Gewinnung von Bodenbestandteilen gewährt war.

Ähnlich aber ist, wie bemerkt, dieser Fall denjenigen, von denen die Z. 3 des § 503 der österr. ZPO. handelt, deshalb, weil auch hier das Revisionsgericht, wenn auch nur anscheinend, seiner Entscheidung ein anderes tatsächliches Verhältnis zugrunde gelegt hat als das Berufungsgericht. In Wirklichkeit jedoch unterscheidet er sich von ihnen dadurch, daß hier das Revisionsgericht das Sachverhältnis, wie es das Berufungsgericht festgestellt hatte, in Wahrheit doch unberührt ließ; denn alle von ihm bei seiner Entscheidung berücksichtigten tatsächlichen Umstände waren in dem Tatbestande des Berufungsgerichts festgestellt, insbesondere, wenn auch nur durch Bezugnahme darauf, der unstreitige Inhalt jenes Kündigungsschreibens. Diesem Gerichte war nur der daraus sich ergebende Tatsachenstoff bei der rechtlichen Beurteilung der Streitsache entgangen. Das Revisionsgericht blieb daher auch hier innerhalb der ihm durch den Grundsatz des § 561 gezogenen Schranke, wonach für seine Entscheidung die in dem angefochtenen Urteile gerichtlich festgestellte Tatsachen — aber eben auch nur diese, nicht die rechtliche Charakterisierung eines bestimmten Rechtsverhältnisses — maßgebend ist, indem es aus den festgestellten Tatsachen einen andern rechtlichen Schluß zog.

Mehr Übereinstimmung zwischen österreichischem und deutschem Rechte herrscht schließlich in Ansehung des Revisionsgrundes, den der § 503 Z. 4 der österr. ZPO. dann als gegeben bezeichnet, „wenn das Urteil des Berufungsgerichtes auf einer unrichtigen rechtlichen Beurteilung der Sache beruht". Indessen fehlen auch hier Verschiedenheiten nicht. Die Fassung der Z. 4 ist derjenigen der §§ 549 und 550 der deutschen ZPO., wonach die Revision nur darauf gestützt werden kann, daß eine der dort bezeichneten „Rechtsnormen verletzt" ist, ähnlich. Man könnte hiernach annehmen, daß auch im österreichischen Rechte so wenig wie nach deutschem ein grundsätzlicher Unterschied zwischen Rechtsnormen des materiellen wie des Prozeßrecht's gemacht werden solle. Die Rechtsprechung des Obersten Gerichtshofes ist indessen, wie ich sehe, ganz fest darin, daß der Revisionsgrund der unrichtigen rechtlichen Beurteilung der Sache nur bei unrichtiger Beurteilung in materiellrechtlicher Beziehung gegeben ist, und es wird angenommen, daß zur Bekämpfung einer unrichtigen Anwendung der Prozeßgesetze die Revisionsgründe der Nichtigkeit, Z. 1, und der Mangelhaftigkeit des Berufungsverfahrens, Z. 2 des § 303, dienen.[1] Auch die Wissenschaft des österreichischen Zivilprozeßrechts scheint hierüber so ziemlich einig zu sein. Jedenfalls bemerkt auch Klein in seinem schon erwähnten Aufsatze in der Österreichischen Gerichtszeitung[2], nachdem er betont hat, daß Wachtel und Neumann Beschwerden wegen unrichtiger Behandlung prozessualer Zwischenfragen von der Revision ganz ausschlössen, während v. Fürstl die ganze rechtliche Seite des Rechtsstreits, auch die Fragen des Prozeßrechts, unbeschränkt der Beurteilung des Revisionsgerichts frei gebe: die richtige Ansicht werde zwischen beiden, jedoch näher der Meinung von Wachtel und Neumann liegen. Und er fügt hinzu: Die prozeßrechtlichen Vorschriften, deren unrichtige Anwendung den Revisionsgrund nach Z. 4 ergebe, würden mit den Vorschriften der §§ 273, 407, 408 der ZPO. ziemlich erschöpft sein.

In dieser Beziehung weicht, wie ich schon vorher angedeutet habe, die Stellung des deutschen Rechts nicht unbeträchtlich ab. Wissenschaft und Rechtsprechung stimmen hier darin überein, daß die Verletzung einer Vorschrift des Prozeßrechts, vorausgesetzt, wie immer, daß die Entscheidung des Berufungsgerichts darauf beruht, grundsätzlich ganz ebenso die Revision begründet wie die einer Bestimmung des materiellen Rechts. Ich nenne in dieser Beziehung nur beispielsweise als in der Praxis besonders häufig vorkommende die Revision rechtfertigende Fälle die Verletzung der Vorschriften der ZPO. über Zwischen- und Endurteile, über gewöhnliche Zwischenurteile und solche, die in Ansehung der Rechtsmittel den Endurteilen gleichgestellt sind, über die Voraussetzungen insbesondere, unter denen ein Zwischenurteil über den Grund des Anspruchs im Gegensatze zu der Entscheidung über den Betrag ergehen darf, ferner die Verletzung der Bestimmungen über die Beeidigung oder Nichtbeeidigung von Zeugen oder Sachverständigen und dergl. mehr. Nur in einer Hinsicht werden jetzt, wie gleichfalls schon erwähnt, seit der Geltung der Novelle vom 5. Juni 1905, die Verletzungen

[1] Vgl. Neumann, Kommentar zu den Zivilprozeßgesetzen, 2. Aufl., Anm. zu Z. 4 des § 503 der ZPO.

[2] Allgem. österreich. Gerichtszeitung 1899, S. 78 Anm. 10.

der Vorschriften über das Verfahren anders behandelt als die der Normen des materiellen Rechts. Während in bezug auf letztere das Revisionsgericht nach wie vor an die von den Parteien geltendgemachten Revisionsgründe nicht gebunden ist — bekanntlich eine der Hauptabweichungen der Revision nach deutschem Rechte von der nach österreichischem —, unterliegen nunmehr in prozessualer Beziehung der Prüfung des Revisionsgerichts nur die von dem Revisionskläger rechtzeitig schriftlich erhobenen Rügen (ZPO. § 559 in der Fassung des Gesetzes vom 5. Juni 1905).

Volle Übereinstimmung der beiden Rechte scheint, wenigstens nach der Sachlage, wie sie sich nach der Rechtsprechung des Obersten Gerichtshofs in Österreich gestaltet hat, darüber vorzuliegen, ob die Prüfung des Revisionsgerichts sich auch auf die Beweiswürdigung des Berufungsgerichts erstrecken darf und soll. Auch in Österreich hat sich jetzt die Rechtsprechung des Obersten Gerichtshofes anscheinend dahin festgestellt, daß die Beweiswürdigung des Berufungsgerichts an sich keinen Gegenstand eines Revisionsangriffs bilden kann. Wenigstens sehe ich, daß z. B. ausdrücklich ausgesprochen ist, die Entscheidung der Frage, welcher Partei mehr Glaubwürdigkeit beizumessen sei, oder: ob der Gegenbeweis gegen eine gesetzliche Vermutung erbracht sei, gehöre nicht vor das Revisionsgericht[1]. Immerhin scheint auch jetzt noch die Ansicht viel vertreten zu werden, daß dem Revisionsgerichte das Recht zustehe, selbständig die in den früheren Rechtszügen erhobenen Beweise zu prüfen, daraufhin sich über die Wahrheit oder Unwahrheit einer aufgestellten Behauptung ein eigenes Urteil zu bilden und demgemäß auch seiner Entscheidung ein teilweises anders gestaltetes Sachverhältnis zugrunde zu legen, als es die Vorinstanzen getan haben. Diese Ansicht ist besonders eingehend von Sedlácek in seinem Aufsatze „Die Beweisfrage nach der ZPO. vor dem Obersten Gerichtshofe" in der Allgemeinen Österreichischen Gerichtszeitung[2] verteidigt worden. Sie ist weder mit dem Grundsatze der freien Beweiswürdigung, die der Regel nach eine unmittelbare Verhandlung voraussetzt, und deren Eindrücke verwertet, noch mit der aus prozeßpolitischen Gründen erforderlichen Beschränkung des Gebietes der dem Revisionsgerichte zustehenden Prüfung vereinbar. Ich halte hierbei das, was Klein gegen jene Meinung in seinem Auf-

[1] Vgl. Neumann, a. a. O. Anm. zu Z. 4 des § 503 der ZPO.
[2] 1899 S. 60ff.

satze „Die Beweiswürdigung in der Revisionsinstanz“[1] ausgeführt hat, im allgemeinen für durchschlagend. In Ansehung der Tatsachenfeststellung und der Beweiswürdigung ist der Revisionsrichter nicht der besser, sondern der schlechter unterrichtete Richter. Er darf deshalb, solange es sich nicht um die Frage der Verletzung bestimmter Normen des Prozeßrechts handelt, nicht in die Lage gebracht werden, sich auf diesem Gebiete zu betätigen.

Im Deutschen Reiche hat im Gegensatze hierzu in dieser Hinsicht unter der Herrschaft der ZPO. von 1877 niemals ein Zweifel bestanden. Es ist hier einerseits auf Grund des § 561, daß für die Entscheidung des Revisionsgerichts die in dem angefochtenen Urteile festgestellten Tatsachen maßgebend seien, und andererseits auf Grund der Bestimmung der §§ 549 und 550, daß die Revision nur auf der Verletzung einer Rechtsnorm gestützt werden könne, stets anerkannt worden, daß die bloße Beweiswürdigung des Berufungsgerichts der Prüfung des Revisionsgerichts entzogen ist. Die verschiedene Stellungnahme der Juristenwelt zu dieser Frage in den beiden Ländern hat auch ersichtlich wesentlich darin ihren Grund, daß in Österreich nach dem führeren Verfahren das Rechtsmittel höchster Instanz auch die Prüfung der Beweise durch das höchste Gericht ermöglichte, daß hier also eine entgegengesetzte Überlieferung durch die neue ZPO. zu überwinden war, während im größten Teile des Deutschen Reiches, wenigstens so weit das Gebiet der preußischen Nichtigkeitsbeschwerde und des französisch-rheinischen sowie des bayerischen Kassationsrekurses vor der deutschen ZPO. reichte, die Ausschließung des Gerichts dritter Instanz von der selbständigen Würdigung der Beweisergebnisse wie der Tatsachenfeststellung überhaupt bereits lange geltendes Recht gewesen war.

In engem Zusammenhange mit dieser Frage steht die andere, ob und inwieweit das Revisionsgericht zur selbständigen Auslegung eines Rechtsgeschäfts, insbesondere eines Vertrages befugt ist. Für das österreichische Recht finde ich den richtigen Gesichtspunkt für die Beantwortung dieser Frage dargelegt in einer kurzen Ausführung Kleins in seinem mehrerwähnten Aufsatze über die Beweiswürdigung in der Revisionsinstanz[2]: Maßgebend sei, mit welchen Mitteln man den wegen undeutlicher Ausdrucksweise zweifelhaften Inhalt der Erklärung kennen zu lernen suche. Soweit dies, was meistens der Fall sein werde,

[1] A. a. O. S. 73ff. [2] A. a. O. S. 78 Anm. 11.

unter Anwendung der gesetzlichen Regeln über die Auslegung von Rechtsgeschäften geschehe, könne das Revisionsgericht diese wie jede andere rechtliche Beurteilung prüfen. Sei dagegen das Untergericht nur im Wege der Beweiswürdigung und ohne Anwendung der gesetzlichen Auslegungsvorschriften zu seiner Auffassung darüber gelangt, was der Erklärende habe sagen wollen — sog. tatsächliche Auslegung —, so sei dies auch für das Revisionsgericht bindend.

Für das deutsche Prozeßrecht kann jetzt als anerkannter Satz gelten, daß eine bloße Vertragsbestimmung nicht etwa deshalb als „Rechtsnorm", deren Verletzung wegen irrtümlicher Auslegung mit der Revision gerügt werden könnte, anzusehen ist, weil sie als sog. lex contractus die Parteien bindet. Die unrichtige Auslegung eines Vertrages, soweit sie nicht gegen bestimmte gesetzliche Auslegungsregeln verstößt, ist demnach, gleichviel ob er bloß mündlich abgeschlossen oder beurkundet worden ist, nicht Gesetzesverletzung im Sinn des § 549 der deutschen ZPO. Nur wenn eine Erklärung im Widerspruche mit ihrem aus dem Wortlaute sich ergebenden klaren Sinne ausgelegt worden ist, wird angenommen, daß dies einen Revisionsgrund bilde, weil nämlich damit die Auslegungsregel verletzt erscheint, daß für eine besondere Auslegung eines Rechtsgeschäfts da kein Raum sei, wo der Wortlaut keinen Zweifel über die Bedeutung des Gewollten und Erklärten lasse. Übrigens hat Klein an der mehrerwähnten Stelle zutreffend auch schon darauf hingewiesen, daß sich auf dem Gebiete der Auslegungsvorschriften eine ähnliche Entwicklung vollziehe, wie sie auf dem der Beweiswürdigung stattgefunden habe. Die gesetzlichen Auslegungsregeln verwandelten sich je länger desto mehr in allgemeine Anweisungen zur Betätigung des richterlichen Ermessens; höchstens werde das Ziel der Auslegungstätigkeit etwas näher bestimmt. Und in der Tat lehrt bereits ein Blick auf die zahlreichen Auslegungsvorschriften einerseits des früheren preußischen Allgemeinen Landrechts und des österreichischen Bürgerlichen Gesetzbuchs und andererseits eine kurze Betrachtung schon der wenigen Satzungen des Allgemeinen deutschen Handelsgesetzbuchs von 1861 und jetzt des Bürgerlichen Gesetzbuchs für das Deutsche Reich, wie immer mehr die schlechthin bindenden Auslegungsbestimmungen zurücktreten und die Zahl der Auslegungsvorschriften sich überhaupt vermindert.

Berühren sich schon auf diesem Gebiete Tat- und Rechtsfragen häufig so eng, daß es in der Praxis oft schwer ist, beide bei der Entscheidung über den Rechtsfall streng auseinanderzuhalten, so wächst diese Schwierigkeit noch erheblich mehr, wo es sich um die Anwendung einer solchen materiellen Rechtsnorm auf das festgestellte Sachverhältnis handelt, die an keinen genau festgelegten Tatbestand geknüpft ist, sondern die nur leitende Gesichtspunkte für den Richter aufstellt, ferner da, wo das Recht selbst bei Anwendung einzelner Rechtsbegriffe dem Richter ein von dem rein tatsächlichen nicht zu unterscheidendes freies Ermessen gewährt. So beispielsweise bei dem Begriffe des Besitzes, der Ersitzung, des Herkommens, der Fahrlässigkeit, des guten Glaubens u. dgl. Dies führt zum Schlusse überhaupt zur Erörterung der Frage, ob das Gesetz nur die sog. abstrakte Beurteilung einer Rechtsfrage dem Revisionsgerichte hat vorbehalten wollen oder auch die konkrete. Ich hege schon nach dem Worlaute des § 503 Z. 4 der österreichischen ZPO., insbesondere nach der hier gewählten ganz allgemeinen Ausdrucksweise „auf einer unrichtigen rechtlichen Beurteilung der Sache beruht", keinen Zweifel, daß dieses Gesetz sowohl die abstrakte wie auch die konkrete Beurteilung der Streitsache dem Revisionsgerichte hat zuweisen wollen. Auch nach dem deutschen Prozeßrechte gilt es als feststehend, daß das Revisionsgericht nicht nur zu prüfen hat, ob das Berufungsgericht eine bestimmte Rechtsnorm richtig ausgelegt, richtig aufgefaßt, ihre Tragweite richtig beurteilt hat, sondern daß es auch die Subsumtion der festgestellten Tatsachen unter das Gesetz zu überwachen hat, dergestalt, daß jede unrichtige oder zu Unrecht unterbliebene Anwendung des Gesetzes auf das festgestellte Sachverhältnis die Revision begründet. Gerade wegen der abstrakten Ausdrucksweise des Gesetzes aber in § 549: „Die Revision kann nur darauf gestützt werden, daß die Entscheidung auf der Verletzung eines Reichsgesetzes und eines Gesetzes, dessen Geltungsbereich sich über den Bezirk des Berufungsgerichts hinaus erstreckt, beruhe," und ferner in § 550: „Das Gesetz ist verletzt, wenn eine Rechtsnorm nicht oder nicht richtig angewendet worden ist," kam bei der Wahl der Fassung des Gesetzes in Frage ob der letzteren Bestimmung nicht noch folgender Zusatz zu geben sei:

„Insbesondere ist jede unrichtige rechtliche Beurteilung der von den Parteien zur Begründung ihres Angriffs und Verteidigungsmittel vorgebrachten oder der als erwiesen angenommenen Tatsachen als Verletzung des Gesetzes anzusehen."

Man nahm indessen schon bei Aufstellung des Entwurfes hiervon Abstand, weil bereits aus dem ganzen Aufbau des Rechtsmittels sich zur Genüge die diesem Zusatze entsprechende Willensmeinung des Gesetzes ergebe und weil der Zusatz gerade dafür, worauf es besonders ankomme, nämlich zu bestimmen, was Rechts- und was Tatfrage sei, doch keinen Anhalt gebe.[1] Immerhin dürfte es für den österreichischen wie für den reichsdeutschen Juristen von Interesse sein, zu sehen, daß sich in jenem Zusatze, dessen Aufnahme in die geltende deutsche ZPO. in Frage kam, schon dieselbe Ausdrucksweise findet, die später der österreichische Gesetzgeber in § 503 Z. 4 seiner ZPO. gewählt hat, nämlich „unrichtige rechtliche Beurteilung der Sache."

So ist es denn bei uns lediglich der Rechtsprechung des Reichsgerichts überlassen geblieben, hier die notwendigen Grenzlinien zwischen tatsächlicher und rechtlicher Beurteilung zu ziehen.

In dieser Hinsicht möchte ich nur folgendes bemerken: Es steht jetzt in der Rechtsprechung dieses Gerichts fest, daß die Frage, ob in einem bestimmten Tatbestande ein Verschulden, ein vorsätzliches Handeln oder eine Fahrlässigkeit zu erblicken ist, was insbesondere die im Verkehr erforderliche Sorgfalt, deren Außerachtlassung den Vorwurf der Fahrlässigkeit nach § 276 des BGB. begründet, im einzelnen Falle erforderte, ferner ob ein bestimmtes Rechtsgeschäft gegen die guten Sitten verstößt, an der Hand des festgestellten Sachverhältnisses, also konkret vom Revisionsgerichte zn entscheiden ist. Ebenso neigt in neuester Zeit die Rechtsprechung des Reichsgerichts auch in bezug auf die Frage, ob im gegebenen Falle ein wichtiger Grund zur Auflösung eines Dienst-, eines Agentur-, eines Gesellschaftsvertrages usw. vorliegt, dahin, daß auch sie vom Revisionsgerichte frei nach den festgestellten Tatsachen zu beurteilen ist. Daraus wird für eine Reihe praktisch besonders bedeutsamer Fälle anerkannt, daß die Frage, ob der vom Berufungsgerichte festgestellte Tatbestand die Anwendung des jeweiligen Rechtsbegriffs erforderte oder ausschloß, als Rechtsfrage in vollem Umfange der Beurteilung des Revisionsgerichts unterliegt.[2]

[1] Vgl. die Begründung zu dem Entwurf der deutschen ZPO. bei Hahn, a. a. O. Bd. 1 S. 366.

[2] Vgl. hierzu Boyens, Grenze zwischen Tat- und Rechtsfrage in „Die ersten 25 Jahre des Reichsgerichts" S. 153ff.

Die Verteidigung
nach dem Entwurfe der Strafprozeßordnung.

Von

Dr. Martin Drucker,
Rechtsanwalt.

Probationes luce meridiana clariores verlangte das kanonische Recht als Grundlage jeglicher Verurteilung. Das klingt bieder und vertrauenerweckend. Aber der das Postulat tragende Respekt vor dem Nur-Angeklagten wird zum unfrommen Wunsche, wenn nicht der Strafprozeß durch seine Gestaltung den Richter zu hindern sucht, Beweisannahmen zu folgen, die nicht wie die Mittagssonne leuchten und einleuchten. Der Prozeß soll nicht Instruktion zur Verurteilung sein.[1] Es wäre gesünder, könnte er legislatorisch aufgefaßt werden als die Summe der Vorschriften, durch die bei notwendiger Kriminalaktion der Staat sich und seine Organe vor der Gefahr der Verfolgung oder gar der Bestrafung eines Nichtschuldigen zu bewahren unternimmt. Da der Staat bei allem kriminellen Einschreiten sich gegenüber dem jeweiligen Objekte im Eventualdolus des Rechts- und Friedensbruches befindet, so ist er es seiner eigenen Reputation als Garant des Rechtsgüterschutzes schuldig, das Verfahren bis zum Urteile von allen unbilligen Nachteilen für Leib, Ehre und Gut des Bezichtigten möglichst rein zu halten, dem Bezichtigten selbst aber die Mittel zu rechtzeitiger und energischer Verteidigung mit aller Abundanz zur Verfügung zu stellen. Die soziale und politische Schichtung unseres Volkes scheint es heute zwar noch nicht zuzulassen, in der Strafprozeßordnung geradezu ein System der Verteidigung auszubilden.[2] Wir dürfen aber bescheiden verlangen, daß das Haupt des Gesetzgebers mit einem vollen Öltropfen defensorischer

[1] Binding (der Entwurf eines Gesetzes betr. Änderungen u. Ergänzungen des GVG. und der StrPO. Berlin 1895. Carl Heymanns Verlag) rügte an dem Schellingschen Entwurfe: Die prozessuale Rücksichtslosigkeit gegen den Verdächtigten, der vor dem Urteile schon zum Schuldigen gestempelt wird, und die Gleichgültigkeit gegen die Gerechtigkeit des Strafurteils: „die Verurteilung zu erzielen ist an sich ein Triumph."

[2] Vgl. hierzu die nachdenklichen Darlegungen bei Hartmann, Strafrechtspflege in Amerika (Berlin 1906, Franz Vahlen) S. 279 ff., über die defensorische Tendenz der amerikanischen Strafrechtspflege.

Tendenz gesalbt sei. Je straffer und prompter wir uns die Strafrechtspflege wünschen, desto peinlicher muß die Kontrolle darüber geübt werden, ob das Gesetz bei jeder einzelnen prosekutorischen Bestimmung auch auf eine wirksame Vorschrift zum Schutze des Beschuldigten bedacht genommen habe.

Von diesem Gesichtspunkte aus würde eine erschöpfende Behandlung der Verteidigung nach dem am 1. September 1908 amtlich veröffentlichten Entwurfe der Strafprozeßordnung eine Kritik fast sämtlicher Paragraphen der deutschen Strafprozeßbill nötig machen. Für Verteidigung und Verteidiger ist nichts, was im Gerichtsverfassungsgesetze und in der Prozeßordnung steht, ganz gleichgültig. Wer nun gewillt gewesen ist, auf dem Boden dieser Anschauung nach dem Entwurfe von 1894 und nach der Kommissionsarbeit von 1903 bis 1905 die Hoffnung kraftvollen Fortschritts auch dem Entwurfe von 1908 entgegenzutragen, der wird darin übergenug Stellen finden, an denen er lange staunend verweilt. Als auf der letzten Plenarversammlung des Karlsruher Juristentages ein Redner[1] das bittere Wort von einer „sehr großen Enttäuschung" sprach, ward ihm vielseitige Zustimmung. Für heute muß darauf verzichtet werden, das vollständige Inventar der mutmaßlich getäuschten Desiderien aufzustellen. Es gilt nur den Versuch, in groben Zügen die Figur der Verteidigung zu zeichnen, wie sie nach dem Entwurfe aussehen und wie sie sich bewegen würde oder nicht bewegen könnte. Das wesentlichste Material findet sich, wie die Motive selbst erwähnen, außer in dem neunten Abschnitte des ersten Buches namentlich in den Vorschriften über die Voruntersuchung und das „Ermittelungsverfahren". So soll nach militärprozessualem Vorbilde der staatsanwaltschaftliche Abschnitt des Vorverfahrens heißen.

Wer nach dem Entwurfe irgendwo, etwa bei einem Gendarmen, wegen irgend einer Missetat angezeigt wird, bekommt zunächst — einen neuen Titel. Er heißt nämlich nunmehr: „der Verdächtige". Wohl bemerkt: nicht etwa der Verdächtigte, sondern der Verdächtige. Zum Beschuldigten wird er befördert, wenn er als solcher vom Richter vernommen oder ein Haftbefehl oder Vorführungsbefehl gegen ihn erlassen wird (§ 108 des Entwurfs). — Es ist dem Entwurfe zuzugeben, daß mit dieser Bereicherung der Nomenklatur eine nicht zu unterschätzende

[1] Justizrat Dr. Meyer, Frankfurt. Vgl. Verhandl. des 29. Juristentages, Bd. 5 S. 861.

Vereinfachung bei der Lektüre und bei der Anwendung des Gesetzes gewährleistet wird. Denn wenn irgendein prozessuales Recht dem Beschuldigten eingeräumt wird, so steht es dem Verdächtigen — nicht zu. Das ist nicht etwa nur eine Auslegungskonsequenz, sondern dolus manifestus des Gesetzes. Die Motive zu § 108 des Entwurfs sagen wörtlich:

„Die bezeichnete Terminologie .... trägt dem Umstande Rechnung, daß die Rechtsstellung des in den Verdacht einer strafbaren Handlung Geratenen sich wesentlich ändert, sobald er als Beschuldigter vom Richter vernommen, oder gegen ihn ein Haftbefehl oder Vorführungsbefehl erlassen wird. Erst wenn es zu einer dieser Untersuchungshandlungen gekommen ist, wird ihm mit Rücksicht auf das erhöhte Interesse, das er nunmehr an der weiteren Entwicklung des Verfahrens hat, das Recht eingeräumt, zu weiteren gerichtlichen Untersuchungshandlungen zugezogen und von einer Einstellung des Verfahrens durch die Staatsanwaltschaft in Kenntnis gesetzt zu werden (§§ 168, 169, 174 des Entwurfs; § 167 Abs. 2, § 168 Abs. 2 des geltenden Gesetzes); erst durch die richterliche Vernehmung erlangt ferner der Verdächtige das Recht, die Vornahme von Beweiserhebungen zu beantragen (§ 171 Abs. 1 des Entwurfs, § 164 Abs. 1 des Gesetzes). Diese Verschiedenheit der Rechtsstellung wird durch die Ausdrucksweise des Entwurfs kenntlich gemacht; zugleich ergibt sich der Vorteil, daß aus der Fassung der einzelnen Vorschriften ohne weiteres zu entnehmen ist, ob sie für jeden Verdächtigen oder nur für solche Geltung haben, die als Beschuldigte vom Richter vernommen werden oder gegen die ein Haftbefehl oder Vorführungsbefehl erlassen wird."

Auf den Einwand, daß damit eine wesentliche Veränderung des bisherigen Zustandes, wie ihn die Praxis herausgebildet hat, nicht geschaffen werde, wage ich zu entgegnen, daß gerade dieser bisherige Zustand schlimm genug und dringend der Besserung bedürftig war. Die Motive wissen an anderer Stelle in der ihnen nicht abzusprechenden glänzenden Darstellung eindringlich zu schildern, wie ungenügend das jetzt geltende Recht die Interessen des Beschuldigten wahrnehme. Es heißt da (Begründung unter VI):

„Die von der Staatsanwaltschaft veranlaßten Beweiserhebungen finden mit wenigen Ausnahmen in Abwesenheit des Beschuldigten statt.

Das Recht, Beweiserhebungen zu verlangen, steht diesem gleichfalls nur in geringem Maße zu und kann von ihm zum Zwecke seiner Verteidigung schon deshalb nicht genügend ausgenutzt werden, weil er von dem Stande der Ermittelungen und den gegen ihn vorliegenden Belastungsmomenten keine genaue Kenntnis hat . . .

Bei dieser Rechtslage erfahren die meisten Angeklagten die Gesamtheit der Anschuldigungen und Belastungsmomente erst durch die Anklageschrift, in Amtsgerichtssachen . . . erst durch die Hauptverhandlung . . .

Der Zweck des Vorverfahrens, der Anklagebehörde von der Tat und dem Täter, dem Beschuldigten von dem gegen ihn vorliegenden Verdachte genügende Kenntnis zu verschaffen, beiden Gelegenheit zu weiterer Aufklärung zu geben und schließlich dem Gerichte und dem Vorsitzenden eine geeignete Unterlage für die Erfüllung ihrer Aufgaben zu bieten, wird auf diese Weise nur unvollkommen erreicht."

Alle diese Vorwürfe schleudert die Begründung des Entwurfs dem geltenden Gesetze entgegen. Es erscheint als wahre Lust, unter dem künftigen Gesetze als Beschuldigter zu leben. Aber die Motive verschweigen an dieser Stelle die capitis deminutio, die aus dem angeblich behüteten Beschuldigten den vogelfreien Verdächtigen macht. Nichts hindert den Staatsanwalt, den gesamten Stoff im Ermittelungsverfahren zusammenzutragen, ohne es zu einer richterlichen Vernehmung des „Verdächtigen" kommen zu lassen. Nichts hindert ihn, Zeugen und Sachverständige richterlich vernehmen und ihre Aussagen festlegen, den Augenschein einnehmen, Beschlagnahmen vornehmen zu lassen, ohne daß der Verdächtige von alledem auch nur das geringste erfährt. Er erwacht vielleicht eines Tages als Angeschuldigter (d. h. als einer, gegen den die öffentliche Klage erhoben ist), ohne daß er je des Glückes genossen hätte, Beschuldigter neuen Stils zu sein!

Aber der Entwurf ist nicht nur karg in der Verabreichung der von der Begründung angepriesenen Wohltaten, er ändert nicht nur nichts an dem jetzigen Rechtsstande zugunsten des Verdächtigen, sondern er verschlechtert durch die angezogene Vorschrift ganz empfindlich die Stellung des Inkulpaten im Ermittelungsverfahren. Wer heute vom Staatsanwalt oder seinen allgegenwärtigen Hilfsbeamten als Bezichtigter in Anspruch genommen wird, sucht sich oft beizeiten einen Verteidiger. Das wird er in Zukunft unterlassen müssen. Denn — nur der Beschuldigte kann sich eines Verteidigers bedienen (§ 137 des Entwurfs). Also nicht der Verdächtige. Wird der Verdächtige aber dreist, setzt er über diese Verteidigersperre hinweg, versucht er etwa den Rat eines Rechtsanwalts einzuholen, so bleibt der ein Rechtsanwalt ohne die Privilegien des Verteidigers und wird bei den aus manchen Winkeln wehenden Winden mitunter Gefahr laufen, an den § 257 des StrGBs. angetrieben zu werden. Vestigia terrent! — Der Verdächtige könnte aber auch auf den Gedanken verfallen, wie einst Graf Arnim, einen Professor zum Verteidiger zu wählen. Er gibt ihm völligen Aufschluß über seinen Fall. Davon erfährt der Staatsanwalt, läßt sich den Professor kommen und zwingt ihn zur eidlichen Zeugenaussage über den Inhalt der Konferenz. Der § 48, jetzt § 52, der dem Verteidiger und dem Rechtsanwalte ein Diskretionsrecht sichert, gilt für den Professor nicht. Sein Defendend war bisher nur ein Verdächtiger, kein Beschuldigter, und nur der Beschuldigte kann sich eines Verteidigers bedienen.

Ich spüre den Einwurf, daß diese anekdotenhaften Erwägungen wohl auf einem lapsus des Redaktors beruhen könnten. Dafür spricht scheinbar, daß an vereinzelten Stellen gelegentlich der Verdächtige mit dem Verteidiger auftaucht, so in § 95, wo Sendungen des Verdächtigen an den Verteidiger erwähnt werden, und in § 158, wo die Benachrichtigung des Verteidigers eines abwesenden Verdächtigen in Rede steht. Allein diese Stellen beweisen deshalb nichts, weil, worauf die Motive bei § 108 hindeuten, in manchen Paragraphen das neue Wort „Verdächtiger" in dem weiteren Sinne gebraucht wird, in dem es jede Person umfaßt, gegen die ein Strafverfahren in irgendwelchem Stadium gerichtet ist, also auch den Beschuldigten. Gegen die Zulässigkeit einer emendierenden Interpretation des § 137 ist geltend zu machen vornehmlich, daß die Definition des Begriffs „Beschuldigter" in § 108 sehr scharf ist und die Motive die Prägnanz des Wortes besonders hervorheben, und ferner der Umstand, daß der bisherige § 137 nicht unverändert in den Entwurf hinübergeschlüpft, sondern daß an ihm herumgebessert worden und trotzdem das Wort Beschuldigter stehen geblieben ist.

Die Aufstellung der neuen Kategorie des Verdächtigen hat aber noch eine weitere, auch zum Thema Verteidigung gehörige Folge. Wie wir alle wissen und in berühmt gewordener Fassung aussprechen, war bisher die Staatsanwaltschaft „die objektivste Behörde von der Welt". Schon von Gesetzes wegen; denn der § 158 StrPO. beschwerte sie mit der Pflicht, auch die zur Entlastung dienenden Umstände zu sammeln. Hier will das künftige Gesetz eine wesentliche Erleichterung eintreten lassen. Der Staatsanwalt, dem Neigung oder Überzeugung die Sammlung des Entlastungsmaterials unlieb macht, läßt den Inkulpaten schnell einmal vom Richter vernehmen. Dann ist er ein Beschuldigter. Der Entlastungsbeweis ist aber nach dem neuen § 163 von der Staatsanwaltschaft nur bezüglich des Verdächtigen zu ermitteln, in späteren Stadien des Verfahrens nicht mehr. Diese Reinigung der staatsanwaltschaftlichen Funktion von Verteidigungsaufgaben ist wohl eine notwendige Folge des im Entwurfe schärfer betonten Parteicharakters der Anklagebehörde. Vom Standpunkte der forensischen Moral aus ist dieser Bruch mit einer bisher gebräuchlichen üblen Fiktion gewiß zu billigen.[1] Der Beschuldigte mag sich selbst oder durch seinen Verteidiger um die Entlastung bemühen, auch dem Untersuchungsrichter wird in dem veränderten § 188 die Ermittelung des Entlastungsmaterials zur Pflicht gemacht — der Staatsanwalt konzentriert seine Energie nur noch auf den Schuldbeweis. Das werden die erkennenden Gerichte in Zukunft zu berücksichtigen haben und berücksichtigen zum Besten der Rechtsfindung.[2]

Je eher der Staatsanwalt aufhört, sich mit der Entlastung zu befassen, desto frühzeitiger müßte dem Beschuldigten ein Verteidiger zur Seite gestellt werden. Aus diesem recht triebfähigen Gedanken ist im Entwurfe nur eine einzige spärliche Frucht gereift. Der Zeitpunkt für

[1] „Eine Kumulierung der Elemente, so daß der Staatsanwalt zugleich Verteidiger oder dieser zugleich Ankläger wäre, ist irrtümlich, unlogisch und gefährlich. Insbesondere ist es von großer Gefahr, wenn auch dem Staatsanwalt die Rolle eines Verteidigers beigemessen wird. Denn dadurch wird beim Gerichte wirklich der Schein erweckt, als wäre auch alles vorgebracht worden, was zugunsten des Angeklagten sprechen könnte. Da aber die Staatsanwälte in der Regel nichts zugunsten des Angeklagten vorbringen wollen, so entsteht die Vermutung, als wäre zur Entlastung überhaupt nichts zu sagen. Wenn demgemäß einige Gesetze dem Staatsanwalt auch die Fürsorge für den Angeklagten auferlegen, so machen sie diesem ein Danaergeschenk.“ Frydmann, System. Handbuch der Verteidigung. Wien 1878, S. 76.

[2] Wo immer in unseren Gerichtssälen zwischen Staatsanwalt und Verteidiger trotz wechselseitig loyaler Pflichterfüllung persönliche Verstimmung entstanden ist, wird in der Regel dem Verteidiger, daß er nach dem Gesetze „nur“ Parteiauffassung haben könne, angedeutet worden sein, oder dem Staatsanwalte, daß er entgegen dem Gesetze Parteiauffassung zeige. Als ob die sogenannte objektive Wahrheit sich nicht vertrüge mit ehrlicher Mannesüberzeugung hüben und drüben!

die Bestellung des Verteidigers in den übrigens an Zahl verminderten Fällen, in denen die geltende Prozeßordnung mit einem vom Entwurfe vermiedenen Ausdrucke von „notwendiger Verteidigung" sprach, ist aus dem Zwischenverfahren gemäß § 199 StrPO. auf das Stadium alsbald nach Eröffnung der Voruntersuchung vorverlegt worden (§ 139). Die Beifallsfreudigkeit, die gegenüber dem Entwurfe geboten sein soll, wird in dieser Bestimmung eine nicht ganz unbeachtliche Verbesserung des jetzigen Zustandes erblicken. Es liegt immerhin eine putative Stärkung der Stellung des Angeschuldigten schon in der Tatsache, daß ihm ein Verteidiger beigegeben ist. Aber die Genugtuung über diesen Akt des Gesetzgebers wiegt das Bedauern darüber nicht auf, daß die notwendigste Erweiterung der notwendigen Verteidigung nicht erfolgt ist. Außer in den Fällen reichsgerichtlicher oder schwurgerichtlicher Kompetenz muß dem über 18 Jahre alten Beschuldigten nur, wenn ein Verbrechen den Untersuchungsgegenstand bildet, auf seinen Antrag ein Verteidiger bestellt werden — in Übereinstimmung mit dem bisherigen Rechte. Handelt es sich um ein Vergehen, so hat der Beschuldigte auch dann keinen Anspruch auf Beiordnung eines Verteidigers, wenn er sich in Untersuchungshaft befindet. Diese Lücke des Gesetzes ist empfindlich. Die Untersuchungshaft, die bisweilen ihren Namen davon zu führen scheint, daß man jemanden in Haft nimmt ohne Untersuchung, ob Haft notwendig ist,[1] wird nach den Vorschlägen des Entwurfs kaum mit größerer Akribie verhängt werden als bisher. Es wird auch in Zukunft nicht allzuselten vorkommen, daß einer ein halbes Jahr und länger unschuldig in Haft sitzt wegen Verdachts eines Delikts, das nach der tiefsinnigen Einteilung in § 1 des StrGBs. ein Vergehen ist. Wenn solch ein bedauernswerter Mensch sich keinen Verteidiger wählen kann, so bleibt er ohne Verteidiger im Gegensatze zu dem ersten besten geständigen Brandstifter! In derartigen Fällen liegt der baldige Eintritt eines Verteidigers sicherlich im Interesse der Rechtspflege. Nur dadurch, daß der Verhaftete dann und wann mit dem Verteidiger, der doch wahrlich nicht ausschließlich formal-juristischen Pflichten zu genügen hat, sich auszusprechen die Möglichkeit besitzt, können die durch die lange Untersuchungshaft in der Regel eintretenden Nachteile für Gemüt und geistige Spannkraft des

---

[1] Daß und warum es nicht anders sein kann, vgl. von Liszt, die Reform des Strafverfahrens (Berlin 1906, Guttentag) S. 45.

Verhafteten gemildert werden.[1] Der Verteidiger, der einen Untersuchungsgefangenen nach langer Haft erst kurz vor der Hauptverhandlung zu Gesicht bekommt, wird ihn oft genug als das Halbfabrikat der Verurteilungsmaschinerie[2] vorfinden. In diesem Zustande wird der Angeklagte dann in der Hauptverhandlung als Beweismittel gegen sich selbst benutzt — probatio luce meridiana clarior! Unabweisbar erscheint deshalb die Forderung nach einer gesetzlichen Vorschrift des Inhalts, daß jedem Untersuchungsgefangenen auf seinen Antrag ein Verteidiger zu bestellen ist. Denn daß diese Bestellung „nach dem Ermessen des Richters" erfolgen kann, genügt nicht. Schon bisher ist von der Bestimmung der §§ 141, 142 StrPO. nur in den seltensten Fällen Gebrauch gemacht worden. Was an Verteidigungsbehelfen nicht erzwingbar ist, wird von der heutigen Justizpraxis in der Regel gar nicht oder doch nur als beneficium irregulare gewährt.

Erst wenn in die Praxis ein leiser favor defensionis einzöge, könnte auch ein anderer Mißstand schwinden, der nach den Bestimmungen des Entwurfs gleichfalls bestehen bleiben wird. Das ist die Art und Weise der Bestellung des Verteidigers. Soweit überhaupt ein Rechtsanwalt zum Verteidiger bestellt wird und nicht etwa der Referendar, der gerade bei der betreffenden Kammer sein ephemeres Protokollantenamt verwest[3], meint die Praxis, weitere Anforderungen als die Eintragung in die An-

[1] „An jenem Abgrunde, in welchen trotz aller Humanität der modernen Gesetzgebung rettungslos derjenige hinabblickt, der zum Verbrecher erklärt wird, an diesem Abgrunde steht der Verteidiger als der letzte, der dem Angeklagten als einem gleichberechtigten Mitbürger noch ein vertrauendes Ohr leiht, eine helfende Hand reicht." Justizminister Glasers Rede an die österreichischen Advokaten, gehalten am 6. Oktober 1875 (vgl. Frydmann, a. a. O. S. 369).

[2] Diesen Aspekt unseres Strafprozesses vermag ihm kein Richter und kein Staatsanwalt zu nehmen. Scharfsinn und Individualisierungsvermögen, Billigkeitsgefühl und Verantwortlichkeitsbewußtsein fallen dem Rad in die Speichen und stören den Mechanismus, aber er repariert sich von selbst.

[3] Mittermaier, Anleitung zur Verteidigungskunst, S. 56: „So lobenswert es ist, den jungen Praktikanten und Anfängern eine würdige Aussicht für die Ausbildung ihres Talentes zu eröffnen, so wenig kann man bei genauer Betrachtung die (österreichische) Vorschrift, welche vorzugsweise die anfangenden Justizbeamten als Defensoren aufstellt, billigen, teils weil es nicht würdig ist, an den Angeklagten die ungeübten Kandidaten ihre Experimente machen zu lassen, teils weil solche Personen nicht unabhängig genug vom Staate und vom Richter sind, um unabhängig verteidigen zu können."

waltsliste nicht stellen zu sollen. Entweder im mechanisch funktionierenden Turnus oder nach Willkür, die weder die Qualifikation zur Verteidigertätigkeit, überhaupt, noch etwa gar die besondere Art des Straffalles erwägt, wird selbst bei den ernstesten Anklagetatbeständen der sogenannte Verteidiger bestellt. Dem Gesetze ist damit Genüge geschehen. Aber ebendeshalb ist es änderungsbedürftig. Aus den Kreisen der Rechtsanwaltschaft wird die Behauptung kaum Widerspruch erfahren, daß eine gründlich eindringende Kenntnis der Strafrechts- und Strafprozeßmaterie nicht allzuhäufig bei uns anzutreffen ist. Eine leidliche Beherrschung der nicht immer unwandelbaren Rechtsprechung der höchsten Gerichte erfordert mühsames Studium, das dem Anwalte nicht zugemutet werden kann, der selten oder nie in die Verteidigerrolle gezwungen wird. Die Revision z. B. ist zur Geheimlehre geworden. Die Strafsenate am Reichsgerichte konstatieren wohl täglich, wie selten unter den Rechtsanwälten die Revisionsingenieure sind. Und Rechtskenntnis allein reicht doch wahrlich nicht aus, auch nicht unter Zugabe rhetorischer Fertigkeit. Kriminalistik in dem triftigen Sinne, in dem Hans Groß das Wort anwendet, Kriminalpsychologie, -anthropologie, -soziologie, das alles sind Wissensgebiete und Erfahrungskomplexe, die gerade dem erstinstanzlichen Verteidiger nicht ganz fremd sein dürfen. Wie soll er anders die Untersuchung kontrollieren oder gar selbständige Ermittelungen anstellen können! Aber nach solchem Befähigungsnachweise wird nicht gefragt. Individualisieren ist die Negation bureaukratischer Maximen. Darum muß die Auswahl des zu bestellenden Verteidigers dem Richter entzogen oder sein Wahlrecht beschränkt oder in sichere Bahnen geleitet werden. Dem Beschuldigten wird man die Wahl nicht überlassen können, schon weil er, in Haft sitzend, die nötige Personalkenntnis nicht erlangt. Aber in Anlehnung an die österreichische Strafprozeßordnung von 1853 könnten die zu bestellenden Verteidiger vom Barreau selbst präsentiert werden, sei es, daß eine Verteidigerliste eingerichtet oder sei es, daß im einzelnen Falle eine gewisse Anzahl von Verteidigern namhaft gemacht würde, aus der dann der Richter unter Zuziehung des Beschuldigten die Wahl zu treffen hätte.[1] Auf diesem Wege würde die

[1] Einen ähnlichen Vorschlag, nämlich Auswahl des zu bestellenden Verteidigers durch eine vom Vorstande der Anwaltskammer bei jedem Gerichte zu bildende dreigliedrige Kommission, hat auf dem Anwaltstage zu Straßburg RAnw. Dr. Hippe, Dresden, gemacht (vgl. Verhandlungen des 16. Anwaltstags S. 65).

bloß notwendige Verteidigung sich zur **nützlichen** Verteidigung wandeln können.

Nützliche Verteidigung! Das soll allerdings nicht nur die Offizialverteidigung, sondern auch die Wahlverteidigung sein. Der Prüfstein für die Zweckmäßigkeit der im Entwurfe vorgeschlagenen Bestimmungen ist demnach in der Frage zu finden: **ermöglichen diese Bestimmungen jederzeit im Prozesse die Mitwirkung einer nützlichen Verteidigung?**

Die bisherigen Ausführungen enthalten schon einige Verneinungen. Sie betreffen den Zeitpunkt des Eintretens der Verteidigung und die Personen der Verteidiger. Tiefgehende Resignation würde diese Mängel verschmerzen lassen, wenn sie die einzigen wären. Aber leider will auch davon abgesehen das erwünschte Ja auf die Kardinalfrage ausbleiben, denn überall stößt die Verteidigung auf Hindernisse.

Zuerst mag erwähnt werden, daß der Entwurf ein Verfahren neu einführt, das geradezu bestimmt erscheint, alle Verteidigung illusorisch zu machen. Das ist das „**schleunige Verfahren**". Die heutige StrPO. kennt ein solches Summariissimum nur im Umfange ihres § 211. Es kann dahingestellt bleiben, ob unter schwerwiegenden Garantien eine erweiterte Zulassung dieses abgekürzten Verfahrens statthaft wäre. Auch **Binding**[1] hat diese Frage bejaht. Der brauchbare Kern des § 211 zeigt aber in den dreizehn neuen §§ 408—420 eine pathoforme Hypertrophie. Ein Beispiel. Schlägerei: Frühmorgens um 7 Uhr hört der Schutzmann Lärm und findet beim Näherkommen einen Mann mit frischer Stichwunde, während er zugleich einen anderen eilenden Schrittes in einiger Entfernung gehen sieht. Er holt ihn ein und bringt ihn zum Staatsanwalt. Um 9 Uhr wird der Festgenommene vor den Einzelrichter geführt. Dort verliest der Staatsanwalt oder der Gerichtsschreiber des ersteren Antrag auf schleunige Aburteilung wegen Vergehens aus § 223a. Eine Viertelstunde später wird der Bezichtigte für sechs Monate eingesperrt. — Mit dieser Viertelstunde ist die Dauer der Verhandlung reichlich bemessen. Es ist dabei angenommen, daß der Inkulpat Einwendungen gegen die schleunige Aburteilung erhoben hat, über die sofort entschieden worden ist (§ 412). Natürlich sind sie als unbegründet verworfen worden, denn wie könnten sie anders begründet werden als mit dem Proteste: ich will nicht in diesem Husarenprozesse verunrechtet werden!

[1] a. a. O. S. 14.

Und das ist doch für uns Juristen keine „Begründung". Hat der Angeklagte etwa gesagt, er sei auf seine Verteidigung nicht genügend vorbereitet, so hilft ihm das gar nichts. Denn er mußte diesen Mangel der Vorbereitung „glaubhaft machen" (§ 414). Eine Vexiervorschrift! Was soll der arme Mann denn eigentlich glaubhaft machen? Der Richter wird ihn — nicht ohne Berechtigung — bedeuten: „Ach was, Vorbereitung der Verteidigung! Sie sind auf frischer Tat verfolgt worden!" Und so wird er trotz seines Leugnens verurteilt. — Es ist mit hoher Wahrscheinlichkeit zu erwarten, daß dieses schleunige Verfahren sich in der Praxis große Beliebtheit erwerben wird. Da die Zuständigkeit des Amtsgerichts stark erweitert und außerdem dem Staatsanwalt eine recht gesättigte Kompetenzkompetenz verliehen wird, so wird bei größeren Gerichten dieser kriminalistische Eildienst in Permanenz funktionieren. Ob auch auf Nachtstationen, wie Binding zu wissen wünscht, das ist eine Frage der Justizverwaltung, in die sich der Praktiker nicht hineinmischen soll. Aber die Feststellung ist erlaubt, daß mittels dieses schleunigen Verfahrens, dessen auf Überhastung angelegte Struktur auch in dem gewissenhaftesten Richter die Neigung zur Gründlichkeit und zu ruhigem Gehör des Angeklagten abstumpfen muß, in Zukunft eine Menge von Menschen, die energisch ihre Unschuld beteuern, als hartnäckige Leugner zur Verurteilung kommen werden, ohne auch nur die Möglichkeit erlangt zu haben, einen Verteidiger an ihre Seite zu rufen. Wo aber doch ein Verteidiger eingreift, wird seine Tätigkeit nicht viel nützen können. In der Reformkommission hatte man diese Gefahr sehr wohl erkannt. Deshalb war beantragt worden, daß im abgekürzten Verfahren wenigstens in den vor die mittleren Schöffengerichte gehörigen Sachen dem Beschuldigten stets und daß dem auf frischer Tat festgenommenen nicht geständigen Beschuldigten auf Antrag ein Verteidiger zu bestellen sei. Aber die Protokolle[1] bemerken fast zu aufrichtig:

> „Beide Anträge wurden zurückgezogen, nachdem geltend gemacht war, daß sie häufig unausführbar sein, jedenfalls aber das abgekürzte Verfahren erheblich verzögern und seinen praktischen Wert bedeutend vermindern würden."

Was verzögert das Verfahren? Die Verteidigung. Was ist der praktische Wert des abgekürzten Verfahrens? Die Abwesenheit der Verteidi-

[1] Protokolle der Kommission für die Reform des Strafprozesses. Herausgegeben vom Reichs-Justizamte. Berlin 1905, J. Guttentag. Bd. 2 S. 250.

gung. — Das sind allerdings zunächst nur Zitate aus dem ungedruckten Katechismus der Strafprozeßkommission. Es wäre zu weit gegangen, wollte man aus den anonymen Kommissionsausführungen die Folgerung ziehen, daß in den entsprechenden Vorschriften des Entwurfs sich eine der Verteidigung bewußt feindselige Tendenz des Gesetzgebers verkörpere. Die Motive versichern ihre gute Absicht, die Stellung des Beschuldigten und der Verteidigung zu stärken, so häufig und in so wohlgesetzten Redewendungen, daß es weder höflich noch gerecht wäre, diese Absicht in Zweifel zu ziehen. Der generelle Einwand, der gegen den Entwurf zu machen ist, und zwar keineswegs nur im Hinblick auf die zum Thema „Verteidigung" gehörigen Vorschriften, geht dahin, daß in viel zu geringem Maße erwogen worden zu sein scheint, wie die neuen Bestimmungen in der Praxis wirken werden, ob sie wirklich so gefaßt und so konsequent festgehalten sind, daß sie auch in der Praxis sich behaupten und nicht etwa durch die Falltüre des diskretionären Ermessens verschwinden können.

Eine Umschau in dem Gesetzentwurfe entdeckt eine einzige Stelle, an der der Wille, die Verteidigung des Beschuldigten zu kräftigen, einen vollen, fast diktatorischen Ausdruck gefunden hat. Das ist die Vorschrift des § 109 über die richterliche Vernehmung des Beschuldigten. Ein Vergleich mit dem bisherigen § 136 gereicht dem künftigen Gesetze zum Ruhme. Der dürftige § 136 lautet bekanntlich wie folgt:

> „Bei Beginn der ersten Vernehmung ist dem Beschuldigten zu eröffnen, welche strafbare Handlung ihm zur Last gelegt wird. Der Beschuldigte ist zu befragen, ob er etwas auf die Beschuldigung erwidern wolle.
>
> Die Vernehmung soll dem Beschuldigten Gelegenheit zur Beseitigung der gegen ihn vorliegenden Verdachtsgründe und zur Geltendmachung der zu seinen Gunsten sprechenden Tatsachen geben.
>
> Bei der ersten Vernehmung des Beschuldigten ist zugleich auf die Ermittelung seiner persönlichen Verhältnisse Bedacht zu nehmen."

Will man diese Vorschrift milde beurteilen, so wird man sagen können, sie hinderte jedenfalls den Richter nicht, aus dem rechtlichen Gehör der Prozeßpartei ein peinliches Verhör des Überführungsobjekts zu machen. Professor Nagler, selbst ein früherer Richter, bezeugt darüber:[1]

[1] Joh. Nagler, Die Protokolle der Strafprozeßkommission (Gerichtssaal Bd. 73 S. 97 ff.) S. 145 u. Anmerkung 3.

„Der inquisitorische Bann lastet auf dem Angeklagten vor allem in der Form seiner verantwortlichen Einvernahme, die seine prozessuale Stellung auf das schlimmste beeinträchtigt.

Die Frage, ob der Angeklagte etwas auf die Beschuldigung erwidern wolle, ist zur bloßen Form geworden. Meist artet das Gehör zum Verhör im Sinne der alten Spezialinquisition aus ... Heute engagiert die mit aller Inquisitionskunst geübte Einvernahme des Angeklagten, die nur zu leicht zum Ringen um das Geständnis wird, den Richter mit seiner Autorität und Unparteilichkeit. Schon vor 40 Jahren schrieb Keller: ‚Nie ist unter der Firma eines guten Zweckes so viel Unsittliches geübt und so wenig Gutes erreicht worden als unter dieser'."

Die Besserungsvorschläge des Entwurfs setzen schon bei der Einleitung der Vernehmung ein. Dem Beschuldigten ist zu eröffnen, welche Tat ihm zur Last gelegt wird und welches Strafgesetz Anwendung findet. Unter dem bisherigen Rechte läßt man gerade über den Wortlaut des Strafgesetzes den Inquisiten gern im unklaren. Wer nicht weiß, was zu seinem Tun das Strafgesetz sagt, gesteht achtlos und harmlos Tatbestandsmerkmale. Der Satz der neuen Motive,

daß die Vernehmung — nicht bloß die richterliche! — in erster Reihe den Interessen der Verteidigung zu dienen bestimmt ist,

war bisher sicherlich nicht Glaubenssatz der Strafpraxis. Er wird es auch in Zukunft nicht werden. Aber vielfach wird die vorgeschriebene Belehrung über das Strafgesetz und die rechtlichen Gesichtspunkte dem unschuldigen Beschuldigten einen moralischen Halt verleihen. Manche unrichtige und gefährliche Antwort gibt der Inquisit heute nur deshalb, weil er verängstigt und verschüchtert in den Fragen, deren juristische Relevanz ihm verheimlicht wird, Hinterhalte und Fallstricke vermutet. Das gilt aber nicht nur von der rechtlichen Seite, sondern auch von den tatsächlichen Umständen. Deshalb hat der Gesetzentwurf eine determinierte Anleitung zur Handhabung der Vernehmung in sich aufgenommen. Absatz 3 und 4 des § 109 des Entwurfs lauten:

„Der Beschuldigte ist auf die ihn belastenden Umstände hinzuweisen und zu befragen, ob er auf die Beschuldigung etwas erwidern wolle. Ist er hierzu bereit, so ist er zu veranlassen, sich im Zusammenhange zu äußern. Macht er Tatsachen geltend, die zu seinen Gunsten sprechen, so ist er zur Bezeichnung der Beweismittel aufzufordern.

Im Protokoll ist anzugeben, inwieweit der Beschuldigte die ihn belastenden Umstände zugestanden oder bestritten hat, welche Tatsachen er zu seiner Entlastung geltend gemacht und welche Beweismittel er bezeichnet hat."

Es will wohl scheinen, als sei die hier angeordnete Vernehmungsweise selbstverständlich. In der Kommission hatte man auch nur bezüglich der Protokollierung Anregungen gegeben. Aber die Motive rechtfertigen den Entwurf mit der Erläuterung:

„Durch die Vorschrift des § 109 Abs. 3 Satz 2 soll dem unter der Herrschaft des geltenden Rechts mitunter beobachteten Verfahren vorgebeugt werden, daß der Richter sich auf die Vorlegung einzelner ihm wichtig erscheinender Fragen beschränkt, anstatt dem Beschuldigten Gelegenheit zu geben, alles, was nach dessen Auffassung von Bedeutung ist, im Zusammenhange darzulegen."

Die Tragweite der neuen Vorschrift ist nicht gering. Zwar wird der unverteidigte Beschuldigte, der sie auch nicht kennt, nicht allzuviel mit ihr anzufangen wissen. Sie kann aber in der Hand des Verteidigers, und deshalb ist näher darauf einzugehen, ein starker Schild werden. Die lex imperfecta des bisherigen Rechts, nach der die Vernehmung dem Beschuldigten Gelegenheit zur Beseitigung der Verdachtsgründe und zur Geltendmachung der Entlastungstatsachen geben *soll*, steht nicht im Wege, eine Hauptverhandlung *ohne sachliches Gehör* des Angeklagten durchzuführen. Wenn der gemäß § 242 StrPO. nach Vortrag des Eröffnungsbeschlusses befragte Angeklagte erklärt hat, er sei nichtschuldig, so kann er am Vorbringen weiterer Erklärungen heute verhindert werden. Der Richter kann an die Nichtschuldigkeitserklärung irgendwelche Beweiserhebungen anschließen und dadurch Richter oder Geschworene kaptivieren, aber dem Angeklagten rechtliches Gehör zu geben braucht er nicht. Der Verteidiger ist ohnmächtig. Beanstandet er die Prozeßleitung, so wird ihn ein Gerichtsbeschluß dahin belehren, daß ausweislich des Protokolls der Angeklagte zur Sache vernommen sei, ein Beanstandungsgrund also nicht vorliege. Das ist leider richtig. Denn die Erklärung des Angeklagten: „ich bin unschuldig", erlaubt dem Protokollanten, den Vordruck des amtlichen Formulars dahin auszufüllen:

„Der Angeklagte, befragt, ob er auf die Beschuldigung etwas erwidern wolle, bejahte dies und wurde zur Sache vernommen.“

Die Gestaltung und den Umfang der Vernehmung bestimmt unanfechtbar die Prozeßleitung, weil bisher eine maßgebliche und erzwingbare Vorschrift nicht existiert. Nach dem Entwurfe wäre es rechtsirrige Verletzung wesentlicher Formalien, wenn dem Angeklagten die einzelnen Verdachtsmomente nicht vorgehalten und wenn seinem Bestreben, sich im Zusammenhange zu äußern, Schwierigkeiten bereitet würden. Es ist nicht anzunehmen, daß gegenüber einem bestimmten Antrage des Verteidigers die Majorität des Gerichts den Verstoß decken würde. Geschähe es trotzdem, so würde der Verteidiger die Revisibilität sichern durch einen Protokollierungsantrag. Der Entwurf, der einige kräftige Ansätze zur Erzielung inhaltlich bereicherter und wahrheitsgetreuer Protokolle enthält, bestimmt in § 265 Abs. 3 und 4:

„Der Vorsitzende kann anordnen, daß die Einzelheiten eines Vorganges in der Verhandlung oder der Wortlaut einer Aussage oder anderen Äußerung im Protokolle festgestellt werden. Behauptet ein Prozeßbeteiligter, daß durch einen Vorgang in der Verhandlung die gesetzlichen Vorschriften über das Verfahren verletzt sind, so ist auf seinen Antrag die Feststellung anzuordnen. Soweit das Protokoll eine Feststellung dieser Art enthält, ist es zu verlesen.

Ist ein Teil des Protokolles verlesen worden, so ist zu vermerken, ob die Genehmigung erfolgt ist; werden Einwendungen erhoben, so sind sie in das Protokoll aufzunehmen.“

Das sind allerdings Bestimmungen, die den unterrichteten Verteidiger befähigen, dem Klienten zum Worte zu verhelfen. Freilich — nur in der Hauptverhandlung. Denn wenn schon das eigentliche Anwendungsgebiet des § 109 außerhalb und vor der Hauptverhandlung liegt, so kann doch in der Voruntersuchung, die bei der Furcht des Entwurfs vor großen Taten uns leider erhalten bleiben soll, und bei allen sonstigen Vernehmungen der Verteidiger das Gesetz nur dann schützen, wenn er zugegen ist.

Das führt zur Betrachtung der vielumstrittenen Parteienöffentlichkeit des Entwurfs.

Parteienöffentlichkeit im Vorverfahren! — ein Begriff, der manchen gruseln macht. Selbst ein so fortgeschrittener Kriminalist wie Aschrott hat es für notwendig gehalten, in seiner kritischen Besprechung des Entwurfs sich auf den geistreichen Scherz von Otto Bähr zu berufen[1], daß bei der Parteienöffentlichkeit der Richter mit offenen Karten spiele, während alle übrigen Spieler ihre Karten verdeckt halten. Und auf der anderen Seite hat die Strafprozeßkommission, die in revolutionären Beschlüssen gewiß nicht allzu produktiv war, sich einstimmig für die fakultative Parteienöffentlichkeit der Voruntersuchung ausgesprochen. Jedenfalls ist die Forderung der Parteienöffentlichkeit nicht dadurch als verächtlich zu stigmatisieren, daß man sie „modern" schilt. In dem meisterhaften Gutachten, das Rosenberg für den letzten Juristentag erstattet hat, ist nachgewiesen[2], wie schon 1821 Anselm Feuerbach diese Forderung aufgestellt und wie und von wem sie seitdem im In- und Auslande verfochten worden ist. (Gesetzlich berücksichtigt war sie innerhalb Deutschlands wohl nur in Braunschweig.) Der theoretische Streit wird nicht sobald zur Ruhe kommen, wenn auch neue Argumente nicht mehr auftauchen. Der Gesetzentwurf hat sich bemüht, mit seinen Vorschlägen möglichst niemanden zu kränken und möglichst jedem etwas zu versprechen.

Zunächst verspricht er dem Beschuldigten und dem Verteidiger des letzteren Anwesenheit bei der Vernehmung des ersteren. Um aber den Richter und Untersuchungsrichter nicht im Bewußtsein seiner unumschränkten Inquisitionsgewalt zu kränken, ist die Vorschrift auf die blanke Willkür des Richters abgestellt. Er „kann" die Anwesenheit des Verteidigers gestatten (§ 167). Was das für die Praxis bedeutet, bedarf keiner Erörterung. Es wirkt geradezu erheiternd, wenn die speziellen Motive von der Einführung des Grundsatzes regelmäßiger Parteienöffentlichkeit sprechen und nur beschwichtigend bemerken, auf die Vernehmung des Beschuldigten könne dieser Grundsatz „nicht im vollen Umfange" ausgedehnt werden.

Im nächsten Paragraphen freilich bläst der Grundsatz Fanfare:

> (§ 168): „bei der Vernehmung von Zeugen und Sachverständigen hat der Richter dem Beschuldigten und dem Verteidiger die Anwesenheit zu gestatten."

Aber dem Grundsatze wird angst vor sich selber. Und darum ertönt sofort Retraite:

---

[1] Aschrott, Der Entwurf einer Strafprozeßordnung und Novelle zum Gerichtsverfassungsgesetze. Berlin 1908, Guttentag. S. 64.

[2] Verhandlungen des 29. Juristentages, Bd. 1 S. 24 ff.

„soweit nicht eine Gefährdung des Untersuchungszweckes zu befürchten ist".

Diese mesquine Klausel ist ein alter Bekannter. Sie ist bisher dazu benutzt worden, den in § 147 StrPO. ausgesprochenen Grundsatz des Akteneinsichtsrechts zu denaturieren. Ohne Sehergabe darf man voraussagen, daß die Klausel auch den jungen schwächlichen Grundsatz der Parteienöffentlichkeit erwürgen wird. Wenn es bisher Untersuchungsrichter gegeben hat, die genügendes Verständnis für die Bedeutung der Verteidigung besaßen, um dem Verteidiger alsbald die Akten vorzulegen, ja sogar in loyaler Weise über wichtige Vorgänge mit dem Verteidiger wie mit dem Staatsanwalte zu konferieren, so darf deshalb nicht erwartet werden, daß auch nur in ähnlich bescheidenem Umfange die Parteienöffentlichkeit bei der Beweiserhebung Platz greifen werde. Es ist ein anderes, ein abgeschlossenes Protokoll dem Verteidiger nachträglich vorzulegen, und ein anderes, bei der Vernehmung des Zeugen die unbequemen Aufpasser um sich zu haben. Niemand soll daraus dem Richter einen Vorwurf machen! Professor von Lilienthal sagt sehr ernst:[1]

> „Ich halte es für ganz selbstverständlich, daß kein Richter jemals mala fide die Anwesenheit des Beschuldigten[2] bei einer Vernehmung hindern wird; daß er sie aber optima fide sehr häufig versagen wird, ist mir außerordentlich wahrscheinlich."

Der Richter soll zwar die Gründe für die Versagung zu den Akten vermerken. Das ist rein dekorativ. Denn da der Versagungsbeschluß schlechthin der Anfechtung entzogen ist, so sind die Gründe natürlich ganz gleichgültig. Und wer wird — auch gutgläubig — um Gründe für eine solche Kautschukentschließung verlegen sein, solange noch die Brombeeren reifen!

Für die Fernhaltung des Beschuldigten hat das Gesetz als besonderen Grund noch die Befürchtung bezeichnet, daß in seiner Gegenwart ein Zeuge die Wahrheit nicht sagen werde. Daraus wird vielleicht gefolgert werden, daß eine Gefährdung des Untersuchungszwecks durch die Anwesenheit des Verteidigers im allgemeinen schon bei viel geringeren Anlässen befürchtet werden könne. Aber wenn nun wirklich

---

[1] Verhandlungen des 29. Juristentages, Bd. 5 S. 396.

[2] „und des Verteidigers", füge ich hinzu.

einmal der Verteidiger einer solchen Vernehmung beiwohnt, so ist er im wesentlichen auf Passivität, auf Kontrolle des Vorgangs angewiesen. Das ist herzlich wenig. Denn wenn die Kontrolle in der öffentlichen Hauptverhandlung die unsachgemäße Vernehmung nicht hindert, wieviel weniger vermag sie das im geheimen Vorverfahren. Über diese Kontrolle hinaus sollen zwar die Prozeßbeteiligten dem Zeugen oder Sachverständigen Fragen vorlegen lassen dürfen. Aber auch diese neue Regel wird schleunigst mit einem mörderischen Scilicet behängt:

„soweit diese Fragen nach dem Ermessen des Richters zur Aufklärung der Sache dienlich sind".

Es ist in dieser Materie eine stilistische Eigentümlichkeit des Entwurfes, im Hauptsatze ein Prinzip aufzustellen, um es dann im Nebensatze abzuknicken. Von dem Beschuldigten zur Hauptverhandlung mitgebrachte oder geladene Sachverständige dürfen teilnehmen,

„soweit dadurch die Tätigkeit der vom Richter gewählten Sachverständigen nicht behindert wird".

Die zur Anwesenheit Berechtigten sind von den Terminen rechtzeitig zu benachrichtigen,

„soweit tunlich".

Auf ihren Antrag ist der Termin zu verlegen,

„sofern dies ohne Nachteil geschehen kann".

Überall das Paradigma des Gellertschen Selbstmordkandidaten:

„Er reißt den Degen aus der Scheide — und steckt ihn langsam wieder ein."

Hugo Heinemann[1] hat mit Recht alle derartigen Bestimmungen als „Scheinkonzessionen" bezeichnet. Scheinkonzessionen sind sie auch wegen der in die Augen springenden Schwierigkeiten, die sich einer wenn schon nur passiven Beteiligung des Verteidigers an den Terminen des Vorverfahrens entgegenstellen. Da der Verteidiger Beweisthema und Beweismittel naturgemäß nur selten vor dem Termine kennt, muß er mit Ausnahme der ganz großen Strafsachen, denen er sich zeitweilig

[1] Hugo Heinemann, Zur Reform der Strafprozeßordnung (Neue Zeit, 27. Jahrgang S. 7 ff.) S. 9.

fast ausschließlich zu widmen hätte, was doch wiederum nur dem Verteidiger des Reichen oder dem reichen Verteidiger — sit venia verbo! — möglich wäre, sich auf gelegentliche Kontrollbesuche bei besonders wichtigen Beweisakten beschränken, immer auf die Gefahr hin, sobald die Sache interessant wird, einfach fortgeschickt zu werden. Ich will nicht sagen, daß die nach Gesetz und loyaler Praxis gegebene Möglichkeit einer Teilnahme des Verteidigers an den Terminen des Vorverfahrens ohne jeglichen Wert sei. Gewiß kann bisweilen sogar die passive Assistenz eines den Verteidiger vertretenden Referendars eine Art Rechtsgarantie liefern. Aber im allgemeinen ist die Parteienöffentlichkeit nur die Pforte, durch die beim Untersuchungsrichter eintritt sein Vordermann, Nachmann und Hausgenosse: der Staatsanwalt. Ich sehe daher keinen Anlaß, von dieser hinkenden Parteienöffentlichkeit soviel Aufhebens zu machen. Landgerichtsdirektor Dr. Dürbig hat in einem Vortrage im Dresdner Richterverein[1] die nüchterne Feststellung getroffen:

> „In Wirklichkeit wird sich das bisherige Verfahren nicht sehr verändern."

Das ist auch meine Ansicht, soweit die Rechte der Verteidigung in Betracht kommen. Wenn man also in diesem Zusammenhange schöne Worte von „wahrhaft freiheitlichem Geiste" gelesen hat, so möchte ich sagen: es ist nicht die Freiheit, die ich meine und die wir brauchen: die Freiheit von inquisitorischen Velleitäten, vom zweierlei Maß.

Die Abneigung oder vielleicht auch Unfähigkeit, zugunsten einer freieren Stellung der Verteidigung alte Anschauungen preiszugeben, spukt auch in den Bestimmungen über den Verkehr des Verteidigers mit dem verhafteten Beschuldigten und über das Akteneinsichtsrecht.

Hinsichtlich des Verkehrs wird zwar nach dem vorhin schon beschriebenen Rezepte zunächst der Grundsatz proklamiert, daß der schriftliche und mündliche Verkehr auch vor der Eröffnung des Hauptverfahrens von Beschränkungen frei sei (§ 148). Das Prinzip entweicht aber durch das Ventil, daß beim Vorliegen von Kollusionsbefürchtungen sowohl der schriftliche wie der mündliche Verkehr vom Richter kontrolliert werden kann. Die Fassung der Vorschrift ist ein abscheulicher Angriff auf die Verteidiger.

---

[1] Abgedruckt in der Wissenschaftl. Beilage der Leipziger Zeitung Nr. 45 vom 7. November 1908.

§ 148 Abs. 2 des Entwurfs besagt:

„Solange das Hauptverfahren noch nicht eröffnet ist, kann der Richter anordnen, daß schriftliche Mitteilungen des Verteidigers an den in Untersuchungshaft befindlichen Beschuldigten zurückzuweisen sind, wenn sie nicht dem Richter vom Verteidiger übergeben oder mit einem Begleitschreiben übersandt werden. Liegen Tatsachen vor, welche die Annahme rechtfertigen, daß der Beschuldigte den Verkehr mit dem Verteidiger mißbraucht, um durch Vernichtung von Spuren der Tat oder durch Beeinflussung von Zeugen oder Mitschuldigen die Ermittelung der Wahrheit zu erschweren, so kann der Richter anordnen, daß schriftliche Mitteilungen zwischen dem Beschuldigten und dem Verteidiger, deren Einsicht ihm nicht ermöglicht wird, zurückzuweisen sind und daß Unterredungen mit dem Verteidiger nur in seiner Gegenwart stattfinden dürfen."

Es ist doch ohne weiteres klar, daß hier Fälle notwendiger Teilnahme behandelt werden und gemeint sind. Der Beschuldigte kann zu den erwähnten Kollusionszwecken den Verkehr mit dem Verteidiger nicht mißbrauchen ohne Beihilfe des Verteidigers. Das man solche Vorkommnisse als landläufige Erscheinungen im Gesetze erörtert, charakterisiert den Geist dieser angeblich freiheitlichen Reform. Möglich, ja möglich ist es gewiß, daß einmal ein gewissenloser Verteidiger kolludiert. Häufig und belangreich sind die Fälle zweifellos nicht. Das Verletzende liegt in der verallgemeinenden Berücksichtigung solcher seltenen Geschehnisse.[1] Nur von dem Verteidiger glaubt der Entwurf unfaires und strafbares Handeln voraussetzen zu dürfen, von allen anderen Prozeßbeteiligten nicht. Möglich, möglich ist doch auch von seiten der beamteten ein kolludierendes Einwirken auf die Untersuchung. Beweis: Abschnitt 28 des StrGBs. Und doch fällt es selbstverständlich Nie-

[1] Der von Schwarze verfaßte Bericht der ständigen Deputation des zweiten Juristentages über die Lewaldschen Anträge (vgl. Verhandlungen des 2. deutschen Juristentages, Bd. 1 S. 271) bezeugte schon 1861: „Man darf erwarten, daß die Verteidiger, wenn man ihnen mit dem nötigen Vertrauen entgegenkommt, dasselbe nicht mißbrauchen werden, während gegenwärtig häufig Mißbräuche der Verteidigung dadurch provoziert worden sind, daß einzelne Gesetzgebungen wie Gerichte den Verteidiger von Anfang an mit einem ungerechten Mißtrauen und fast wie einen Mitschuldigen des Angeklagten behandelt haben."

mandem ein, in der StrPO. nach Kautelen zu suchen gegen die Kollusion des Staatsanwalts mit dem Kriminalschutzmann oder gegen die Verwässerung der Entlastungstatsachen durch den Untersuchungsrichter, der sich bei der Verhaftung vergriffen hat.[1]

Weist man aber im Gesetze auf die vom Verteidiger her drohende Kollusionsgefahr hin, so gibt man dem Ermessen des Richters bezüglich der Verkehrsbeschränkungen von vornherein eine deutliche Direktive. Die hellhörige Praxis wird im Gesetze selbst das Mittel finden, um auch fernerhin die Verkehrskontrolle mit allen ihren häßlichen Betätigungsformen durchzuführen. Der Umstand, daß der Beschuldigte dem Richter die Einsicht in einen an den Verteidiger abzusendenden Brief verweigert, wird flugs als eine Tatsache behandelt werden, die die Annahme beabsichtigter Kollusion rechtfertige. Dabei soll § 148 ohne Rücksicht auf den Haftgrund gelten: auch der nur wegen Fluchtgefahr Verhaftete wird als Kolludent angesehen — sobald er einen Verteidiger hat!.[2]

Der Gedanke, daß der Verteidiger kolludiert, wetterleuchtet auch in den Bestimmungen über die Akteneinsicht: Versagungsbefugnis des Richters, soweit eine Gefährdung des Untersuchungszweckes zu besorgen ist. Die Instruktion zur Handhabung dieser Bestimmung empfängt die

---

[1] Bei der zweiten Plenarberatung der jetzt geltenden Strafprozeßordnung führte der Abgeordnete Ackermann aus: „Das Gesetz hat überall da, wo es von dem Richter, von dem Staatsanwalt handelt, vorausgesetzt, daß der Richter, daß der Staatsanwalt ein pflichtgetreuer, gewissenhafter, ehrlicher Mann sei. Ich glaube, der Stand der Verteidiger kann und darf dieselbe Voraussetzung für sich beanspruchen. Setzt das Gesetz Normalrichter, Normalstaatsanwälte voraus, so muß es auch Normalanwälte statuieren" (Hahns Materialien zu den Reichsjustizgesetzen, 2. Aufl., 3. Bd. S. 1847).

[2] Diese trübe Prophezeiung fußt auf der Wahrnehmung, daß es schon bisher wohl nicht Mißtrauen von Mann zu Mann gewesen ist, was dazu geführt hat, von Verkehrsbeschränkungen fast ausnahmslos Gebrauch zu machen. Dem einzelnen Verteidiger widerfahren die Beschränkungen nicht in seiner Person, sondern in seiner Aufgabe, und der einzelne Richter verhängt die Beschränkungen nicht, sondern er läßt sie bestehen, weil er es gar nicht anders kennt, als daß der Verteidiger im Verkehr mit dem Beschuldigten bis zur Eröffnung des Hauptverfahrens beschränkt wird. Deshalb grollt auch kein Verteidiger dem Untersuchungsrichter, wohl aber dem Gesetze, das, beseelt vom furor criminalis, die Praxis mit dem geheimen odium defensionis tränkt.

Praxis aus den Protokollen der Strafprozeßkommission. Dort ist gesagt (Prot. I S. 129):

„Gegen die beantragte Änderung des § 147 wurde geltend gemacht, daß sie an der bestehenden Praxis nicht viel ändern werde. Denn da der Richter während der Voruntersuchung regelmäßig nicht in der Lage sei, mit Sicherheit zu übersehen, ob die Kenntnis des Angeschuldigten von einem Aktenstücke zur Gefährdung des Untersuchungszweckes mißbraucht werden könne, so werde er dem Verteidiger die Akteneinsicht in dem gleichen Umfange verweigern wie bisher."

Es bleibt also insoweit alles beim alten. Denn daß der Verteidiger die Protokolle über solche Untersuchungshandlungen einsehen darf, bei denen ihm die Anwesenheit gestattet wurde, ist entbehrlich: diese Protokolle kennt er ja bereits. Die Befugnis aber zur Einsicht der Protokolle über Untersuchungshandlungen, bei denen dem Verteidiger die Anwesenheit hätte gestattet werden müssen, ist ein holdes Traumbild — die Anwesenheit muß ihm ja niemals gestattet werden.

In einem Punkte soll allerdings eine durchgreifende Neuerung eintreten. Die Erfahrungen des Dreyfusprozesses haben dem deutschen Gesetzgeber imponiert. Er adoptiert das vortreffliche Verfahren mit geheimen Dossiers. Der Verteidiger durfte bisher außer den eigentlichen Sachakten die dem Gerichte vorliegenden Akten einsehen. In Zukunft soll es heißen: (§ 147 des Entwurfs):

„Der Verteidiger ist befugt, die gerichtlichen Akten, einschließlich der ihnen auf Grund richterlicher Anordnung beigefügten anderen Akten, sowie die in amtlicher Verwahrung befindlichen Beweisstücke einzusehen. Die Einsicht in einzelne Aktenstücke kann ihm, soweit davon eine Gefährdung des Untersuchungszweckes zu befürchten ist, versagt werden, solange die Eröffnung des Hauptverfahrens noch nicht beantragt ist. Die Einsicht in Gutachten von Sachverständigen sowie in Protokolle über die Vernehmung des Beschuldigten und über solche Untersuchungshandlungen, bei denen dem Verteidiger die Anwesenheit gestattet wurde oder hätte gestattet werden müssen, darf ihm in keiner Lage des Verfahrens versagt werden."

Diese besondere richterliche Anordnung wird nicht ergehen, jedenfalls kann sie unterbleiben, bezüglich aller Personalakten, aller Verwaltungsakten, aller staatsanwaltlichen Akten usw. Vielleicht geben auch die Landesgesetze treffsichere Ausführungsvorschriften. Die Strafprozeßkommission hatte das Einsichtsrecht wenigstens soweit geben wollen, als diese Beiakten mit der Untersuchung im Zusammenhange stehen. Gegen diese Anregung war, als eine unzulässige Beeinträchtigung der Einsichtsbefugnis, vielfach, z. B. in einer die Verteidigung behandelnden Monographie des Landgerichtsrats Schultetus[1], Widerspruch laut geworden. Der Entwurf antwortet darauf durch völlige Beseitigung der Zusammenhangsklausel! Auch wenn der Inhalt solcher Beiakten im engsten Zusammenhange mit der Untersuchung steht, brauchen sie dem Verteidiger nicht vorgelegt zu werden. Der Staatsanwalt kennt sie, der Vorsitzende, der Referent, das ganze Kollegium kennt sie: der Verteidiger weiß nicht einmal, ob solche „vertrauliche Beiakten" vorhanden sind, geschweige denn, was sie enthalten! Das wird kein fair trial! Und trotzdem liest man auch im neuen Gesetze (§ 255):

> „Über das Ergebnis der Beweisaufnahme entscheidet das Gericht nach seiner ‚freien', aus dem Inhalte der Verhandlung gewonnenen Überzeugung."

Der wahre Grund für diese Geheimniskrämerei ist nach meinem Gefühle die Scheu des Gesetzgebers vor dem informierten Verteidiger. Kennt der Verteidiger alle Fäden und auch die Spinngewebe in den dunklen Ecken der Akten, so stellt er nach Zahl und Inhalt unbequeme Beweisanträge. Das Akteneinsichtsrecht ist schon in der bisherigen Praxis oft als lästig empfunden worden. Man hat es hier und da zu erschweren oder zu umgehen versucht. In einem mir vor einiger Zeit von einem Verteidiger zugesendeten neueren Gerichtsbeschlusse fand ich folgende seltsamen Sätze:

> „Die Kenntnis des Akteninhalts ist für den Verteidiger nur insoweit erforderlich, als sie ihn befähigen muß, die Information seines Mandanten zu verstehen, Entschließung über Stellung von Anträgen vor der Hauptverhandlung zu fassen und dem Gange der Hauptverhandlung von Anfang an zu folgen. In diesen Richtungen bedarf der Verteidiger lediglich einer Orientierung über die in der

---

[1] Schultetus, Die Verteidigung in Strafsachen. Berlin 1907. Struppe & Winckler. S. 22 f.

Hauptverhandlung möglicherweise auftauchenden Beweis- und Rechtsfragen. Welcher Art diese Fragen sind, läßt sich nun im allgemeinen bereits an der Hand der Anklageschrift . . . . . beurteilen. Daß der Verteidiger sich in den Besitz des Wortinhalts der Akten setzt, soweit sie seinen Mandanten betreffen, ist durch die Zwecke der Verteidigung nicht geboten."

Im Gegenteil! Für die Zwecke der Verteidigung ist vor allem souveraine Beherrschung des Materials geboten. Von niemandem darf der Verteidiger sich in der Kenntnis der Akten übertreffen lassen. Das ist ein stümperhafter Verteidiger, wie es ein stümperhafter Staatsanwalt wäre, der dem Gange der Hauptverhandlung „folgt", wie es in dem Beschlusse heißt, statt ihn, wo es not tut, zu beeinflussen. Diese Einwirkungsmöglichkeit wird in Frage gestellt, wenn auch nur irgendein Aktenstück sekretiert wird. Jede gesetzlich erlaubte Beschränkung des Verteidigers in der Prüfung der Akten oder irgendwelcher Beiakten bedeutet daher die **Billigung der Beweisverdunkelung**.

Aber, es frommt nicht, sich schon darüber zu erregen. Denn **Beweisverdunkelung** wird von dem Gesetzentwurfe in augenfälligster Weise ermöglicht **für die Hauptverhandlung**. Die lux meridiana unseres bisherigen Beweisrechts, jener Satz wird ausgetilgt, daß die Beweisaufnahme auf alle herbeigeschafften Beweismittel zu erstrecken ist.

Abgesehen von der Verhandlung vor Reichsgericht und Schwurgericht genügt vor dem Schöffengerichte ein mit einfacher Mehrheit, vor dem Landgerichte ein einstimmig gefaßter Beschluß zur Ablehnung der Beweiserhebung. Zu dessen Begründung wird weiter nichts erfordert als die Phrase, daß die unter Beweis gestellten Tatsachen für die Entscheidung nicht von Bedeutung seien! (§ 232 des Entwurfs.) Schon eine äußerlich historische Betrachtung findet in dieser Bestimmung einen Rückschritt um Jahrzehnte. Sie gehört einem Ideenkreise aus der Vorgeschichte der geltenden Strafprozeßordnung an. Deren Entwurf wollte jede Einwirkung auf die Umgrenzung der Beweisaufnahme ausschließen. Aber die großen gesetzgeberischen Talente, an denen die Reichsjustizkommission so reich war, wußten mit rückschauenden wie mit vorwärtsblickenden Gründen die Unbilligkeit des Regierungsvorschlages hell zu beleuchten.[1] Eine derartige Vorschrift, so führte **Reichensperger**

[1] **Hahns** Materialien, 3. Bd. S. 847 ff.

aus, werde nach der in Preußen gemachten Erfahrung sich lediglich zum Nachteile des Angeklagten wenden; die Tendenz der Gerichte gehe auf möglichste Beschränkung der Beweisaufnahme. Völk wies auf die große psychologische Bedeutung der vollständigen Erhebung des Entlastungsbeweises hin: solange auch nur ein Entlastungszeuge unvernommen bleibe, könne der Angeklagte sich einreden, er sei nicht gerecht behandelt. Vor dem Eindringen einer turba testium in den Gerichtssaal fürchtete man sich nicht. Marquardsen gedachte des Gegengewichts, das darin liege, daß Richter und Geschworene erfahrungsmäßig gegen denjenigen eingenommen seien, der sie durch Vorführung zahlreicher und unerheblicher Zeugen mißhandele. Die Regierung leistete nur schwachen Widerstand und schließlich bequemte sich der Bundesrat noch vor der Plenarberatung dem der heutigen Fassung des § 244 zugrunde liegenden Antrag Schwarze an (abgesehen von der Ausnahme für die schöffengerichtlichen Sachen und das Privatklageverfahren). Als im Jahre 1890 nur in der Literatur die Ausdehnung des § 244 Abs. 2 auf Strafkammer- und Schwurgerichtssachen angeregt worden war, widersprach Stenglein[1] in zornigen Worten: das sei ein Verstoß gegen die erste Rechtsregel des Prozesses: audiatur et altera pars. Im Hinblick auf den Schellingschen Entwurf nannte Binding[2] die Einschränkung des Unschuldbeweises eine „schwere Beeinträchtigung des Angeklagten gerade an der Stelle, die für die Gesetzgebung ganz unverletzlich sein müßte".

Von derartigen Bedenken fühlt der jetzt vorliegende Entwurf sich frei. Oder er läßt sie zurücktreten hinter dem armseligen Sophisma der Motive:

> weil das Gericht nach § 151 zu selbständiger Tätigkeit berechtigt und verpflichtet sei, könne es auch bei der Beweisaufnahme nicht an Anträge der Parteien gebunden sein.

Es scheint mir kein Zufall zu sein, daß die im übrigen kunstvoll gearbeiteten Motive gerade bei diesem Paragraphen so wenig geschickt operieren. Dr. S. Löwenstein[3] hat den Verdacht ausgesprochen und

---

[1] Zeitschrift für die gesamte Strafrechtswissenschaft, Bd. 10 S. 483.

[2] a. a. O. S. 16.

[3] Dr. S. Löwenstein, Die Beseitigung des § 244 der StrPO. (Jur. Wochenschrift 1909) S. 3.

begründet, daß die Verfasser der Motive der inneren Berechtigung des gesetzgeberischen Vorschlags selbst mißtrauen. Aber auch wenn der Vorschlag auf ehrlicher Zweckmäßigkeitsprüfung beruht — unannehmbar bleibt er. Nicht der unbeholfene oder böswillige Angeklagte, der angeblich einen so unerträglichen Mißbrauch mit der Unterlassung des Verzichts auf herbeigeschaffte Beweismittel treibt, soll durch die Gefährdung des Unschuldbeweises diszipliniert werden, sondern, wie schon vor Jahren Mamroth[1] dargelegt und wie ihm jeder Verteidiger zu bezeugen hat, das Rückgrat der Verteidigung würde gebrochen werden. Es gibt Fälle, in denen in allem Frieden ein Gericht gezwungen werden muß, die paraten Beweise wirklich zu erheben, weil es im Begriffe steht, sich über die Tragweite dieser Beweise zu täuschen. Jene berüchtigten prämaturen Urteilsberatungen, die oft mitten in einer Verhandlung einen Beweisantrag wegen Unerheblichkeit des Themas ablehnen, betätigen nicht immer die Pflicht des Richters, seines hohen Amtes bis zum Ende unvoreingenommen zu walten. Und eine Tatsache, die zugunsten des Angeklagten hurtig als erwiesen angesehen wird, tritt in der Regel bei der Beratung zurück hinter diejenigen Tatsachen, die durch das lebendige Wort des Zeugen oder Sachverständigen dem Gerichte unmittelbar berichtet worden sind.

Die mit dieser Verkümmerung der Beweisführung geschaffene Lähmung der Verteidigung wird durch die Eröffnung der Berufung ganz gewiß nicht geheilt. Denn für die Berufungsinstanz gilt der § 232 wie für die erste. Der Streit um die Berufung liegt abseits unserem Thema. Aber darin bin ich mir der Zustimmung aller Verteidiger sicher: lieber die bisherige einzige Instanz als zwei Tatsacheninstanzen mit verderbtem Beweisanspruch!

Und auch dafür, daß die Abschneidung des Beweises nicht etwa im Wege der Revision repariert werden kann, hat der Entwurf bestens gesorgt, indem er den heutigen § 377 Ziffer 8 zuungunsten der Verteidigung verändert. Der die Verteidigung beschränkende Beschluß begründet in Zukunft die Revision nur, wenn er auf Rechtsirrtum beruht. Rechtsirrtum! — bei der Ablehnung einer Vernehmung wegen

[1] E. Mamroth, Die Gefahren der Novelle zum GVG. und zur StPO. Breslau 1894. S. 18.

Unerheblichkeit kann auch die detachierteste Ferienstrafkammer am abgelegensten Amtsgerichte nicht gut in Rechtsirrtum verfallen. —

Wenn die Gesetzgeber der künftigen Strafprozeßordnung den grotesken Gedanken verfolgen sollten, die leider nie zu stillende Unzufriedenheit des Volkes mit der Strafrechtspflege durch die Erzeugung von Unwillen gegen den Richterstand zu paralysieren, so würde zu solchem herostratischen Ziel der im Entwurfe vorgesehene § 232 ein überaus taugliches Mittel abgeben. Schon im engen Gesichtskreise des Schöffengerichts wirkt die Beweisbeschränkungsbefugnis bald deprimierend, bald aufreizend. „Meine Zeugen wurden nicht gehört, der Amtsrichter war parteiisch“ — diese alltägliche Klage des Mannes und der Frau aus dem Volke läßt sich nicht mit der juristischen Belehrung beschwichtigen, daß den Umfang der Beweisaufnahme das Gericht bestimme. Und diese Klage wird anschwellen, wenn dann auch vor den höheren Gerichten mit ihren schicksalsschweren Verhandlungen der Angeklagte nicht mehr beweisen darf, was er für erheblich hält. Die Zuhörer im Saale und die Leser der Preßberichte draußen begreifen es nicht, daß der Entlastungszeuge von der Barre gewiesen werden kann, ohne gehört zu sein — sie teilen die Empfindung des Angeklagten, daß er im Rechte verkürzt worden ist. Nicht gegen das Gesetz wird sich der Groll richten, sondern gegen die Personen der Richter. Sie sind es für den gesetzunkundigen Laien, die wider Recht und Billigkeit handeln; sie sind es, die für den paraten Unschuldbeweis kein Ohr und keine Zeit haben. Unser Richterstand, der viel gescholtene und wenig verstandene, wird mit seinem Rufe die Kosten dieser „weltfremden“ Gesetzverschlechterung bezahlen müssen.

Indessen — solche fatalen Nebenwirkungen der erörterten Reformvorschläge entfallen meiner Kritik. Deren eigentlicher Gegenstand ist nicht einmal erschöpft. Der Entwurf birgt für die Verteidigung an mancher versteckten Stelle noch manche Fußangel. Sie mögen liegen bleiben. Denn an den sedes materiae ist meine Überzeugung erwachsen, daß der Entwurf der Verteidigung nur wenig ehrlich und ernstlich gibt, ihr aber desto mehr unbedenklich nimmt.

Es ist leidvoll, das aussprechen zu müssen. Nicht nur, weil herab von hoher Warte der Wissenschaft[1] dem Entwurf „eine von kleinlichen

[1] Wach in der Juristenzeitung 1909, Spalte 9.

Mäkeleien und Bedenklichkeiten freie Aufnahme" gewünscht, damit aber denen, die auf dem Boden der Praxis seinen Vorschlägen glauben entgegentreten zu müssen, der Vorwurf des Nörglertums in Aussicht gegeben worden ist.

Nicht nur auch deshalb, weil der deutsche Anwaltstand einen neuen Ausbruch des odium advocatorum zu registrieren hat.

Sondern leidvoll vor allem, weil die nun wiederum vergeblich ersehnte Freiheit der Verteidigung die sicherste Schutzwehr bilden würde gegen das schlimmste Unrecht im Rechtsstaate: das ungerecht strafende Urteil.

Das Grundbuchamt als Vollstreckungsorgan.

Eine Studie

von

Curt du Chesne,
Landgerichtsrat.

I

Die Zwangsvollstreckung liegt für gewöhnlich dem Gerichtsvollzieher und dem Vollstreckungsgericht ob. Macht sich aber aus Anlaß der Zwangsvollstreckung eine Eintragung in das Grundbuch nötig, so muß hierfür das Grundbuchamt in Anspruch genommen werden. Das Gesetz hat mit Recht davon abgesehen, den Gerichtsvollzieher oder das Vollstreckungsgericht mit der Vornahme von Eintragungen zu betrauen; vielmehr geht der Weg zum Grundbuche nur durch das Grundbuchamt. Da nun anderseits das Grundbuchamt nicht die Aufgabe hat, die vollstreckbare Entscheidung oder deren Surrogate selbst zu schaffen, so ergeben sich Grenzbeziehungen zwischen den die Schuldtitel schaffenden bzw. an ihrer Durchsetzung beteiligten Organen des zivilprozessualen Verfahrens und dem Grundbuchamte, die nicht immer ganz einfach liegen, und denen daher im folgenden nachgegangen werden soll.

II

Welche Stellung nimmt das Grundbuchamt ein, wenn es aus Anlaß einer Zwangsvollstreckung eine Eintragung in das Grundbuch vornimmt?

Zwangsvollstreckung ist die zwangsweise Durchsetzung der Ansprüche von Privaten durch die Machtmittel des Staats.[1] Diese Durchsetzung führt nicht immer zur Befriedigung, auch dann nicht, wenn Befriedigung möglich ist. Bei der Zwangsvollstreckung in Forderungen z. B. geht die Durchsetzung des zu befriedigenden Anspruchs durch Machtmittel des Staats nur bis zur Herstellung der Legitimation des Gläubigers, selbst seine Befriedigung aus der beschlagnahmten Forderung herbeizuführen. Die Herbeiführung dieser Befriedigung, nötigenfalls durch Klage und abermalige Zwangsvollstreckung, ist nicht Fortsetzung der in der Pfändung

[1] S. hierzu und zu dem Folgenden Kretzschmar in ZBlFG. 4, 444 ff., der grundsätzlich Befriedigung als Merkmal einer Vollstreckungshandlung fordert.

und Überweisung liegenden Vollstreckung, sondern nur Ausnutzung der durch Zwangsvollstreckung geschaffenen Rechtsposition seitens des Privaten; der letztere ist insoweit nicht Organ des Staates zur endgültigen Durchführung des staatlichen Vollstreckungsanspruchs, sondern im eigenen Namen und Interesse handelnder Berechtigter. Muß er zur Beitreibung der überwiesenen Forderung nochmals die Staatsgewalt anrufen, so tut er es nicht zur Fortsetzung der bisherigen Vollstreckung, sondern in Geltendmachung eines neuen, selbständigen Vollstreckungsanspruchs. Die Befriedigung wegen einer Forderung kann also geschehen in mehreren selbständigen Vollstreckungen, die getrennt sind durch Zwischenräume, die nicht der Vollstreckung zuzurechnen sind. Nicht die privatrechtliche Befriedigung ist demnach für die prozessuale Einheit der Vollstreckung maßgebend; diese muß sich vielmehr nach prozessualen Gesichtspunkten bestimmen. Hierauf wird später zurückzukommen sein.

Die nach der Vollstreckung (Pfändung und Überweisung) liegenden Parteihandlungen, die nicht Vollstreckung sind (Einziehung der Forderung m Güte- oder Klagewege), können auch Geschäfte der freiwilligen Gerichtsbarkeit sein, natürlich nur soweit nicht der Klageweg beschritten wird. Es kann z. B. der zu befriedigende Anspruch durch Abtretung der gepfändeten Hypothek erledigt werden, oder es kann der überwiesene Anspruch durch ein Immobiliarrechtsgeschäft erfüllt werden. In beiden Fällen liegt aber nicht Zwangsvollstreckung vor; die Immobiliargeschäfte beruhen auf besonderen Rechtsgründen und stehen nicht in Wesenszusammenhang mit der Vollstreckung. Das Grundbuchamt tritt in diesen Fällen nicht als ein die Ansprüche Privater zwangsweise durchsetzendes Organ des Staates auf, sondern unzweifelhaft als Organ der freiwilligen Gerichtsbarkeit.

Liegt jedoch die Sache so, daß das zivilprozessuale Vollstreckungsorgan oder der Schuldtitel eine Maßregel erfordern oder anordnen, die vom Grundbuchamte vorzunehmen ist, so hat das vorzunehmende Immobiliargeschäft — im Sinne von Rechtshandlung — seinen Grund allerdings unmittelbar im Schuldtitel oder der Anordnung des Vollstreckungsorgans. Freilich wird auch hier — das Nähere ist weiter unten zu erörtern — unter Umständen noch ein Antrag des Befriedigung Suchenden erforderlich sein, aber dieser stempelt die vorzunehmende Eintragung nicht zu einer Handlung der freiwilligen Gerichtsbarkeit. Denn unter freiwilliger Gerichtsbarkeit ist zu verstehen die staatliche Beteiligung an rechtsschöpferischen, rechtsgeschäftlichen Vorgängen[1], und ein Rechtsgeschäft ist etwas wesentlich anderes als eine auf Grund eines Schuldtitels oder einer zivilprozessualen Vollstreckungsanordnung vorgenommene Zwangsmaßregel. Es läßt sich demnach das Grundbuchverfahren nicht schlechtweg als Verfahren der freiwilligen Gerichtsbarkeit, das Grundbuchamt als Organ dieser Gerichtsbarkeit bestimmen;[2] vielmehr ist das Grundbuchverfahren zum Teil auch wirkliches Vollstreckungsverfahren, das Grundbuchamt Vollstreckungsorgan. Richtig ist nur, daß das Grundbuchamt ein Rechtspflegeorgan, sein Verfahren ein prozessuales im weitern Sinn ist. Wohl aber läßt sich der Satz aufstellen, daß das prozessuale Verfahren dieses Rechtspflegeorgans eines und dasselbe ist, ob es nun auf Zivilrechtsgeschäften oder auf Schuldtiteln und Vollstreckungsanordnungen beruht; und dies hat seinen Grund darin, daß die herzustellenden Rechtspositionen in beiden Fällen die gleichen sind und daß in beiden Fällen zu ihrer Herstellung als Mittel nur dieselbe Handlung, nämlich die Eintragung, in Betracht kommt. Es läßt sich demnach einer prozessualen Handlung des Grundbuchamts zunächst nicht ansehen, ob sie Handlung der freiwilligen Gerichtsbarkeit oder Vollstreckungshandlung ist, und ihre Eigenschaft als Vollstreckungshandlung kann nicht zur Folge haben, daß damit das Vollstreckungsverfahren des Zivilprozesses ganz oder teilweise anwendbar würde. Mit Recht hat sich daher die Praxis von vornherein auf den Standpunkt gestellt, daß, auch wenn es sich um eine Zwangsvollstreckungseintragung handelt, nicht die sofortige Beschwerde der Zivilprozeßordnung, sondern nur die einfache Beschwerde der Grundbuchordnung zulässig ist.[3]

Im folgenden sollen nun an der Hand und unter weiterer Ausführung des oben Gesagten die einzelnen Arten der Vollstreckung durch das Grundbuchamt aufgesucht und auf ihre Besonderheiten untersucht werden.

III

Als nächster Fall, der hier in Betracht kommen könnte, bietet sich der der Verurteilung zur Abgabe einer grundbücherlichen Willenserklärung (§ 894 ZPO.) dar. Hier ersetzt die Rechtskraft des Urteils die Abgabe

[1] Wach, Handbuch des Zivilprozesses I, 53.
[2] So anscheinend Kretzschmar, ZBlFG. 4, 444 unten.
[3] Kretzschmar a. a. O. S. 445, der jedoch — mit Unrecht — diese Praxis als gegen den Wortlaut des Gesetzes verstoßend ansieht.

der Erklärung; der Eintritt der Rechtskraft schafft die gesetzliche Fiktion, daß der Verurteilte die Erklärung abgegeben habe. Damit aber ist gesagt, daß eine Vollstreckung auf Abgabe der Erklärung überhaupt nicht stattfindet.[1] Ist die Erklärung als abgegeben anzunehmen, so ist das weitere Verfahren rein rechtsgeschäftlicher Natur und die schließliche Grundbucheintragung beruht auf diesem Rechtsgeschäfte, ist also nicht Vollstreckungstätigkeit, sondern Handlung der freiwilligen Gerichtsbarkeit. Der Fall des § 894 ZPO. kommt sonach als ein Fall der Vollstreckung durch das Grundbuchamt nicht in Betracht, liegt vielmehr jenseits der hier interessierenden Grenze. Hierher gehört die Eintragung einer Bauhandwerkerhypothek gemäß § 648 BGB., sowie alle sonstigen, insbesondere die durch Vertrag begründeten Verpflichtungen zur Begründung, Übertragung und Aufhebung von dinglichen Rechten an Grundstücken.

IV

Dem eben behandelten Falle steht gegenüber derjenige der Zwangsvollstreckung in ein Grundstück wegen einer Geldforderung. Die Zwangsvollstreckung in ein Grundstück erfolgt nach § 866 ZPO., abgesehen von der Zwangsversteigerung und Zwangsverwaltung, durch Eintragung einer Sicherungshypothek für die Forderung.[2] Die Voraussetzung für die Eintragung der Sicherungshypothek ist hiernach ein vollstreckbarer Schuldtitel wegen einer Geldforderung. Vollstreckbare Schuldtitel sind hauptsächlich solche, die rechtskräftig oder vorläufig vollstreckbar sind, oder — soviel die im Wege der freiwilligen Gerichtsbarkeit geschaffenen Schuldtitel anlangt — wegen deren sich der Schuldner der sofortigen Zwangsvollstreckung unterworfen hat (§ 794 Ziffer 5 ZPO). Die Erwirkung der vorläufigen Vollstreckbarkeit, der Vollstreckungsklausel, die Herbeiführung der Rechtskraft, endlich auch die Eintragung der Unterwerfung unter die sofortige Zwangsvollstreckung gegen den jeweiligen Grundstückseigentümer im Falle des § 800 ZPO., sind keine Vollstreckungshandlungen; sie dienen nur der Ermöglichung und der Vorbereitung der Vollstreckung. Vollstreckung ist erst die Eintragung der Sicherungshypothek. Durch diese wird die Befriedigung wegen der

[1] S. dazu Struckmann-Koch, § 894 Nr. 1 und Verw.

[2] Kretzschmar, ZBlFG. 4, 444 ff. bestreitet der Zwangshypothek die Vollstreckungsnatur trotz des Wortlauts des § 866 ZPO.; s. hierzu das oben unter II Ausgeführte.

Geldforderung, soweit sie der Staat bei der Wahl dieser Vollstreckungsart überhaupt betreibt, begonnen und auch beendet; zur weiteren Betreibung der Befriedigung ist eine neue, selbständige Vollstreckung erforderlich. Der Vollstreckungsakt liegt demnach ganz allein in der Hand des Grundbuchamts; dieses — und nur dieses — ist hier Vollstreckungsorgan. Freilich verläuft dieses Vollstreckungsverfahren äußerlich genau so, wie das Verfahren bei Eintragung einer rechtsgeschäftlich bewilligten Hypothek; der Gläubiger legt, wie dort die Eintragungsbewilligung, so hier den Schuldtitel vor und beantragt die Eintragung der Hypothek. Aber während die bewilligte Hypothek ihren Rechtsgrund aus der Bewilligung des Grundstückseigentümers entnimmt, entnimmt ihn die Zwangshypothek aus dem Befehle der Rechtsordnung an den Grundbuchbeamten, in einem solchen Fall eine Sicherungshypothek einzutragen. Eine privatrechtliche Verbindlichkeit des Grundeigentümers gegenüber dem Gläubiger, etwa dahin, die Eintragung der Zwangshypothek zu dulden, besteht nicht; wenn der Schuldner die Eintragung ruhig geschehen läßt, so tut er nichts weiter, als daß er gesetzmäßigen Eingriffen des Staats in sein Vermögen den geschuldeten staatsbürgerlichen Gehorsam leistet.[1] Dann ist aber auch der Antrag des Gläubigers an das Grundbuchamt nichts weiter als die Anrufung der Vollstreckungsbehörde um Leistung der amtspflichtmäßig geschuldeten Hilfstätigkeit, und unterscheidet sich innerlich in nichts von dem Auftrag an den Gerichtsvollzieher, die Pfändung vorzunehmen, und dem Antrag an das Vollstreckungsgericht, den Pfändungsbeschluß zu erlassen. Der Eintragungsantrag ist sonach die Form der Geltendmachung des öffentlichrechtlichen Vollstreckungsanspruchs, die Eintragung die Erfüllung dieses Anspruchs durch das Vollstreckungsorgan.

Obwohl hiernach im Falle der Zwangshypothek der Eintragungsantrag etwas anderes ist, als die Form der Geltendmachung des prozessualen Anspruchs der freiwilligen Gerichtsbarkeit, so sind doch in beiden Fällen das bezweckte Verfahren und das angerufene Rechtspflegeorgan die gleichen, und daraus folgt, daß der Vollstreckungsantrag sich von dem Antrage im Verfahren der freiwilligen Gerichtsbarkeit nicht unterscheidet. Dies hat zur weiteren Folge, daß der Vollstreckungsantrag da, wo sich hinsichtlich des Antrags der freiwilligen Gerichtsbarkeit eine Form vorgeschrieben findet, an diese Form gleichfalls gebunden ist.

[1] S. hierzu m. Ausf. in ZBlFG. 7, 501 ff.

Wenn z. B. für die Rücknahme des Eintragungsantrags die Form des § 29 GBO. erforderlich ist (§ 32 GBO.), so gilt dies auch für den Vollstreckungsantrag, und wenn für die Vollmacht zum Eintragungsantrage der freiwilligen Gerichtsbarkeit privatschriftliche Form erforderlich ist[1], so ist sie es in gleicher Weise für den Vollstreckungsantrag.

Aus diesen Gesichtspunkten ist auch die Frage zu beurteilen, wie weit die Vollmacht für den etwa der Schaffung des Schuldtitels zugrunde liegenden Rechtsstreit für die Eintragung der Zwangshypothek ausreicht.[2] Eine privatschriftliche Vollmacht[1] ist jedenfalls dann erforderlich (§ 30 GBO.), wenn die Bevollmächtigung nur das Eintragungsverfahren betrifft; dies folgt unmittelbar aus dem oben Gesagten. Ist aber die Vollmacht für den vorausgegangenen Rechtsstreit erteilt, so unterliegt sie zunächst jedenfalls den für die Prozeßvollmacht geltenden Vorschriften. Hat sie die für den Prozeß vorgeschriebene Prüfung aber bestanden, so muß sie nunmehr auch für die Vollstreckung durch Eintragung genügen. Denn die Prozeßvollmacht umfaßt von Gesetzes wegen (§ 81 ZPO.) auch die Zwangsvollstreckung mit, und eine besondere Art des Nachweises dem Grundbuchamte gegenüber ist nicht vorgeschrieben. Eine Beschränkung der Prozeßvollmacht auf die Zwangsvollstreckungshandlungen, die nicht grundbücherliche Akte wären, würde nur zwischen Vollmachtgeber und Bevollmächtigten wirksam sein; das Grundbuchamt als Vollstreckungsorgan dürfte sie daher nicht beachten (§ 83 ZPO).[3] In solchem Falle würde der Machtgeber auf rechtzeitige Einziehung der Vollmacht angewiesen sein, soweit nicht § 83 Abs. 2 ZPO. einschlägt.

Im Amtsgerichtsprozesse, in dem der Richter die Vollmacht von Amts wegen zu prüfen hat, würde somit diese Prüfung für den Grundbuchrichter ausreichen; er müßte den vollstreckbaren Schuldtitel auch im Vollmachtspunkte als genügende Eintragungsgrundlage gelten lassen. Für den Landgerichtsprozeß ist eine Prüfung der Vollmacht von Amts wegen nicht vorgeschrieben; die Geltendmachung von Einwendungen im Vollmachtspunkt ist der Partei überlassen. Hat die Partei eine Ein-

[1] S. m. Ausf. in ZZP. 1908, 494 ff.

[2] Zu dieser sehr bestrittenen Frage s. Schröder, GBE. IV, 228 Nr. 9, ZBlFG. 4, S. 640, 641.

[3] Nach innen ist die Vollmacht beschränkbar, nach außen, also auch dem vollstreckenden Organe gegenüber, unbeschränkbar; das ist wohl der Sinn des § 83 ZPO.

wendung nicht zu erheben, so ist damit die Prüfung des Vollmachtspunkts für den Prozeß erledigt; damit aber nach dem oben Gesagten auch für die Zwangsvollstreckung, die von der Vollmacht mitumfaßt wird. Ist die Prozeßvollmacht von Gesetzes wegen zugleich Eintragungsvollmacht, so darf sie im Mangel einer besonderen Vorschrift nicht noch einmal von der Eintragungsbehörde geprüft werden, wenn sie die Prüfung im Prozesse, die hier der Gegenpartei obliegt, durchgemacht hat. Ob die Gegenpartei von der Prüfungsmöglichkeit Gebrauch macht oder nicht, ist hierbei gleichgültig; ihrer Disposition ist es überlassen, ob sie die Vollmacht unbeanstandet lassen will, und an diese Disposition ist nachmals die Vollstreckungsbehörde gebunden. Trägt ja doch auch allein die Gegenpartei die Folgen einer Unterlassung von Einwendungen gegen den Vollmachtspunkt auf der angreifenden Seite.

Nun kann die Sache aber so liegen, daß der auf Eintragung einer Zwangshypothek Berechtigte sich einem zwar dinglich berechtigten, aber nicht eingetragenen Schuldner gegenüber befindet. In solchem Falle muß der Gläubiger von dem ihm durch § 14 GBO. gewährten Rechte Gebrauch machen, in Berichtigung des Grundbuchs die Eintragung seines Schuldners herbeizuführen. Diese Berichtigung geschieht auf Antrag des Gläubigers und ohne Bewilligung des Schuldners. Der Antrag ist nicht die Geltendmachung eines zivilistischen Berichtigungsanspruchs. Denn ein solcher steht nach § 894 BGB. nur demjenigen zu, dessen Recht nicht oder nicht richtig eingetragen ist, demnach nur dem Schuldner. Der Gläubiger ist auch nicht materiellrechtlich legitimiert, den Berichtigungsanspruch des Schuldners geltend zu machen, wie es beispielsweise derjenige wäre, der den Berichtigungsanspruch gepfändet und überwiesen erhalten hätte. Der Anspruch, der dem Berichtigungsantrage des § 14 GBO. zugrunde liegt, ist demnach nur prozessualer, an das Grundbuchamt gerichteter Anspruch. Seine Legitimation zur Erhebung dieses Anspruchs entnimmt der Gläubiger allein seinem Vollstreckungsrechte; im Dienste dieses Vollstreckungsrechtes steht der Anspruch. Er ist demnach nichts weiter als ein durch besondere Verhältnisse erforderlich gewordener Hilfsanspruch des Eintragungsanspruchs, ein unselbständiger, zur Vorbereitung des Vollstreckungseintrags bestimmter Vollstreckungsanspruch. Für ihn muß daher dasselbe gelten, was oben für den Eintragungsanspruch selbst ausgeführt worden ist, insbesondere auch, was die Vollmacht zur Herbeiführung der Zwangseintragung betrifft.

V

Wir wenden uns nunmehr denjenigen Gebieten zu, die für die Erörterung der Vollstreckungstätigkeit des Grundbuchamts das meiste Interesse besitzen, dem der einstweiligen Verfügung und der Zwangsversteigerung. Durch einstweilige Verfügung werden angeordnet Vormerkungen, Widersprüche und Verfügungsbeschränkungen.[1] Die Vollziehung der einstweiligen Verfügung ist vorausgenommene Zwangsvollstreckung. Wird die Eintragung einer Vormerkung oder eines Widerspruchs angeordnet, so geschieht die Vollstreckung allein im Grundbuche. Vormerkung und Widerspruch sind lediglich grundbuchtechnische Mittel und haben keine Existenz außerhalb des Grundbuchs. Die Tätigkeit des Gerichts der einstweiligen Verfügung beschränkt sich auf die Schaffung des vollstreckbaren Titels und damit eines Rechts auf die Eintragung. Es steht insoweit dem Gerichte gleich, das den Schuldtitel für die Zwangshypothek schafft. Aber seine Aufgabe geht schon insofern weiter, als es auch das Vollstreckungsmittel, Vormerkung und Widerspruch, bereits bezeichnet und es nicht der Wahl des Gläubigers überläßt, welche Art der Vollstreckung er in Anspruch nehmen will. Wird jedoch die Eintragung einer Verfügungsbeschränkung angeordnet, so hat die einstweilige Verfügung Vollstreckungswirkung auch schon vor der Eintragung und außerhalb des Grundbuchs. Während demnach eine absolute Wirkung bei Vormerkung und Widerspruch erst mit der Eintragung eintritt, so ist sie bei der Verfügungsbeschränkung bereits vorhanden auf Grund der einstweiligen Verfügung. Man könnte dies dahin ausdrücken, daß die Eintragung der Vormerkung und des Widerspruchs konstitutiv, die der Verfügungsbeschränkung deklaratorisch wirke. Besser wird aber die eigentliche Natur dieser Eintragungen wohl getroffen, wenn man sagt, Vormerkung und Widerspruch seien Vollstreckungsakte, die sie anordnende Verfügung nur Vollstreckungsgrundlage, die Verfügungsbeschränkung aber sei Erstreckung der in der einstweiligen Verfügung schon enthaltenen Vollstreckung auf die grundbücherlichen Rechte, und zwar durch Ausschaltung des guten Glaubens Dritter an die Verfügungsfreiheit des Eingetragenen.[2]

Die Eintragungsanordnung in der einstweiligen Verfügung ist

[1] Die einschlägige Tätigkeit des Konkursgerichts bietet für die hier behandelten Fragen nicht besonders Interessantes und kann daher außer Betracht bleiben.

[2] S. dazu m. Ausf. in Pos. JMSchr. 1908, 22 ff.

noch nicht Vollstreckung, denn sie schafft nur das Recht auf die bestimmte Vollstreckungsmaßregel, die Vormerkung und den Widerspruch und die Eintragung der Verfügungsbeschränkung. Nun bestimmt § 941 ZPO., daß das Gericht, wenn auf Grund der einstweiligen Verfügung eine Eintragung in das Grundbuch zu erfolgen hat, befugt ist, das Grundbuchamt um die Eintragung zu ersuchen. Das Gericht kann somit die Herbeiführung der Eintragung dem Antragsteller überlassen, es kann sie aber auch selbst herbeiführen. Wenn das Gericht ein solches Ersuchen erläßt, so liegt schon hierin eine Vollstreckungshandlung. Denn das Gericht beteiligt sich damit an der Durchführung der von ihm angeordneten Vollstreckungsmaßregel. Dies liegt auf der Hand, wenn das Gericht die Herbeiführung der Eintragung dem Antragsteller überläßt, der ja an der Schaffung des Vollstreckungstitels als Privater nicht wohl beteiligt sein kann. Der Private macht in solchem Falle seinen öffentlichrechtlichen Vollstreckungsanspruch gegenüber dem Grundbuchamt als der Vollstreckungsbehörde geltend, wie sich aus dem bisher Gesagten ergibt; der vom Gericht durch Ersuchen des Grundbuchamts geltend gemachte Anspruch kann nicht wohl anderer Natur sein. Das Gericht muß demnach, soweit es das Ersuchen erläßt, schon selbst Vollstreckungsbehörde sein. Wie aber ist es zu verstehen, daß das Gericht nach seinem Belieben als Vollstreckungsbehörde hinsichtlich der Grundbucheintragung auftreten kann oder nicht? Zunächst ist der Gedanke zurückzuweisen, daß hier ein Akt der Rechtshilfe vorliege. Denn es handelt sich nicht um eine durch die territoriale Abgrenzung der gerichtlichen Bezirke erforderlich gewordene Herbeiführung richterlicher Handlungen (Mot. z. GVG. 188 ff.); vielmehr ist das ersuchende Gericht zu der begehrten Handlung funktionell außerstande. Die Erklärung dieser Erscheinung muß demnach in anderer Richtung liegen.

Das Interesse, das durch das Ersuchen gewahrt wird, ist ein Interesse des Antragstellers, der Anspruch, der dem Antragsteller selbst zur Verwirklichung dieses Interesses zusteht, ein öffentlichrechtlicher, prozessualer. Das Gericht macht aber den Anspruch nicht als Vertreter des Antragstellers geltend, sondern auf Grund eigener prozessualer Befugnis (§ 941 ZPO.); es ist ein Anspruch des Gerichts neben dem Anspruche des Antragstellers, wenn auch des gleichen Inhalts wie der letztere. Wäre nicht das Interesse lediglich ein solches des Antragstellers, so könnte man von einem prozessualischen Gesamtgläubigerverhältnisse reden. Auf diese Art der Wahrnehmung fremder Interessen kraft eines eigenen Anspruchs läßt sich am besten der Begriff des Amtes anwenden, so daß man zu dem Ergebnisse kommt, das Gericht der einstweiligen Verfügung könne kraft amtlicher Befugnis zugleich als Vollstreckungsorgan tätig werden. Wenn dem so ist, so müssen ihm natürlich auch gegen eine Ablehnung des Grundbuchamts die Rechtsmittel (§§ 71ff. GBO.) in eigenem Namen zustehen. Hat nur der Antragsteller den Eintragungsantrag gestellt, so kann gegen eine Zurückweisung nicht das Gericht der einstweiligen Verfügung Beschwerde erheben, weil sein prozessuales Antragsrecht nicht verletzt ist und ein sonstiges Recht ihm nicht zusteht. Ist aber das Ersuchen des Gerichts zurückgewiesen, so muß hiergegen die Beschwerde des Privaten zugelassen werden, weil dadurch sein vom Gerichte nur auf Grund amtlicher Befugnis vertretenes Vollstreckungsrecht verletzt wird.[1]

In den Fällen, in denen nach gesetzlicher Vorschrift eine Behörde befugt ist, das Grundbuchamt um eine Eintragung zu ersuchen, erfolgt die Eintragung auf Grund des Ersuchens der Behörde (§ 39 GBO.). Dabei vertritt das Ersuchen im Sinne des Eintragungsbegehrens den Antrag des Privaten, die zum Ersuchen gehörige Bezeichnung des vorzunehmenden bzw. einzutragenden Vollstreckungsaktes aber die Eintragungsbewilligung, d. i. sie gibt den materiellen Inhalt der zu bewirkenden Eintragung. Dieser letztere Inhalt ruht demnach unmittelbar ganz allein auf dem Eintragungsersuchen im weiteren Sinne. Zu der durch ihn bedingten Vollstreckungseintragung können grundsätzlich weitere privatrechtliche oder prozessuale Dispositionsakte nicht gehören, sonst wäre eben die vorzunehmende Eintragung nicht reiner Vollstreckungsakt (s. dazu S. 96 unten). Damit scheidet die Anwendbarkeit der Zwischenverfügung des § 18 GBO., soweit sie die Beschaffung weiterer Eintragungsgrundlagen bezweckt, gegenüber dem ersuchenden Gericht aus; eine solche bleibt nur möglich, soweit es sich um die Erbringung des Nachweises für das Vorhandensein von Grundbuchprozeßvoraussetzungen und Nachbringung formaler Erfordernisse durch das ersuchende Gericht handelt.[2] In dieser Hinsicht können Grenzschwierigkeiten dann entstehen, wenn der angeordnete Vollstreckungsakt mit prozessualen Eigen-

[1] Schröder, GBE. IV, 207 Ziffer 4.

[2] S. hierüber m. „Prozeßgang des formalen Grundbuchrechts" 20, 10; ebenso KG. in RheinAB. 1906, 128.

tümlichkeiten des Grundbuchverfahrens in Widerspruch kommt. Das Gericht der einstweiligen Verfügung bestimmt nach freiem Ermessen, welche Anordnungen zur Erreichung des Zwecks erforderlich sind (§ 938, I ZPO.) Aus diesem Gesichtspunkt — oder auch, weil ihm die formalen Vorschriften des Grundbuchrechts vielfach etwas ferner liegen — bestimmt der Richter der einstweiligen Verfügung nicht selten Maßregeln, deren Durchführung dem Grundbuchamte Schwierigkeiten macht. Soweit hierüber ein gegenseitiges Einvernehmen nicht herzustellen ist, wird als Regel gelten müssen, daß eine ihrem Inhalte nach unzulässige Eintragung vom Grundbuch ausgeschlossen bleiben muß.[1] Der Satz des § 39 GBO. darf nicht dahin führen, daß der Grundbuchbeamte eine Eintragung bewirkt, die er sofort gemäß § 54 GBO. wieder löschen müßte. Anderseits aber liegt dem Grundbuchbeamten die Pflicht ob, Maßregeln, die im Grundbuchverfahren an sich durchführbar sind, durchzuführen, auch wenn sich der Richter der einstweiligen Verfügung den zu bewirkenden Eintrag formell offenbar anders vorgestellt hat. Der Grundbuchbeamte wird insoweit die Sprache des Verfügungsrichters gleichsam in seine Sprache zu übersetzen haben. Das dürfte ganz unbedenklich sein, wenn der Verfügungsrichter beispielsweise nur eine Eintragung als Vormerkung bezeichnet hat, die einen Widerspruch darstellen würde. Es wird aber auch dann nicht anders liegen, wenn der Verfügungsrichter eine Eintragung herbeigeführt wissen will, die so, wie gewollt, überhaupt, nach materiellen oder formellen Vorschriften des Grundbuchrechts, unmöglich ist. Wenn sich in einem solchen Fall ein Weg finden läßt, der, wenn auch anders als beabsichtigt, zu dem vom Verfügungsrichter erstrebten Ziele führt, so ist er einzuschlagen. Darin dürfen den Grundbuchbeamten insbesondere Bedenken gegen die materielle Zulässigkeit der angeordneten Maßregel, die er ja nicht nachzuprüfen hat, nicht irre machen.[2]

[1] KG. in Pos. JMSchr. 1906, 95.

[2] Ein Fall dieser Art, wenn auch aus dem Zwangsversteigerungsrecht, ist dem Verfasser kürzlich in der Praxis begegnet. Der Versteigerungsrichter ersuchte um Eintragung einer zwei Gläubigern als zwischen ihnen streitige Masse überwiesenen Forderung (§§ 128, 130 ZVG.) und zwar in Berichtigung einer früheren, ebenfalls von ihm herbeigeführten Eintragung derselben Forderung „zur gesamten Hand". Der Grundbuchrichter lehnte ab. Das Beschwerdegericht wies ihn an, Widersprüche beider Gläubiger gegen die zu berichtigende Eintragung zu verlautbaren, durch die kenntlich gemacht würde, daß jeder der Gläubiger dem andern die Beteiligung an dem Forderungsrechte bestritte, daß somit die Forderung zwischen ihnen streitig sei.

Unzulässig dürfte gemäß § 39 GBO. nur die Ersetzung der angeordneten Vollstreckungsmaßregel durch eine andere sein, da sie der Abhängigkeit des Vollstreckungsorgans von dem die Vollstreckung anordnenden Gericht zuwiderlaufen würde. Für die Identität der Vollstreckungsmaßregel ist aber nicht die Art ihrer Durchführung, sondern hauptsächlich der herzustellende Rechtserfolg maßgeblich. Diese Auffassung allein dürfte dem Interesse des Privaten, das ja doch die Grundlage des Ersuchens des Verfügungsrichters bildet und demnach zur Auslegung des Ersuchens heranzuziehen ist, entsprechen;[1] freilich immer nur das vom Verfügungsrichter anerkannte und zugrunde gelegte Interesse des Privaten, nicht sein davon möglicherweise abweichendes wirkliches Interesse, das ja der vollstreckende Grundbuchbeamte nicht nachzuprüfen hat. Deshalb ist auch, wenn der Private selbst die einstweilige Verfügung dem Grundbuchamte vorlegt und hierbei die Verlautbarung einer anderen Vollstreckungsmaßregel, als der angeordneten (s. hierzu die beiden vorigen Anmerkungen), beantragt, eine Eintragung überhaupt nicht vorzunehmen; denn für die vom Privaten beantragte Maßregel fehlt es an der erforderlichen Grundlage, und für die von der Verfügung angeordnete an dem Eintragungsantrage. Erstrebt dagegen der Antrag des Privaten ersichtlich den gleichen Zweck, wie die angeordnete Eintragung, so wird im Zweifel davon ausgegangen werden dürfen, daß die angeordnete Eintragung gewollt ist, auch wenn nach der Meinung des Grundbuchbeamten das eigentliche Interesse des Privaten in anderer Richtung liegt und selbst wenn dieses Interesse sich dem Wortlaute des Antrags nach mit dem in diesem zum Ausdruck gebrachten deckt.

Sollte gar einmal das Ersuchen hinsichtlich des Inhalts des zu bewirkenden Eintrags von dem Inhalte der einstweiligen Verfügung abweichen, etwa weil das verfügende Gericht selbst zu der Überzeugung von der Uneintragbarkeit des Inhalts der Verfügung gelangt ist, so wird die Eintragung abzulehnen sein, da hier die Sache ebenso liegt, wie

---

[1] So ist im Falle der vorigen Anmerkung das private Interesse nicht sowohl auf eine Löschung der zu berichtigenden Eintragung und eine Neueintragung der Forderung „als zwischen den Gläubigern streitige Masse", als vielmehr auf eine formal zulässige grundbücherliche Kenntlichmachung der hervorgehobenen Rechtslage gerichtet. Anders läge der Fall, wenn ausdrücklich als Vollstreckungsmaßregeln die Löschung und Neueintragung angeordnet wären.

wenn der Private einen abweichenden Antrag gestellt hat.[1] Gehen, was leicht vorkommen kann, das Ersuchen des Gerichts und der Antrag des Privaten nebeneinander her, so wird, wenn beide mit dem Inhalte der Verfügung übereinstimmen, dem zuerst eingehenden zu entsprechen sein; weicht aber Ersuchen oder Antrag von dem Inhalte der Verfügung wissentlich ab, so ist dem mit der letzteren übereinstimmenden Verlangen stattzugeben. Daraus ergibt sich, daß unter dem die Grundlage der Eintragung bildenden Ersuchen des § 39 GBO. zu verstehen ist ein Ersuchen, d. i. ein Antrag, dessen materieller Inhalt der einstweiligen Verfügung entspricht. Ersuchen und einstweilige Verfügung müssen sich, auch wenn einmal äußerlich die Verfügung nur in der Form des Ersuchens auftreten würde, doch innerlich schon deshalb voneinander sondern lassen, weil gegen die Verfügung der Widerspruch der ZPO., gegen das Ersuchen bzw. seine Ausführung aber nur die Rechtsbehelfe des Grundbuchverfahrens zulässig sind, und weil die Verfügung zugleich die Schaffung des zu vollstreckenden Titels, die Eintragung nebst dem darauf gerichteten Ersuchen aber nur Vollstreckungsakte bedeuten. Ein rein prozessuales Ersuchen, das nicht zugleich die Anordnung der Eintragung in kraft einstweiliger Verfügung enthielte, würde trotz des Wortlauts des § 39 GBO. keine Eintragungsgrundlage sein; man nehme

[1] Hierbei ist vorausgesetzt, daß schon in dem Ersuchungsschreiben an das Grundbuchamt zum Ausdrucke kommt, daß die Verfügung und das Ersuchen nicht übereinstimmen. Dann nämlich ergibt bereits die dem Grundbuchamt obliegende Prüfung der sachlichen Zuständigkeit, daß das Ersuchen abzulehnen ist. Denn das Gericht der einstweiligen Verfügung ist nur befugt, um eine Eintragung zu ersuchen, die auf Grund einer einstweiligen Verfügung zu erfolgen hat (§ 941 ZPO.); zu einem inhaltlich von ihr abweichenden Ersuchen fehlt ihm die sachliche Zuständigkeit. § 39 GBO. soll nur ausdrücken, daß das Grundbuchamt keine Offizialprüfung dahin vornehmen darf, ob die Grundlagen des Ersuchens, deren Beschaffung zur Amtstätigkeit des Vollstreckungsgerichts gehört, in Ordnung gehen, daß es also sich nicht zur Aufsichtsinstanz über das Vollstreckungsgericht aufwerfen soll. „Es sollte zum Ausdruck gebracht werden, daß (im Zwangsversteigerungsverfahren) entsprechend dem § 39 GBO. nur das Ersuchungsschreiben des Vollstreckungsgerichts für das Grundbuchamt in Betracht komme, während ihm eine Prüfung der Grundlage, für welche allein jenes Gericht verantwortlich sei, versagt werde" (Predari 551, KB. bei Hahn-Mugdan 110, 111). Ein Ersuchungsschreiben, das den Mangel einer zugrunde liegenden Verfügung erkennen läßt, ist kein Ersuchen der in § 39 GBO. vorausgesetzten Art und kann nicht Eintragungsgrundlage sein.

z. B. an, daß das verfügende Gericht der irrigen Meinung ist, auch hinsichtlich des in Frage kommenden Grundstücks bereits eine Verfügung erlassen zu haben, während dies nur hinsichtlich anderer Grundstücke zutrifft, und daß es um Eintragung dieser, wie sich aus dem Ersuchen selbst ergibt, irrig als vorhanden vorausgesetzten Verfügung ersucht. Ob alles dies auch für das Ersuchen des § 130 ZVG. gilt, wird weiter unten zu prüfen sein.

VI

Dies führt zu den Vollstreckungsfunktionen des Grundbuchamts im Zwangsversteigerungs- und Zwangsverwaltungsverfahren. Da ist zunächst die Beschlagnahme ins Auge zu fassen. Sie ist eine gesetzliche Wirkung des das Verfahren anordnenden Beschlusses. Diese Wirkung tritt ein schon vor der Eintragung des Vermerks im Grundbuch und greift über die vom Grundbuch ausgewiesenen Vermögensbestandteile, das Grundstück, hinaus. Insofern stellt sie sich dar als Wirkung eines Veräußerungsverbots, wie sie auch durch eine einstweilige Verfügung geschaffen wird. Die Eintragung des Vermerks bricht somit den guten Glauben Dritter an die — vom Grundbuche nicht ausgewiesene — Verfügungsfreiheit des Eigentümers und wirkt insofern ähnlich, wie ein Widerspruch.[1] Sie hat also in dem oben erörterten Sinne deklaratorischen Charakter bzw. sie ist Erstreckung der im Anordnungsbeschlusse bereits liegenden Zwangsvollstreckung auf das vom Grundbuch ausgewiesene Grundstück insoweit, als sie in weiterer Ausführung des für das Grundstück bereits wirksamen Veräußerungsverbotes nunmehr auch noch die Möglichkeit gutgläubigen Erwerbes durch Dritte ausschließt. Die große Ähnlichkeit mit dem Konkursvermerk springt ins Auge. Die deklaratorische Natur der Eintragung des Vollstreckungsvermerks schließt nicht aus, daß sie selbst Vollstreckungsakt ist; denn dem letzteren Begriff ist genügt durch Herstellung einer zugunsten des Gläubigers wirkenden Rechtsposition (s. oben unter II), und diese liegt in dem Ausschlusse des gutgläubigen Erwerbs Dritter. Der Anstoß zu diesem grundbücherlichen Vollstreckungsakte kann — anders als beim Konkurs und der einstweiligen Verfügung — nur ausgehen vom Vollstreckungsgerichte. Der Vollstreckungsanspruch des Gläubigers geht daher von vornherein mit auf den Erlaß des Ersuchens an das Grundbuchamt; das Vollstreckungs-

[1] Pos. JMSchr. 1908, 22 ff.

gericht, und nur dieses, hat das Recht und die Pflicht, diese Vollstreckungshandlung vorzunehmen. Gegen eine Weigerung des Grundbuchamts, den Vollstreckungsvermerk einzutragen, hat nur das Vollstreckungsgericht die grundbücherlichen Rechtsbehelfe.[1] Freilich ist es auch hier das Interesse des Privaten, das vom Vollstreckungsgericht amtspflichtmäßig wahrgenommen wird; aber dieses Interesse ist nicht zum Träger eines eigenen Antragsrechts des Privaten geworden, weil es eines solchen nicht bedarf. Hat demnach der Private, anders wie bei der einstweiligen Verfügung, keinen eigenen Vollstreckungsanspruch (Antragsrecht) an das Grundbuchamt, sei es auch nur neben dem Gerichte, so kann sein Interesse auch nicht zur Begründung eines Abwehrmittels gegen dessen Verletzung, also eines Beschwerderechts, ausreichen.

Einen eigenen Vollstreckungsanspruch, wenn auch nur einen hilfsweisen, an das Grundbuchamt hat der Gläubiger, wenn er zur Ermöglichung der Zwangsversteigerung (§ 17 ZVG.) die Eintragung des Eigentümers herbeiführen muß (§ 14 GBO.). Doch ist hierauf bereits oben S. 87 eingegangen.

Bei der selbständigen und über das Grundbuch hinaus greifenden Wirkung des Anordnungsbeschlusses wird es nicht zulässig sein — eben-

[1] S. dazu Predari 554. Mit dieser Frage beschäftigt sich nebenher einmal das Kammergericht in RJA. VIII, 237 ff., wo es ausführt: „Nach den §§ 146, 19 ZVG. kann zwar die Eintragung des Vermerkes, daß die Zwangsverwaltung angeordnet worden ist, nur auf Ersuchen des Vollstreckungsgerichts erfolgen. Da jedoch die Eintragung im Interesse des betreibenden Gläubigers zu geschehen hat (zu vgl. §§ 20, 22, 1 das.), so wird dieser durch eine Zurückweisung des Ersuchens in seinem Rechte verletzt, und ihm kann daher gegen die zurückweisende Verfügung des Grundbuchrichters die Beschwerde nicht wohl versagt werden. Insoweit ist dem Landgericht unbedenklich beizupflichten.“ Mir scheint dies nicht so unbedenklich. Wenn der Vollstreckungsbetrieb, zu dem die Eintragung des Zwangsvollstreckungsvermerks gehört (s. o.), in erster Instanz dem Vollstreckungsgericht ausschließlich übertragen ist, so ist im Mangel eines Anhalts für das Gegenteil das gleiche wohl auch für die übrigen Instanzen anzunehmen. Die Behörde, der die Durchführung des Vollstreckungsanspruchs des Privaten übertragen ist, wird im Zweifel auch Beeinträchtigungen dieses Rechts durch Nichterfüllung des Anspruchs abzuwehren haben. Einen gleichartigen Gedankengang s. ZBlFG. 9, 488. Die Beeinträchtigung liegt ja hier nur in der Nichterfüllung des Anspruchs, also des prozessualen Rechts; ein anderes Recht wird nicht verletzt, sondern höchstens ein Interesse (s dazu Predari, GBO. 690, 691). Erhebt das Vollstreckungsgericht die Grundbuchbeschwerde nicht, so kann es dazu im Wege der zivilprozessualen Beschwerde angehalten werden, genau so, wie wenn es das Ersuchen nicht erläßt.

sowenig wie im Konkursverfahren —, den Anordnungsbeschluß im Ersuchen an das Grundbuchamt ausschließlich unterzubringen. Das Ersuchen kann daher Grundlage der Eintragung im Sinne des § 39 GBO. nur sein, sofern der materielle Inhalt des Eintragungsersuchens nicht erkennbar von dem Anordnungsbeschlusse abweicht. Auch hierzu kann auf das oben Gesagte verwiesen werden (S. 92 ff.).

Eine Vollstreckungstätigkeit des Grundbuchamts ex officio ordnet § 19, 2 ZVG. an. Gegen ihre Verweigerung muß dem Vollstreckungsgerichte die Grundbuchbeschwerde wegen Verletzung seiner prozessualen Ansprüche zustehen. Eine Sachbeschwerde des Gläubigers ist auch hier ausgeschlossen.

Besonderer Hervorhebung bedarf nur noch die Vollstreckungstätigkeit des Grundbuchamts im Falle des § 130 ZVG. Nach Ausführung des Teilungsplans und Rechtskraft des Zuschlags hat das Vollstreckungsgericht, nur dieses, das Grundbuchamt um Bewirkung der durch das Verfahren und seine Beendigung notwendig gewordenen Eintragungen zu ersuchen. Die Eintragung des Erstehers als Eigentümers ist, obwohl deklaratorisch, Vollstreckungshandlung, da sie dem Ersteher den öffentlichen Glauben des Grundbuchs sichert und ihm damit eine Rechtsposition schafft, deren er bisher entbehrte. Dasselbe gilt mutatis mutandis für die Löschung des Versteigerungsvermerks und der durch den Zuschlag oder sonstwie erloschenen Rechte, durch die die Rechtsposition der Gläubiger und des Erstehers geändert wird. Dagegen wirkt die Eintragung der Hypotheken für die übertragenen Forderungen an den Ersteher konstitutiv (§ 128, 3 ZVG.); an ihrer Natur als Vollstreckungsakt ist daher um so weniger zu zweifeln. Grundlage für die Eintragung des Erstehers, die Löschung des Versteigerungsvermerks und der durch den Zuschlag erloschenen Rechte ist der Zuschlag; von ihm darf daher das Ersuchen, wenn es das Grundbuchamt binden soll, nicht erkennbar abweichen. Wäre somit dem Grundbuchamte aus dem Ersuchen selbst bekannt, daß der Zuschlag einem andern erteilt worden wäre, als dem im Ersuchen als einzutragender Ersteher Aufgeführten, so müßte es das Ersuchen zurückweisen. Hätte beispielsweise der Ersteher nach Rechtskraft des Zuschlags mit einem Dritten vor dem Vollstreckungsgericht, etwa im Teilungstermin, einen Eigentumsübertragungsvertrag geschlossen, so würde das daraufhin ergehende Ersuchen um Eintragung des Dritten als Eigentümers zurückzuweisen sein. Denn das Vollstreckungsgericht ist im Zweifel nicht befugt, Geschäften der freiwilligen Gerichtsbarkeit zur Eintragung ins Grundbuch zu verhelfen, und das Grundbuchamt hat nur einem innerhalb der Zuständigkeit des Vollstreckungsgerichts ergehenden Ersuchen Folge zu leisten (s. o.). Grundlage der Eintragung von Sicherungshypotheken gegen den Ersteher ist die im Verteilungsverfahren erfolgte Übertragung von Forderungen an ihn. Daher ist für das Grundbuchamt nur ein mit der Übertragung übereinstimmendes Ersuchen bindend; ein auf andere Grundlagen gestütztes Ersuchen würde es zurückweisen müssen, da die Durchführung rechtsgeschäftlicher Akte nicht im Rahmen der amtspflichtmäßigen Tätigkeit des Vollstreckungsgerichts liegt. Soweit das Vollstreckungsgericht rechtsgeschäftliche Vorgänge zu beachten hat, ist dies durch besondere Gesetzesbestimmungen vorgesehen; so im Falle der Vereinbarung des Bestehenbleibens eines durch den Zuschlag erloschenen Rechtes (§ 91,2 ZVG.). Dasselbe gilt für Fälle, wo Rechte ohne Einfluß der Vollstreckung wegfallen (§ 130,2 ZVG.). Diese Vorschriften sind aber Ausnahmevorschriften, die dem Zwecke dienen, das alsbaldige Notwendigwerden von Berichtigungen möglichst zu vermeiden. Es darf daher der Gedanke des Gesetzes nicht über diese Fälle hinaus ausgedehnt werden, und es müssen für unsern Fall ähnliche Grundsätze gelten, wie sie für den Erbscheinsrichter maßgeblich sind, wenn ein Erbteil nachmals veräußert worden ist (ZBlFG. 8, 320 und Verw.).

Aus dem Gesagten ergibt sich weiter, daß der Vollstreckungsrichter auch nicht befugt ist, Parteierklärungen, die über den gekennzeichneten Rahmen hinausgehen, aufzunehmen und dem Grundbuchamt außerhalb des Ersuchens des § 130 ZVG. zu übermitteln.[1] Ein solches Verfahren mag seine praktischen Vorteile haben; das ändert aber nichts daran, daß der Vollstreckungsrichter damit die ihm hinsichtlich der Berücksichtigung von Parteiverfügungen gezogenen Grenzen überschreitet und sich der weitergehenden Haftung des Beamten der freiwilligen Gerichtsbarkeit aussetzt. Überdies aber können solche vom Vollstreckungsrichter — etwa im Teilungstermin — aufgenommene Erklärungen nicht als ausreichende Eintragungsgrundlage gemäß § 29 GBO. dienen. Denn die als Eintragungsgrundlagen dienenden Erklärungen müssen zu Protokoll des Grundbuchamts — also nicht des Vollstreckungsgerichts — gegeben

[1] A. M. anscheinend Predari 555 oben.

oder durch öffentliche oder öffentlich beglaubigte Urkunden nachgewiesen werden (§ 29 GBO.). Von öffentlicher Beglaubigung kann bei Aufnahme einer Erklärung in das Protokoll des Versteigerungsrichters nicht wohl die Rede sein. Öffentliche Urkunden aber sind nach § 415 ZPO. solche, die von einer öffentlichen Behörde innerhalb der Grenzen ihrer Amtsbefugnisse in der vorgeschriebenen Form aufgenommen sind. Und oben ist dargetan, daß die Aufnahme grundbücherlicher Erklärungen der Privatbeteiligten, soweit sie nicht in dem Ersuchen des Vollstreckungsgerichts zu berücksichtigen sind, außerhalb des Rahmens der Befugnisse des Vollstreckungsrichters fällt. Derselbe Grundsatz muß für die bloße Übermittelung formrichtiger Grundbucherklärungen durch den Versteigerungsrichter gelten. Dem Grundbuchamte muß es freilich gleichgültig sein, auf welchem Wege formrichtige Urkunden bei ihm eingehen; aber der Vollstreckungsrichter überschreitet durch ihre Übermittelung seine Amtsbefugnisse und setzt sich damit ohne Zwang einer Verantwortlichkeit für den richtigen Eingang der Urkunden aus.[1] Für die Richtigkeit der hier vertretenen Ansicht spricht wohl auch, daß die Aufnahme von Grundbucherklärungen, soweit sie in Art. 142 EGBGB erwähnt sind, immer nur bestimmten Organen der Rechtspflege durch Reichs- oder Landesgesetz zugewiesen ist, zu denen die Zwangsversteigerungsgerichte nicht gehören.

[1] Insoweit dürfte den Entscheidungen des Kammergerichts RJA. III, 48, II, 184, die beide die Aufnahme und Übermittelung solcher Erklärungen als zulässig behandeln, nicht beizupflichten sein.

Über die Grundlagen der Bilanzwerte.

Von

Dr. Rudolf Fischer,
Rechtsanwalt.

Motto: Der Zweck ist der Schöpfer
des ganzen Rechts.

I. Der retrospektive Zweck der Bilanz, die Erfolgsberechnung.

§ 1. Ist es möglich, die Bilanzwerte auf die allgemeinen Sätze einer Bewertungstheorie zurückzuführen?

Jeder, der sich, ohne bisher die kaufmännische Sitte und ihre Ursachen gekannt zu haben, zum ersten Male mit den Werten des kaufmännischen Geschäftsvermögens beschäftigt, wie sie durch die Bilanz dargestellt werden, wird sich der Wahrnehmung nicht entziehen können: diese Werte weisen zweifellos einen engen Zusammenhang mit der Buchführung auf. Das wird bereits bei den Halb- und Ganzfabrikaten offenbar, die mit den Anschaffungskosten des Rohmaterials sowie den Kosten des bisher daran stattgefundenen Produktionsprozesses, also vor allem den Löhnen, eingesetzt werden, und das tritt wenn möglich noch augenfälliger bei den sog. Anlagewerten, d. h. bei Maschinen, Baulichkeiten, totem wie lebendem Inventar, in die Erscheinung. Diese Objekte werden nämlich höchstens zu den Anschaffungskosten eingestellt, und auch das nur vielleicht am Ende des ersten, des Anschaffungsjahres, während sie in den Bilanzen der Folgejahre (wenigstens wenn man von umfangreichen Reparaturen absieht) mit einem sich stetig mindernden Reste der Anschaffungskosten figurieren.

Woher stammt diese Sitte und wie ist sie zu erklären?

Man kann sich sehr kurz mit den Bilanzwerten abfinden und sagen: die Kaufleute kämen über die von der Buchführung gegebenen Ziffern nicht hinaus und nicht davon los, weil sie sich zu sehr unter dem formellen Zwange der Buchführung fühlten, von dem sie sich nicht zu befreien vermöchten. Oder man bringt wohl gar vor, die Kaufleute wären zu bequem, um die Wertmomente, die für das einzelne Vermögensobjekt in Betracht zu ziehen wären, eingehend zu würdigen.

Doch so schnell dürfte sich schwerlich die Grundlage einer kaufmännischen Gepflogenheit abtun lassen, deren schwerwiegende Bedeutung keiner Erläuterung bedarf. Deshalb nehmen auch diejenigen Autoren, die in Deutschland und Österreich mit Recht als die Führer der bilanziellen Literatur angesehen werden, nämlich Simon und Reisch-Kreibig, einen dem eben bezeichneten gerade entgegengesetzten Standpunkt ein.

Simon bekämpft auf das nachdrücklichste die bis dahin in der juristischen Literatur anschließend an § 40 HGB. (Art. 31 A. D. HGB.) herrschende Theorie vom objektiven Werte und stellt ihr die Theorie vom individuellen Werte entgegen. Danach soll jedem einzelnen Vermögensstück innerhalb der vom Geschäftsvermögen gebildeten Vermögensgesamtheit und mit Rücksicht auf die Person des Geschäftsinhabers ein besonderer Wert zukommen, der, je nachdem es sich um eine zum dauernden Gebrauche oder um eine zur Veräußerung bestimmte Sache handelt, der individuelle Gebrauchs- oder Veräußerungswert sein soll; zu vergl. Simon S. 303 ff.; 360 ff.; 408; 472.

Ganz ähnlich gehen Reisch-Kreibig in ihrem Werke I S. 311 ff. von allgemeinen Erörterungen über das Wesen des Wertes aus und erblicken in den Sätzen der Nationalökonomie als der die allgemeine Wirtschaftslehre enthaltenden Wissenschaft das Fundament der Bilanzwerte, „da es doch von vornherein klar sein muß, daß die unmittelbar dem wirtschaftlichen Leben dienende Buchführung keinen anderen Bewertungsgrundsätzen folgen kann, als jenen, welche die Nationalökonomie aus der Beobachtung eben dieses wirtschaftlichen Lebens abgeleitet und welche die Jurisprudenz (gemeint ist Art. 31 A. D. HGB.) für die Regelung der wirtschaftlichen Beziehungen als richtig anerkannt hat" Reisch-Kreibig I S. 332. Nur wollen diese Autoren die allgemeinen Sätze der Nationalökonomie durch kaufmännische Gepflogenheiten zwar im einzelnen abgeändert, das Prinzip jedoch stets gewahrt wissen.

Die Unmöglichkeit, die Bilanzwerte als den Ausfluß eines allgemein gültigen Wertproblems anzusehen, ergibt sich ohne weiteres aus zwei kurzen Beispielen. Der Fabrikant A. stellt genau dieselben Waren, wie der Fabrikant B. her, nur belaufen sich die Löhne des in einer anderen Gegend domizilierenden A. um ungefähr 10 Prozent höher, als die von B. Infolgedessen nimmt A. bei Aufstellung seiner Bilanz seine den Produkten des B. in der Qualität ganz gleichstehenden Waren um die Differenz der Löhne höher an, als B. Und ferner, A. kauft genau dieselbe Maschine, wie sein Konkurrent B. von derselben Maschinenfabrik. Nur kauft B. zwei Monate später und zahlt infolge besonderer Umstände (z. B. die Maschinenfabrik ist in dringende Geldnot geraten) 8000 Mark für die Maschine, die A. mit 10000 Mark bezahlt hatte. Dann sehen wir, daß in den am 31. Dezember errichteten Bilanzen der beiden Industriellen die Maschine des A. mit 10000 und die des B. mit 8000 Mark angeführt wird.

Die Art, wie in beiden Fällen die an sich völlig gleichwertigen Waren und Anlagegegenstände bilanziell völlig verschieden behandelt werden, sowie der Umstand, daß dabei der allerengste Anschluß an die Zahlen der Buchführung festzustellen ist, läßt es schlechterdings ausgeschlossen erscheinen, den Bilanzwerten eine allgemeine Theorie über den Wert als Grundlage zu geben, mag es nun die Theorie vom objektiven oder vom individuellen Werte sein.

Der Irrtum, unter dessen Einwirkung sowohl Simon wie Reisch-Kreibig gestanden haben, als sie Wertprinzipien allgemeiner Natur ohne weiteres auf die Bilanzwerte der Kaufleute für anwendbar erklärten, ist unschwer zu erkennen. Auf der einen Seite sind diese Schriftsteller völlig von der Richtigkeit der Bilanzwerte durchdrungen. Auf der anderen Seite sind sie nicht minder von der Wahrheit der Lehren überzeugt, die auf allgemeinen wissenschaftlichen Untersuchungen über den Wert der Güter beruhen. Folglich, so lautet ihr, übrigens ja von Reisch-Kreibig direkt ausgesprochener Schluß, müssen die Bewertungsmaximen, da sie beide richtig sind, hier wie dort die gleichen sein. Das ist aber augenscheinlich ein Scheinschluß, weil eine petitio principii. Denn die Richtigkeit der Bilanzwerte als thema probandum vorläufig dahingestellt: sie braucht jedenfalls mit der Richtigkeit der Resultate, zu denen man bei einer allgemeinen Betrachtung der Güterwerte gelangt, nicht das mindeste gemein zu haben.

Nach alledem gewinnt es den Anschein, als ob diejenigen Recht behalten werden, die in den aus den Geschäftsbüchern in die Bilanz übertragenen Ziffern eben nur Ziffern, aber keine Werte sehen; die Bequemlichkeit, Unvermögen oder übergroßen Respekt der Kaufleute vor den Zahlen der Buchführung für die letzte Ursache der kaufmännischen Sitte halten und die schließlich folgerecht die Forderung aufstellen, daß diese Sitte verlassen und im Sinne einer wirklichen Bewertung verbessert werde.

Auch der Verfasser muß bekennen, daß er außerstande ist, irgend eine Erklärung für das Zustandekommen der Bilanzwerte als eigentlicher Werte zu geben; vielmehr will er die Entstehung der Bilanzwerte aus der Buchführung heraus und nur aus ihr erklären. Damit aber scheint seinem Vorhaben schon das Urteil gesprochen. Denn der kritische Leser wird bei einer Untersuchung der Werte des kaufmännischen Geschäftsvermögens a priori eine Methode ablehnen, die die Bilanzwerte als Produkte der Buchführung ansehen und als solche untersuchen will. Denn damit wird, so wird man meinen, ja eben nur die Richtigkeit der in Gestalt der Bilanz auftretenden Buchführungsziffern, aber nicht das mindeste für die Werteigenschaft der Vermögensobjekte bewiesen. Dieser Satz trifft nun allerdings zu. Aber vielleicht erhält er durch die nachfolgenden Ausführungen eine besondere Bedeutung und der Leser eine andere Ansicht über die Tragweite der Bewertungsfrage, wie er gegenwärtig hat.

§ 2. Die Erfolgsberechnung mit Einnahmen und Ausgaben.

Allgemein bekannt ist der Zweck der Bilanz, den Gewinn des Kaufmanns aus dem Handelsbetriebe festzustellen. Um zu verstehen, wie diese Aufgabe durch die Bilanz erfüllt wird, wird man nicht umhin können, sich mit gewissen Einzelheiten der Buchführungs- und Bilanztechnik vertraut zu machen. Ehe jedoch das fernerliegende Gebiet der kaufmännischen Buchführung betreten wird, dürfte es empfehlenswert sein, derjenigen Art der Ertragsberechnung etwas näher zu treten, die jedermann ohne besondere Vorkenntnisse beherrschen und begreifen kann, der Ertragsberechnung durch Gegenüberstellung von Einnahmen und Ausgaben.

Nach Vorschrift wohl aller Einkommensteuergesetze haben als Einkommensquellen Kapitalvermögen, Grundstücksvermögen, gewinnbringende Beschäftigung, sowie Handel und Gewerbe und als Erträgnis einer jeden Quelle hat das zu gelten, was von den daraus fließenden Einnahmen übrig bleibt, wenn man von der Summe der Einnahmen die auf der Quelle lastenden Ausgaben abzieht; also z. B. von den Einnahmen aus einem Zinshause die Zinsen der auf dem Grundstücke lastenden Hypotheken und die Kosten der Hausverwaltung oder von den Einnahmen eines Anwaltes die Miete für die Bureauräumlichkeiten und die Gehälter der Angestellten. Natürlich hat die Verminderung der

Einnahmen um Ausgaben dann zu unterbleiben, wenn überhaupt keine mit den Einnahmen im wirtschaftlichen Zusammenhange stehende Ausgaben vorhanden sind, was beispielsweise bei dem Gehalte von Beamten der Fall ist. Aber überall da, wo solche Ausgaben in Betracht kommen, wird die Methode angewendet, den Überschuß der Einnahmen über die betreffenden Ausgaben als Reinerträgnis anzuführen. Dies wird von Fuisting I S. 193, Maatz S. 109ff und von Wilmowski S. 33 für die preußische Einkommensteuer bezeugt; ja in § 165 des österreich. Personaleinkommensteuergesetzes wird die Berechnung des Einkommens in Form der Gegenüberstellung von Einnahmen und Ausgaben für alle nach der allgemeinen Erwerbsteuer Steuerpflichtige expressis verbis gefordert. Aber auch ohne besondere gesetzliche Bestimmung würden die Steuerpflichtigen in Österreich dem Willen des Gesetzes gemäß das Erträgnis mittels Einnahmen und Ausgaben darstellen, ebenso wie sie es in allen anderen Staaten tun, die eine Besteuerung des Einkommens eingeführt haben. Diese Methode ist eben die von selbst gegebene, die natürliche und es wird hiernach der Eindruck hervorgerufen, als ob die Berechnung des Erträgnisses auf Grund von Einnahmen und Ausgaben die Ertragsberechnung κατ᾽ ἐξοχήν, die Ertragsberechnung, sei.

Darüber jedoch, daß sie dies nicht ist und nicht sein kann, wird man durch einen Blick in die Literatur und Judikatur vornehmlich des preuß. Einkommensteuergesetzes belehrt. Daraus ist nämlich zu entnehmen, daß an gewissen Stellen die Einkommensberechnung auf der Basis von Einnahmen und Ausgaben zu einer wahren crux computationis wird. Charakteristisch sind nun diejenigen Stellen, wo diese Beobachtung zu machen ist, nämlich bei der Berechnung des Geschäftseinkommens der Minderkaufleute. Hier sei die Bemerkung eingeschaltet: Wie in jedem modernen Einkommensteuergesetze, so ist auch im preußischen zwar den Vollkaufleuten die Berechnung des Geschäftserträgnisses auf Grund einer ordnungsmäßig errichteten Bilanz nachgelassen, aber andererseits auch nur ihnen. Infolgedessen haben und zwar nicht allein in Preußen, sondern auch in Österreich, Sachsen und in sämtlichen anderen Staaten die Minderkaufleute für die Zwecke der Einkommenbesteuerung den Gewinn aus ihren Geschäften gleich allen anderen Steuerpflichtigen, d. h. in Gestalt der Einnahmen und Ausgaben, darzulegen.

Eine klare Vorstellung davon, was diese Vorschrift bedeutet und zu welchen Konsequenzen sie führt, dürfte man auf Grund folgender Erwägungen erhalten: die Ertragsberechnung mittels Einnahmen und Ausgaben ist nur insoweit richtig, als die in der betreffenden Rechnungsperiode (Rechnungsjahr) eingekauften und bezahlten Waren noch innerhalb derselben Periode weiterverkauft und bezahlt worden sind. Sie stimmt also nicht und kann nicht stimmen:

1. Wenn zwar innerhalb derselben Rechnungsperiode Waren gekauft und bezahlt, aber bei Schluß des Rechnungsjahres noch nicht weiterverkauft worden sind. Denn dann sind Ausgaben vorhanden, für die ein Vermögensäquivalent, nämlich ein solches in Waren, erlangt worden ist. Dieses kommt jedoch in den Einnahmen nicht zum Ausdruck.

2. Wenn die innerhalb derselben Rechnungsperiode gekauften und bezahlten Waren vom Geschäftsinhaber auf Kredit weiterverkauft, aber vom Kunden zur Zeit der Rechnungsaufstellung noch nicht bezahlt worden sind. Denn dann stehen den Ausgaben, die doch eine Verminderung des Erträgnisses bedeuten, nicht diejenigen Vermögenszunahmen gegenüber, die der Geschäftsinhaber in Gestalt von Warenforderungen erlangt hat.

3. Wenn zu Beginn der laufenden Rechnungsperiode Waren vorhanden gewesen sind, die vom Geschäftsinhaber bereits in der voraufgehenden Periode gekauft und bezahlt worden waren. Denn dann fallen zwar die Einnahmen aus dem Weiterverkauf in das laufende Jahr, nicht aber die damit korrespondierenden Ausgaben für den Einkauf.

4. Wenn innerhalb derselben Rechnungsperiode Waren auf Kredit gekauft und gegen bar weiterverkauft worden sind, ohne daß der Geschäftsinhaber zur Zeit des Rechnungsabschlusses seine Warenschuld beglichen hatte. Denn dann steht ebenfalls den Einnahmen, die doch eine Zunahme des Erträgnisses bedeuten, nicht die Warenschuld gegenüber, die der Geschäftsinhaber eingegangen ist und die eine Minderung seines Vermögens bedeutet.

5. Wenn Geldkredit gewährt oder genommen wird. Leiht der Geschäftsinhaber Gelder aus, so bedeutet das an sich eine Ausgabe. Wenn das in dem einen Jahre als Darlehn hinausgegangene Geld vom Schuldner in einem folgenden Rechnungsjahr zurückbezahlt wird, so müssen die Ausgaben des einen und die Einnahmen des anderen Jahres einen ganz falschen Eindruck von dem wirklichen Erträgnisse hervorrufen. Soll nun der Geschäftsinhaber deswegen das Geld überhaupt nicht, weder unter den Ausgaben noch unter den Einnahmen, buchen,

selbst dann nicht, wenn es der Geschäftskasse entnommen worden ist und später dahin zurückgelangt? Bedenken ähnlicher Art entstehen bei Aufnahme eines Darlehns, das in die Geschäftskasse fließt.

Der Verfasser hat, so sehr er auch bemüht gewesen ist, sich weder selbst ein Bild davon machen, noch hat er in der Literatur eine Angabe darüber finden können, wie in Form der Einnahmen und Ausgaben ein mit den geschäftlichen Zwecken eines Minderkaufmanns zusammenhängendes Darlehn, sei es, daß es gewährt oder genommen worden ist, darzustellen wäre, ohne daß die Ertragsberechnung versagt. Es dürfte deshalb anzunehmen sein, daß sich der Geldkredit in dem Rahmen der Einnahmen und Ausgaben überhaupt nicht unterbringen läßt.

Bei dem genommenen und gewährten Warenkredit stellt man künstlich durch Einfügen von Posten die Richtigkeit der zunächst falschen Ertragsberechnung am Ende des Rechnungsjahres her. Eine ausführliche Beschreibung hiervon gibt Maatz S. 112—120; zu vgl. ferner Fuisting I S. 190ff., der die einschlagende Judikatur des OVG. anführt.

Der Modus ist folgender:

Man setzt in den Fällen unter 1. und 2. den Einnahmen die Beträge, und zwar unter 1. der gekauften und unter 2. der verkauften Waren hinzu. Statt dessen kann man sie, was zu demselben Resultate führt, auch von den Ausgaben absetzen.

In den Fällen unter 3. und 4. werden umgekehrt die Beträge der betreffenden Waren von den Einnahmen abgesetzt. Oder man zählt sie den Ausgaben hinzu, da ja auch diese Operation die gleiche Wirkung hat.

Alle die Korrekturen, denen die Methode der Einnahmen und Ausgaben unterworfen werden muß, dieses fortgesetzte Einfügen von Posten, das am ehesten die Bezeichnung des Hineinzwängens und -pressens fremdartiger Elemente in das Einnahme- und Ausgabesystem verdient, untergräbt fortgesetzt dessen Fundament. Aber je mehr es geschieht, um so mehr treten, jedem Kenner sichtbar, die Umrisse einer Rechnungsmethode hervor, bei der man sich nicht stets Rechenschaft darüber abzulegen braucht, ob das Resultat auch stimmt und wie bei erkannter Unrichtigkeit das gestörte Gleichgewicht herzustellen ist, eine Methode, bei der das immerwährende Tasten, Suchen und Wägen unterbleibt, weil sie von selbst die richtigen Erfolgsziffern liefert und die von selbst die Balance hält und die man deshalb mit Recht die Methode der Balance nennt: die kaufmännische Bilanz.

§ 3. Die Bilanz ist die Erfolgsberechnung für den Kaufmann.

Daß die Methode der Einnahmen und Ausgaben bei der Berechnung des Einkommens der Minderkaufleute sich weder leicht handhaben, noch übersehen läßt, wird man schon inne, wenn man die Ausführungen bei Fuisting I S. 190ff. nachliest. Welche Bedenken und Hindernisse der Verwendbarkeit dieser Methode in der Praxis entgegenstehen, wird aber besonders anschaulich von Maatz S. 112—120 an einem mit Einnahmen und Ausgaben durchgeführten Falle geschildert. Bereits die Verhältnisse einfachster Art, die Maatz hier vorführt (es handelt sich um einen kleinen Handwerker), geben Anlaß zu eingehenden Erörterungen, wie diese Verhältnisse rechnerisch zu behandeln sind, um das richtige Resultat für das Einkommen zu erhalten.

Maatz hat, wie gesagt, der Anschaulichkeit halber auf einen Fall abgestellt, wie er sich wohl einfacher nicht denken läßt. Sowie man den konkreten Fall nur einigermaßen anders gestaltet, müssen die Schwierigkeiten in außerordentlichem Maße wachsen. So kann das Endergebnis der Einnahmen und Ausgaben bei einheitlich eingekauften und in Teilposten weiterverkauften Waren doch erst dann korrigiert werden, nachdem das betreffende Quotenverhältnis ermittelt worden ist. Und dieses festzustellen dürfte namentlich, wenn man Waren im Auge hat, die als Teilposten aus dem Vor- in das laufende Jahr übernommen worden sind, in der Regel sehr schwer und öfter gar nicht möglich sein.

Da also bereits bei Minderkaufleuten die Erträgnisberechnung mit Einnahmen und Ausgaben nur unter recht beträchtlichen Schwierigkeiten aufrecht zu erhalten ist, so ist erwiesen: bei Vollkaufleuten müßte diese Art der Erträgnisberechnung ein Unding, eine Unmöglichkeit sein, sie würde hier einen völligen Zusammenbruch erleiden. Das ist auch der Grund, weshalb die modernen Einkommensteuergesetze, am frühesten wohl das sächsische vom Jahre 1874, für die Vollkaufleute die bilanzmäßige Rechnung als die allein mögliche zugelassen haben.

Wenn aber der Vollkaufmann für die Zwecke der Einkommensteuer nicht ohne Bilanz auskommen kann, dann kann er auch sonst nicht ohne sie auskommen. Denn in der Beziehung, daß der Vollkaufmann für seine privaten Zwecke, nämlich für die finanzielle Leitung seines Geschäfts, der Berechnung seines geschäftlichen Erfolges unbedingt bedarf, genügt es schon, an den Jahrhunderte alten Brauch der Kaufleute zu erinnern, einmal alljährlich ihren Erfolg genau zu berechnen. Ausführlich hierüber unten § 9.

Deshalb übertreibt man keineswegs, wenn man den Satz aufstellt: Wenn die kaufmännische Erfolgsberechnung und ihre Grundlage, die kaufmännische Buchführung, nicht schon bekannt wären, so müßten sie erfunden, besser wohl gefunden werden: die Unentbehrlichkeit einer richtigen Erfolgsberechnung einer- und die Möglichkeit andererseits, sie methodisch richtig allein in einer Art vorzunehmen, würde den Kaufmann bald zu dem hindrängen und -zwingen was man die kaufmännische Buchführung und Bilanz nennt. Auch dürfte man bei dem Suchen nach ihr durchaus nicht auf unüberwindliche Hindernisse stoßen. Wird doch der Weg durch die Fehler und Mängel, die der Methode der Einnahmen und Ausgaben anhaften, ziemlich deutlich gewiesen. Wer in diesem Punkte klar sieht, wird auf Grund verhältnismäßig einfacher Ideengänge imstande sein, die maßgebenden Prinzipien festzustellen. Und hat man einmal diese, so ist ihre Verwirklichung eine Aufgabe, deren Lösung nicht mehr lange auf sich warten lassen dürfte.

In erster Linie gilt es daher, den Ursachen für die Unbrauchbarkeit der Einnahmen- und Ausgabenmethode für Kaufleute nachzugehen. Der Fall bei Maatz S. 112—120 zeigt offen an und Maatz spricht es auch mehrfach aus: Ein Kaufmann, der Geldeinnahmen und Geldausgaben aufzeichnet und allein nur diese, der sich nicht regelmäßig auch das aufnotiert, was er an Waren gegen Kredit entnommen und was er daraufhin bezahlt hat, sowie ferner, was er selbst an seine Kunden gegen Kredit abgegeben und was er sodann von ihnen bezahlt erhalten hat, kann doch auch nicht in der Endrechnung die dann noch unbezahlten Beträge für die entnommenen wie für die gelieferten Waren anführen. Und doch ist dies, zu vgl. § 2, unerläßlich, sofern das wirtschaftliche Fazit in Ordnung gehen soll.

Der Nachteil der Einnahmen- und Ausgabenmethode besteht demnach vor allem darin, daß die aktiv wie passiv kreditierten Beträge sich in diese Methode nicht einfügen. Das gilt schon für die Beträge des Waren- und in noch erhöhtem Maße für die Beträge des Geldkredits. Das Unzutreffende der Einnahmen und Ausgaben in dieser Beziehung wird übrigens durch den in allen Einkommensteuergesetzen wiederkehrenden Satz charakterisiert, daß bezahlte Schulden nicht das Einkommen mindern und deshalb nicht unter den Ausgaben aufgeführt werden dürfen, ebensowenig wie bei Inanspruchnahme von Kredit die in das Vermögen des Geschäftsinhabers gelangenden Beträge dessen wirkliches Einkommen vermehren, da sich ja sein Vermögen um die eingegangene Verbindlichkeit mindert.

Damit wird ein weiterer Mißstand berührt: Wenn der Kaufmann Mieten oder Gehälter bezahlt, so mögen die im System der Einnahmen und Ausgaben als Ausgaben gebuchten Beträge sich wirtschaftlich mit einer stattgefundenen Abminderung des Geschäftsvermögens decken. Aber wenn Waren gekauft und bar bezahlt werden, so ist doch die Aufzeichnung allein des aufgewendeten Kaufpreises und nicht auch des erlangten Gegenwertes eine offenbare Unrichtigkeit. Nicht minder schief ist das Bild, das sich ergibt, wenn Waren auf Grund eines Barverkaufes hinausgehen: der Geschäftsinhaber notiert ja allein den empfangenen Kaufpreis als Einnahme, aber nicht auch das, was er seinerseits leistet und um was er doch sein Geschäftsvermögen offensichtlich vermindert. Insofern gibt die Einnahmen- und Ausgabenmethode die das Geschäftsvermögen betreffenden Vorgänge ganz entstellt wieder und das Erträgnis des Geschäftsjahres mit Hilfe einer solchen Rechnung ermitteln zu wollen, wird keinem Denkenden in den Sinn kommen.

Wir sehen also, das ziffernmäßige Resultat der Einnahmen und Ausgaben stimmt mit dem wirtschaftlichen Ertrage um deswillen nicht, weil das System dieser Rechnung Faktoren nicht enthält und nicht enthalten kann, die schon bei Eintritt eines wirtschaftlichen Ereignisses dieses in ziffernmäßiger Kongruenz wiedergeben. Deshalb ist für die Zwecke einer zutreffenden Erfolgsberechnung an Stelle der Rechnungsart der Einnahmen und Ausgaben eine solche zu setzen, die diese Ereignisse schon bei ihrem Eintritte zum Ausdrucke bringt und sie von da ab festhält, so daß sie auch im Endresultate der Rechnung wiederkehren.

Diese Forderung macht sich um so dringlicher geltend, als ja das kaufmännische Geschäftsvermögen (wenn man von den in den Anlagegegenständen investierten Beträgen absieht) in einem fortgesetzten Flusse begriffen ist: die einzelnen Teile gehen unaufhörlich ineinander über und wechseln stetig ihre Formen. Dies wird sehr gut in der von Fuisting, III S. 138 angeführten Entscheidung des OVG. mit folgenden Worten geschildert: „In den gewerblichen Betrieben wechselt die Form, unter welcher das in denselben verwendete Kapital in die äußere Erscheinung tritt, unaufhörlich, bei dem umlaufenden noch schneller, als bei dem

Anlagekapital; was gestern in Betriebsmitteln und Vorräten angelegt war, besteht teilweise heute in Produkten und morgen in Bargeld oder Forderungen, so daß gestern — bei größerem Bestande an Betriebsmitteln und Produkten — die laufenden Schulden den Bestand an Bargeld und Forderungen überwogen und Kredit beansprucht worden ist, morgen aber — bei geringeren Betriebsmitteln und Produkten — der Barbestand überwiegt und durch Kreditgewährung nutzbar zu machen ist. Nur der Wert des gesamten verwendeten Kapitals ist bleibend; er soll nicht nur erhalten, sondern eben durch den Betrieb vermehrt werden."

Diesen immerwährenden Kreislauf zwischen eigenem und fremdem Vermögen ziffernmäßig zu fixieren, fortgesetzt evident zu halten, wie groß die dem Geschäftsinhaber von anderen, sei es in Waren sei es in Geld, überlassenen Mittel sind, und dann, wo sie verblieben sind; aber nicht allein, in welchem Umfange sich das Geschäftsvermögen aus fremden Mitteln zusammensetzt, sondern vor allem auch, wie groß die bei normalem Geschäftsgang sich ja stetig mehrenden eigenen Mittel sind, und wie groß diese Zunahme im letzten Geschäftsjahre, d. h. wie groß dessen Gewinn ist — alles dies auch nur einigermaßen richtig wiederzugeben, übersteigt völlig das Vermögen der Einnahmen- und Ausgabenmethode. Und für diese Aufgabe, dafür, sie in möglichst großer Vollkommenheit zu lösen, ist das System der kaufmännischen Buchführung eingerichtet und ausgebildet worden.

Dem Zwecke der Erfolgsberechnung wird schon durch die sogen. einfache Buchführung und ihre Bilanz, wenigstens bei nicht sehr umfangreichen und nicht komplizierten Betrieben, durchaus genügt. In noch höherer und nicht zu überbietender Weise geschieht das durch die doppelte Buchführung und ihre Bilanz.

Wie die einfache und doppelte Buchführung nebst ihren Bilanzen im einzelnen beschaffen sind, kann und soll nicht in diesem Aufsatze beschrieben werden. Es wird in dieser Beziehung auf die äußerst reichhaltige und zum Teile vorzügliche Fachliteratur verwiesen[1]. An dieser Stelle sollten und konnten nur die allgemeinen Richtungslinien für die Konstruktion des Buchführungssystems dargestellt werden: der Handels-

[1] An führenden Werken seien genannt: Hügli, Buchhaltungsstudien; Schär-Langenscheidt, Buchhaltung (Kursus I des Lehrganges der gesamten praktischen Handelswissenschaften); Schiebe-Odermann, Die Lehre von der Buchhaltung; Beigel, Buchführungsrecht Bd. 1 und 2; Stern, Buchhaltungslexikon; ferner die Zeitschrift für Buchhaltung, herausgegeben von Belohlawek.

verkehr verlangte unbedingt nach einer einwandfreien Ertragsberechnung, dieses Verkehrsbedürfnis war allein durch ein in ganz bestimmter Richtung anzulegendes und auszubauendes System zu befriedigen und das Verkehrsbedürfnis zeichnete insofern die Linien des Systems erkennbar vor. Und die Überzeugung zu erwecken, daß die dem Verlangen des Verkehrs gerecht werdende Methode der Erfolgsberechnung in ihren Grundlagen so und nicht anders sein kann, wie sie ist, ist das Ziel dieser Ausführungen. Denn wenn es erreicht ist, so dürfte der Leser auch die Überzeugung mit hinwegnehmen, daß das auf diesen Grundlagen aufgeführte System der Erfolgsberechnung so und nicht anders sein kann, wie es ist, selbst wenn der Leser es im einzelnen nicht kennt. Deshalb dürfte er auch ohne Kenntnisse der Buchführungs- und Bilanztechnik die Bilanzposten der kaufmännischen Praxis vielleicht anders wie zuvor beurteilen: Während sie ihm früher als die Ziffern einer ihm wenig oder gar nichts sagenden Rechnungsweise erschienen sind, so werden sie ihm jetzt hoffentlich die Ziffern der allein richtigen und deshalb der Erfolgsberechnung der Kaufleute bedeuten, Ziffern, die man infolgedessen nicht ohne Gefährdung des ganzen Systems nach Belieben herauf- oder heruntersetzen darf und, die nach eigenem Gutdünken abändern, soviel heißt, wie das durch Jahrhunderte erprobte System der kaufmännischen Erfolgsberechnung umstürzen, kurz, daß eine selbständige und darum die Buchführungsziffern nicht achtende Bewertungsmethode den Untergang der allein richtigen Methode der Erfolgsberechnung nach sich zieht.

Aber selbst wenn solche Leser, denen bisher nicht die geringsten Zweifel darüber beigegangen sind, daß die Bilanzwerte selbständig festzustellen wären, wenigstens etwas in ihrer Meinung erschüttert worden wären, so würde dies dem Verfasser vorläufig genügen. Denn die Betreffenden dürften nach Kenntnisnahme der Ausführungen in den §§ 4 bis 8 sich schwerlich noch der Ansicht verschließen, daß sich die kaufmännische Bilanz richtig nur auf der Basis der Selbstkosten, wie sie in den Geschäftsbüchern enthalten sind, feststellen läßt.

In diesem Zusammenhange möchte der Verfasser nicht unterlassen, auf ein Moment hinzuweisen. Wie so oft[1], so dürfte auch hier auf die falsche Ideenverbindung des Fernerstehenden der Sprachgebrauch erheblich

---

[1] Siehe unten § 7 sowie Fischer S. 193 ff., 264 ff. u. 299 ff.

eingewirkt haben: Die Eingeweihten verbinden mit bestimmten Worten ganz bestimmte Begriffe; diese sind dem Laien fremd und er legt dem Worte nicht die spezielle, sondern die allgemeine Bedeutung unter: Die kaufmännische Buchführung wird, offenbar i. Gegensatz zur Methode der Einnahmen und Ausgaben, die eine derartige Rechnung nicht ist, eine Rechnung der Bestände oder auch des Vermögens und seiner Teile genannt. Das ist nun die Bilanz ohne Zweifel. Aber man darf dann diese Ausdrücke auch nur cum grano salis, nämlich so auffassen, wie die Kaufleute sie verstehen und allein verstehen können, nämlich als eine Vermögensaufstellung auf der Grundlage und im Rahmen der Buchführung, die mit ihren Bestandsaufzeichnungen die Grundlage für die Bilanz liefert; aber nicht entfernt als eine Vermögensaufstellung, bei der die einzelnen Vermögensteile eine selbständige, d. h. von der Buchführung losgelöste Existenz führten und auf die der Maßstab einer Werttheorie Anwendung zu finden hätte.

Der Kaufmann hält sich und muß sich bei den Beständen halten an die Ziffern der Buchführung, wenn er die Bestände, wenn er die Teile seines Geschäftsvermögens in die spezifisch-kaufmännische Vermögensaufstellung aufnimmt. Dieser sehr wesentliche Umstand wird aber gerade seiner Bedeutung in den Augen desjenigen, der der Praxis nicht kundig ist, durch die Werttheorie Simons völlig und durch diejenige von Reisch-Kreibig erheblich entkleidet. Allerdings modifizieren Reisch-Kreibig, Meister auf dem Gebiete der Buchführungs- und Bilanztechnik, ihre Werttheorie insofern, als auch sie den Bilanzwerten im Prinzip die obere Grenze mit den Selbstkosten ziehen. Aber indem sie die Werttheorie geflissentlich voranstellen und das Erscheinen der Selbstkosten in der Bilanz mit einer allgemeinen Werttheorie verteidigen, um nicht zu sagen, entschuldigen, verrücken sie den Gesichtspunkt völlig und setzen den Unkundigen in Verwirrung. Denn dieser vermag sich nicht zu erklären, warum die Ziffern der Buchführung in so auffallendem Maße in der Bilanz fortbestehen, warum die Bilanzwerte von dem Gesetze der Buchführungs- oder, was dasselbe ist, der Selbstkostenziffern beherrscht werden. An erster Stelle in die Wissenschaft dieser Tatsache und ihrer Gründe eingeführt zu werden, tut aber für den Laien dringend not. Sonst fällt er nämlich regelmäßig dem verhängnisvollen Irrtum anheim, es stände ihm frei, sich bei Bilanzaufstellung über die ihm ohnehin nicht recht verständlichen Ziffern der Buchführung hinwegzusetzen und allein mit Hilfe irgendeiner Theorie einen Wert zu konstruieren, den er für den wahren und allgemein zutreffenden hält.

Am Ende stellt der Laie das sich selbst konstruierte Truggebilde den nach seiner Meinung völlig falschen Bilanzwerten entgegen und glaubt, diese so „korrigieren" zu dürfen.

Wenn der Laie jedoch in erster Linie darauf aufmerksam gemacht wird, daß es sich bei der Bilanz. um eine Erfolgsberechnung handelt, daß eine Erfolgsberechnung für den Kaufmann unentbehrlich ist und daß jede andere Methode als die bilanzielle versagt, so dürfte auch der der Praxis Fernstehende nicht umhin können, die durch die Buchführung gegebenen Selbstkostenziffern als die Ziffern der allein richtigen Erfolgsberechnung zu respektieren, und wird der Kontinuität der Buchführungs- in den Bilanzziffern das Zugeständnis eines Gesetzes nicht versagen.

Erst wenn im Leser die Überzeugung hinlänglich befestigt ist, daß das Fundament der Bilanz ein rechnungsmäßiges ist, wird es der Verfasser unternehmen, auf die wirtschaftlichen Momente näher einzugehen, die bei der Feststellung der Bilanzwerte zweifellos mitsprechen.

§ 4. Verhältnis der Inventur zur Bilanz.

Die Wurzel für den typischen Laienirrtum, die Feststellung der Bilanzwerte habe sich auf der Basis einer selbständigen Bewertung zu vollziehen, ist zweifellos in dem Verkennen des Zweckes der Inventur zu suchen. Denn wer die Wahrnehmung macht, wie sich in der Praxis anläßlich der Inventur wirtschaftliche Erwägungen, zum Teil in sehr erheblichem Umfange, geltend machen, und wer diese ziemlich schwer zu würdigende Wahrnehmung falsch einschätzt, wird gewöhnlich der Annahme zuneigen, die wirtschaftlichen Erwägungen ständen nicht auf dem Boden der Selbstkosten.

In Wirklichkeit ist aber der Zweck der Inventur allein der, den Umfang der Selbstkosten bei Gelegenheit der Anfertigung des Rechnungsabschlusses nachzuprüfen und zu kontrollieren. Nur dürfte dieser Akt seit Aufkommen der Sitte, daß der Kaufmann jährlich seine Erfolgsrechnung aufmacht, durch die nach und nach gesammelten und überlieferten Kenntnisse und Erfahrungen wirtschaftlicher Art eine Vertiefung und Ausbildung, nämlich im Sinne einer schärferen Fassung des Begriffes des Reinvermögens und Reingewinnes, und damit dürfte die Erfolgsrechnung eine erhebliche Verbesserung erfahren haben. Eben darum ist vor der höher- und weiterentwickelten jedenfalls die ursprüngliche, die erste Aufgabe der Inventur zum Gegenstande der Betrachtung zu machen. Die

Inventur hat von Anbeginn an die Aufgabe zu erfüllen gehabt und hat sie noch heute zu erfüllen, am Ende der Rechnungsperiode den Abgang von Beträgen, die im Laufe der Periode infolge eines außerhalb der Rechnungsführung liegenden und deshalb nicht verlautbarten Umstandes verloren gegangen waren, zu ermitteln, mit andern Worten, die unstimmig gewordene Kostenrechnung wieder stimmend zu machen.

Selbst dann nämlich, wenn die Bücher das Geschäftsjahr über durchaus ordnungsmäßig geführt worden sind, brauchen sie doch am Jahresende mit den tatsächlichen Verhältnissen nicht im Einklange zu stehen und sie werden auch tatsächlich oft nicht im Einklang stehen. Denn es ist zu bedenken: es können Waren, unbekannt wie, verloren oder sonst, z. B. durch innern Schwund, Leckage, abhanden gekommen sein; es können Waren beschädigt, gestohlen oder verdorben worden sein. Gelder, die nach der Buchführung in der Kasse vorhanden sein müßten, können fehlen. Ferner können Schuldner in schlechte Vermögensverhältnisse geraten und die betreffenden Außenstände können ganz oder teilweise als uneinbringlich anzusehen sein. Kurz, es können an den Beständen Abgänge stattgefunden haben, die von der Buchführung nicht registriert worden sind. Die Inventur hat nun solche, bisher bücherlich nicht verlautbarte Abgänge für die Buchführung zu konstatieren.

Wenn die Bücher in Ordnung gehalten werden sollen, so hat eine periodisch wiederkehrende Durchsicht der Bestände zu erfolgen. Sie ist also für die Aufrechterhaltung der Buchführung unerläßlich. Daher schreibt sich die später zum gesetzlichen Gebote erhobene Sitte der Kaufleute, in periodischen Zwischenräumen die Bestände und an ihnen die Richtigkeit der Buchführung nachzuprüfen. Zweckentsprechenderweise hat man die Inventur mit der ebenfalls periodisch aufzumachenden Erfolgsberechnung zusammengelegt, in der Art, daß die Inventur der Bilanz unmittelbar voranzugehen hat. Denn bei einem zeitlichen Abstand zwischen Inventur und Bilanz würden ja die unkontrollierten und deshalb möglicherweise falschen Ziffern der Bücher von der Erfolgsrechnung aufgenommen werden.

Demnach wird allerdings bei der Inventur an den Buchführungsziffern korrigiert. Aber doch nur insofern, als bisher unterlassen worden ist, eine bereits am Geschäftsvermögen stattgehabte Abminderung in den Büchern einzutragen, und als dadurch die Kostenziffern falsch ausgewiesen werden.

Das Wesen der Inventur ist niemals geändert, es ist, wie schon angedeutet, infolge der steigenden Erfahrungen der kaufmännischen Kreise durch Präzisierung des wirtschaftlichen Begriffes des Rohertrages immer schärfer herausgebildet worden. Deshalb kommt auch unter dem höheren Gesichtspunkte der Inventur, der von § 9 ab behandelt werden wird, auch nur eine erhöhte Abminderung der Selbstkosten, aber nicht entfernt ein Überschreiten dieser Kosten nach oben in Betracht. Deshalb wäre es auch ganz verfehlt, in dem der Buchführung dienenden Kontrollakt der Inventur den Akt einer selbständigen Bewertung zu erblicken: die Ziffern der Bilanz sind stets geblieben, was sie von jeher waren, die Ziffern der kaufmännischen Erfolgsaufstellung.

§ 5. Das Prinzipwidrige, das in dem Überschreiten des Selbstkostenpreises bei den zur Veräußerung bestimmten Sachen liegt.

Die unbedingte Notwendigkeit der Sitte, anläßlich der Inventur und Bilanz den Selbstkostenpreis der vorhandenen Bestände nicht zu überschreiten, dürfte durch die vorangegangenen Ausführungen im Prinzip genügend begründet und damit dürfte die opinio iuris et necessitatis für das Verhalten der Kaufleute hinlänglich dargetan sein.

Wohl aber könnten gerade bei den zur Veräußerung bestimmten Sachen die Anhänger des objektiven Wertes die alleinige Richtigkeit des Selbstkostenpreises von einer anderen Seite her, und zwar, wie es scheint, sehr wirksam bekämpfen, mit dem Anführen nämlich: Wenn auch vielfach, vorzüglich bei Gebrauchsgegenständen sowie bei Halb- und Ganzfabrikaten, das strikte Einhalten des Selbstkostenpreises zu beobachten wäre, so doch keineswegs bei den zur Zeit der Inventur aufzunehmenden Vorräten an Rohmaterialien und auch nicht bei Waren in reinen Verkaufsgeschäften; hier könnte ein konstanter Brauch der Kaufleute, sich in den Grenzen der Selbstkosten zu bewegen, nicht behauptet werden, da sie bei steigenden Konjunkturen Rohmaterialien und Waren unter einer, wenn auch nicht erheblichen, Steigerung des Selbstkostenpreises anzunehmen pflegten.

Daß Fälle dieser Art häufig genug vorkommen, soll ohne weiteres zugegeben werden. Aber sie dürften, wenigstens bei näherer Untersuchung, nicht sowohl als ein Argument gegen, als gerade für den allein zutreffenden Selbstkostenpreis zu verwerten sein.

Dabei möchte der Verfasser von der Schilderung eines persönlichen

Erlebnisses ausgehen, weil es mehr, als alle abstrakten Darlegungen vermöchten, die Ansichten der Kaufmannswelt in diesem Punkte kennzeichnet. Gelegentlich des Zusammentreffens mit den ihm bekannten Fabrikanten G. und Z. stellte der Verfasser die Frage, zu welchem Betrage sie ihre Rohmaterialien bei der Inventur einsetzten. Z. gab zur Antwort: niemals über den Fakturenpreis, einschließlich der Zoll- und Frachtspesen. G. hingegen äußerte: unter einem nicht bedeutenden Aufschlag zu diesen Spesen, sofern man sich zur Zeit der Inventur in einer ansteigenden Konjunktur befinde, aber keinesfalls so, daß der Tagespreis (es handelte sich um Rohmaterialien mit einem Marktpreise) erreicht würde. Auf die weitere Frage an G., wie er denn zu den höheren Beträgen, als den Selbstkosten käme, lautete die Erwiderung: weil ja das abgelaufene Jahr die Unkosten getragen hätte. Der Sinn dieser wenigen Worte geht, in das allgemein Verständliche übertragen, dahin: wenn seit der Anschaffung der Warenpreis gestiegen und sein alsbaldiger Rückgang nicht zu besorgen ist, dann dürfe man den Rahmen der Selbstkosten weiter, als es die strenge Regel zulasse, fassen; dann wäre es erlaubt, nach Verhältnis der bei der Inventur vorhandenen Warenbestände eine Quote der auf dem Geschäftsbetriebe lastenden Unkosten als Selbstkosten, als Gestehungskosten zu behandeln und unter diesem Gesichtspunkte zu aktivieren.

Aber das ist noch nicht alles. G. erklärte nämlich weiterhin: er würde bei dem Z.schen Betriebe genau so, wie Z. verfahren, und niemals über die Selbstkosten im engern Sinne hinausgehen, und Z. meinte seinerseits: er werde zwar stets im eigenen Betriebe die strenge Grenze einhalten, aber ein Überschreiten dieser Grenze wäre im G.schen Betriebe wohl statthaft. Woher kam diese Differenzierung? Einfach daher, daß Z. Inhaber einer Fabrik war, in der sehr große Posten Rohmaterial jahrelang lagern mußten[1], um verarbeitungsfähig zu werden, während G. sein Rohmaterial sogleich in Arbeit nehmen konnte. Folglich konnte auch allein im G.schen Betriebe und nicht auch in demjenigen von Z. ein Teil der Generalunkosten des abgelaufenen Jahres in das Vorrätekonto mit einbezogen werden: zwar wurde von G. das Prinzip der Selbstkosten verletzt, aber immerhin war das Verschieben der Selbstkostenrechnung mit deren praktischer Anwendung noch verträglich. Hingegen

[1] Man denke an Hölzer in Möbel- und Pianoforte-, sowie an Tabak in Tabakfabriken.

wäre die Selbstkostenrechnung von Grund auf zerstört worden, wenn Z. seine großen Bestände, und zwar nicht bloß aus dem Anschaffungsjahr in das nächste, sondern sogar in die weiterhin folgenden Rechnungsjahre zu einem anderen, als dem Selbstkostenpreise hätte übernehmen wollen.

Der Fall lehrt demnach: Einmal rechtfertigen die gestiegenen Warenpreise nach der Ansicht der Kaufleute nicht etwa unmittelbar, auf Grund einer selbständigen Bewertung, sondern erst mittelbar, nämlich unter dem Gesichtspunkte eines gegen die Regel verschobenen Selbstkostenwertes, das Einsetzen der Waren zu einem höheren, als dem Anschaffungspreise in der Bilanz. Zweitens: der Selbstkostenbegriff wird in der Praxis immer noch so respektiert, daß der Charakter der Bilanz als Selbstkostenrechnung aufrecht erhalten bleibt. Am Ende drittens: eine solche Bilanzierungsweise, die von der Praxis als ein nicht zu flagranter Verstoß gegen das Prinzip der Selbstkostenrechnung noch nachgesehen wird, ist und bleibt nichts destoweniger eben ein Verstoß gegen das Prinzip. — Damit ist bewiesen, was bewiesen werden sollte, und damit könnte dieser Paragraph eigentlich abgeschlossen werden. Doch der Verfasser möchte das Thema nicht verlassen, ohne dem mit der Materie der Bilanz nicht vertrauten Leser an einem Beispiele gezeigt zu haben, zu welchen geradezu unglaublichen Resultaten man gelangt, wenn die zur Veräußerung während einer ganzen Reihe von Jahren erworbenen Gegenstände in den Bilanzen der einzelnen Jahre unter völliger Ignorierung des Erwerbspreises zu dem jeweiligen Veräußerungspreise eingesetzt werden. Als Beispiel wird die Art gewählt, wie nach den vom preußischen Oberverwaltungsgericht aufgestellten Grundsätzen die Bewertung der noch ungeförderten Substanz eines Bergwerkes zu erfolgen hat. Inwiefern die genannten Grundsätze in diesen Zusammenhang gehören, dürfte aus Folgendem erhellen.

Stein- und Kalkbrüche, Torf- und Sand-, Lehm- und Tongruben und vor allem Bergwerke sind wirtschaftlich als ungeheure Lager von Beständen aufzufassen, die im Laufe der Jahre weiterveräußert werden sollen, entweder unbearbeitet, wie Kohle, Torf und teilweise auch Steine, oder bearbeitet. Dahin zählen Koks, die behauenen Steine aus dem Sandstein- und der in Kalköfen gebrannte Kalk aus Kalkbrüchen sowie endlich die zu Ziegeln verarbeitete Ausbeute aus Lehmgruben und die aus Bergwerken entnommenen und aufbereiteten Erze. Ob das betreffende Lager im Wege des Grundstückskaufes oder durch Abschluß solcher Verträge erworben wird, durch die der bisherige Eigentümer dem Ausbeutelustigen nur das Unterirdische veräußert, während er das Oberflächengrundstück zurückbehält, ist für die Zweckbestimmung der um der Weiterveräußerung willen erworbenen Bodenbestandteile ohne Bedeutung.

Wenn nun das Abgraben, Ausstechen, Fördern, kurz, wenn der Ausbeutebetrieb begonnen hat, so mindert sich doch zusehends die Quantität der Bodenbestandteile. Folglich muß auch von dem ihnen errichteten Konto, auf dem die Kosten für ihren Erwerb eingetragen worden sind, stetig abgeschrieben werden. Dies geschieht nach demselben Verhältnis, in dem die jahrsüber geförderte zu der bei Beginn des Betriebes angestandenen Substanzmenge steht. Ist also beispielsweise der 50. Teil der ursprünglichen Substanzmenge gefördert worden, so ist auch vom Bergwerkskonto der 50. Teil abzusetzen.

Eine Anomalie weisen allerdings die Abschreibungen der Praxis auf die Bergwerkssubstanz auf. Korrekterweise müßten nämlich ebenso, wie in Fabrikbetrieben die vom Rohmateriallager in den Produktionsprozeß eintretenden Vorräte mit ihren Anschaffungskosten vom Rohmaterial- auf das Fabrikationskonto übernommen werden, in Bergwerksbetrieben die den Monat über geförderten Substanzteile am Monatsende mit ihren Erwerbskosten vom Bergwerkssubstanz- auf ein anderes Aktivkonto, z. B. auf Erze-, Kohlenkonto, überführt werden. Statt dessen wird in der Praxis am Schlusse des Jahres die der Jahresförderung entsprechende Quote der Erwerbskosten vom Bergwerkssubstanzkonto abgesetzt und über Gewinn- und Verlustrechnung abgeschrieben. Das ist, wie gesagt, eine buchmäßige Anomalie, aber sie führt am Ende auf das gleiche Resultat, wie die andere Methode, hinaus;[1] allein in Ansehung der für die Jahresrechnung nicht allzusehr in das Gewicht fallenden Vorräte an geförderten Kohlen und Erzen, die am Jahresschlusse noch auf Lager, also noch nicht weiterveräußert sind, besteht eine wirkliche Differenz. Es ist daher im allgemeinen nicht sonderlich von Bedeutung, ob man während des Jahres die Erwerbskosten für die geförderte Substanz auf ein anderes Bestandskonto überoder ob man sie am Jahresende als Verlust abschreibt.

Wie aber auch immer die Abschreibungen vorgenommen werden

[1] Es handelt sich um eine, in der Jahresrechnung sich wieder ausgleichende Verschiebung von Roh- und Reingewinn; näheres hierüber bei Fischer S. 113 ff.

mögen, es steht unter allen Umständen fest, daß vom Bergwerkssubstanzkonto abgeschrieben werden muß, da ja die Abminderung der Bergwerkssubstanz evident ist. Welche Behandlungsweise aber schreibt das Oberverwaltungsgericht für die Bergwerkssubstanz vor, und zwar selbst bei Gewerkschaften, die gemäß § 2 HGB. als Vollkaufleute und deshalb auch als bilanzfähig im Sinne der Einkommensteuergesetze anzusehen sind? Zwar sieht auch das OVG. die noch ungeförderte Substanz eines Bergwerkes als eine zur Weiterveräußerung bestimmte Sache an. Aber es setzt auf Grund der heute noch angewendeten Entscheidung vom 19. XII. 1888 in Band 17 S. 128 ff. ohne jede Rücksicht auf die Kosten, die zu Erwerbszwecken verausgabt worden sind, den Wert der jeweilig noch im Bergwerk anstehenden Kohlen und Erze nach dem derzeitigen Veräußerungspreise der Kohlen und Erze fest; nur wird davon mit Bezugnahme auf die in Zukunft liegenden Jahresförderungen deren Diskontwert gekürzt. Auf die Art, wie das OVG. im einzelnen den Wert ermittelt — es benutzt hierfür eine komplizierte algebraische Formel — kommt es hier weniger an, als vielmehr darauf, festzustellen, von welcher Grundlage aus das OVG. zu seiner Ansicht gelangt. Und diese Grundlage besteht anerkanntermaßen im derzeitigen Veräußerungswert der Bergwerkssubstanz.

Infolgedessen können Fälle wie diejenigen eintreten, die Simon bei Bekämpfung des OVG. in seinem Gutachten[1] S. 44 anführt, daß ein Bergwerk im ersten Jahre mit 30, im zweiten mit 40, im dritten mit 20 und im vierten mit 25 Millionen eingesetzt, daß also, obwohl in jedem Jahre die Substanz immer weniger wird, im zweiten Jahre der Wert des Bergwerkes um 33% höher, als im ersten, und im vierten um 25% höher, als im dritten, angenommen wird. Das sind handgreifliche Unrichtigkeiten, wenigstens, wenn man als Maßstab einer ordnungsmäßigen Bilanz den einer vernünftigen Erfolgsberechnung anlegt. Deshalb wird auch diese Methode von jedem, dem das Wesen der Bilanz bekannt ist, unbedingt verurteilt; zu vergl. Simon in seinem Gutachten S. 44 ff.; Reisch-Kreibig II S. 284 ff.; v. Wilmowski S. 43 ff.; Fischer S. 111 ff. Sämtliche Stimmen, die gegen die Methode des OVG. laut geworden sind, rügen, daß sie unvereinbar mit

[1] Gutachten über den Einfluß des BGB. und des HGB. auf die preußisch-rechtlichen Gewerkschaften, Essen 1900.

einer rationellen Ertragsberechnung sei. Gerade dieser Punkt ist hervorzuheben. Denn es kann im Sinne einer selbständigen Bewertungsmethode etwas sehr zutreffend und doch gleichzeitig grundfalsch im Sinne einer vernünftigen Ertragsberechnung sein. Diese Beobachtung werden wir anderwärts bestätigt finden.

Ist nun die Bewertungsmethode des OVG., so muß man weiter fragen, auch unvereinbar mit dem § 40 HGB., der gemäß § 13 des preuß. Einkommensteuerges. in Verb. mit § 2 HGB. in Anwendung zu kommen hat? Die Antwort kann nur dahin ausfallen: Das OVG. ist durch den § 40 HGB. völlig gedeckt. Niemand wird aus dem zit. § 40 das OVG. widerlegen und leugnen können, daß der § 40 eine selbständige Bewertung zum derzeitigen Werte vorschreibe. Nie ist in der Literatur oder gar in der Judikatur ein Zweifel hierüber laut geworden. Und es kann auch gar kein Zweifel darüber bestehen. Denn an eine Rücksichtnahme auf die Ziffern der Buchführung als den ausschlaggebenden Faktor für die Feststellung der Bilanzwerte haben die Urheber der gesetzlichen Bilanzierungsvorschriften gar nicht gedacht.

Wenn der Leser hierdurch befremdet wäre und einwenden sollte: eine solche Schlußfolgerung wäre doch unmöglich; denn der Gesetzgeber habe doch unmöglich eine die Grundlage einer vernünftigen Erfolgsberechnung vernichtende Bewertungsmethode vorgeschrieben, so kann ihm nur erwidert werden: gewiß ist das möglich, und zwar sehr leicht möglich. Denn der Gesetzgeber hat sich in einem, wenn auch entschuldbaren Irrtum über das Wesen der Bilanz und die Bedeutung der von ihm angeordneten Bewertungsmethode befunden. Nur bleibt dieser Irrtum und der daraus resultierende Zwiespalt zwischen den Bilanzwerten des Gesetzes und denen der Wirklichkeit den Blicken für gewöhnlich verborgen. Sie werden bloß an einzelnen Stellen sichtbar, dort nämlich, wo die Juristen nicht anstehen, an sich logisch die letzten Konsequenzen aus dem § 40 HGB. zu ziehen, gleichviel ob diese Konsequenzen mit der Wirklichkeit ganz unverträglich sind. Um eine derartige Stelle handelt es sich hier und deshalb wurde sie als Beispiel vorgeführt.

Was aus dem Irrtume des Gesetzgebers für die Bedeutung und die Gültigkeit des § 40 im Systeme des Handelsgesetzbuches zu folgern ist, wird nachstehend in § 8 erörtert werden.

§ 6. Das Prinzipwidrige, das in dem Überschreiten des Selbstkostenpreises bei den zum Gebrauche bestimmten Sachen liegt.

Zugrunde gelegt wird die bekannte Entscheidung des Reichsoberhandelsgerichts im 12. Bande S. 16ff. Darin heißt es:

„....... Unter dem als maßgebend für die Bilanz zu ermittelnden gegenwärtigen Werte ist aber überall der allgemeine Verkehrswert im Gegensatze zu einem, nur auf willkürliches subjektives Ermessen oder auf Spekulation zurückzuführenden Wertanschlage zu verstehen, woraus folgt, daß Vermögensbestandteile (Aktiva und Passiva), die einen Markt- oder Börsenpreis (Kurs) haben, der Regel nach zu dem sich hieraus ergebenden Werte in die Bilanz einzustellen sind, während für andere Vermögensbestandteile deren gegenwärtiger objektiver Wert auf sonstige Weise zu ermitteln ist.

Etwas von diesen allgemeinen Rechtsgrundsätzen Abweichendes hat auch das HGB. nicht bestimmt, wenn es .... in Art. 31 vorschreibt" (folgt der Art. 31).

„Aus dieser, allerdings nur unvollständigen Instruktion ist vielmehr ebenfalls nur das Prinzip zu entnehmen, daß die Bilanz überhaupt, mithin auch in Ansehung der nicht hervorgehobenen Punkte, der objektiven Wahrheit möglichst nahe kommen soll...... Der Bilanz liegt hiernach in der Tat die Idee einer fingierten allgemeinen Realisierung sämtlicher Aktiva und Passiva zugrunde, wobei doch davon ausgegangen werden muß, daß in Wirklichkeit nicht die Liquidation, sondern vielmehr der Fortbestand des Geschäfts beabsichtigt wird und daß daher bei der Ermittelung und Feststellung der einzelnen Werte derjenige Einfluß unberücksichtigt zu lassen ist, welchen eine Liquidation auf dieselben ausüben würde."

Wenn man in Gemäßheit dieser Entscheidung, die ebenso von den Kommentatoren des HGB. wie von den Buchführungsschriftstellern zitiert wird, die Anlageobjekte des kaufmännischen Vermögens, d. h. die Gebrauchsgegenstände im engeren und im weiteren Sinne, also in erster Linie Baulichkeiten, Maschinen, Zugtiere, dann aber auch Patent-, Verlags- und Musterschutzrechte, bewerten soll, so wird man erhebliche Zweifel nicht unterdrücken können. Allerdings liegt nach den ersten Sätzen, wo die Gegenstände mit einem Tagespreis sämtlichen anderen, also auch den zum Gebrauche bestimmten Gegenständen gegenübergestellt werden, die Annahme nahe, daß auch sie ohne Unterschied zu dem ja überall maßgebenden allgemeinen Veräußerungswert einzusetzen wären. In dieser Weise wird jedoch die Entscheidung nicht, besser wohl: nicht mehr ausgelegt. Denn die älteren Kommentatoren differenzierten noch nicht, wie es die jetzigen tun, zwischen dem objektiven Werte der Veräußerungs- und dem objektiven Werte der Gebrauchsgegenstände. Mit dem Aufkommen dieser Unterscheidung dürfte es wohl folgende Bewandtnis haben:

Zuerst hielt man sich bei der Interpretation des Art. 31 an das Gesetz und allein an dieses, das keinerlei Unterschied macht. Erst später schenkte man auch der Praxis Beachtung und machte die Wahrnehmung, wie hier bei den Gegenständen des Anlagevermögens nie über den Selbstkostenpreis hinausgegangen, sondern stetig davon abgeschrieben wird. Ein großer Anteil an dieser Erkenntnis gebührt offenbar dem Simonschen Werke: Simon führte den Unterschied der zur Veräußerung und der zum Gebrauche bestimmten Sachen in die Theorie ein und er gab vor allem eine ausführliche und vorzügliche Darstellung der dem Gebrauche dienenden Sachen. Infolgedessen wurde klar, daß, gemessen an der Praxis, der Veräußerungswert für Anlageobjekte in der bisherigen Allgemeinheit nicht mehr aufrecht zu erhalten war.

Von da ab spalteten sich die Meinungen. Die einen blieben bei dem vom Gesetze unterschiedslos angeordneten und deshalb auch nach ihrer Ansicht ohne weiteres für Anlagegegenstände anzuwendenden Veräußerungspreise stehen. Sie stellten sich augenscheinlich auf den Standpunkt: die Behandlung der Anlagegegenstände in der Praxis möge sein, welche sie wolle, unter allen Umständen wäre der vom Gesetze angeordneten Bewertungsmaxime nachzugehen; so das Kammergericht, zu vergl. dessen Entscheidung im Urteile des Reichsgerichts in der Holdheimschen Monatsschrift 1908 S. 126; so ferner das sächs. Oberverwaltungsgericht, zu vergl. die Jahrbücher dieses Gerichtshofes Bd. 1 S. 343ff. und Bd. 3 S. 274ff.

Die anderen, vorzüglich die Kommentatoren, wollten sich offenbar mit dem Selbstkostenwerte der Praxis abfinden und suchten, zwischen diesem und dem Veräußerungswerte des Art. 31 auf folgende Weise zu vermitteln. Sie legten fortan den Nachdruck auf denjenigen Teil der Entscheidung des ROHG., der von der Geschäftsveräußerung handelt, und erklärten: es wäre vom Gesetze derjenige Wert gemeint, der sich ergebe, wenn man sich das Geschäft im ganzen, aber nicht, wenn man sich die einzelnen Vermögensobjekte veräußert vorstellte. Deshalb wurde Simon, als er der Entscheidung des ROHG. vorwarf, sie wäre in sich widerspruchsvoll, eingehalten: das wäre sie durchaus nicht; denn es wäre doch im Falle der Veräußerung der einzelnen Gebrauchssachen, namentlich anläßlich der Liquidation, auf die ja nach der Entscheidung des ROHG. gerade nicht abgestellt werden dürfe, der Preis ein völlig anderer, wie dann, wenn das Geschäftsvermögen im ganzen veräußert und als Vermögenskomplex weiterbestehen würde; allein diesen, den Geschäftsveräußerungswert, habe der Gesetzgeber bei den Anlagegegenständen vor Augen gehabt.

Diese Deduktion hat ohne Zweifel etwas sehr Bestechendes an sich und in dieser Form konnte dann der Veräußerungswert des Gesetzes und der Selbstkostenwert der Praxis auch nebeneinander fortexistieren. Ob freilich für immer, darüber möge der Leser selbst urteilen.

Um sich etwas Positives unter den Werten vorzustellen, die bei einer bloß angenommenen Geschäftsveräußerung in Betracht kommen, hat man jedenfalls von einer wirklichen Geschäftsveräußerung auszugehen. Wenn die Theorie der nur gedachten Geschäftsveräußerung Anspruch auf Richtigkeit erhebt, so muß sie unbedingt für sich gelten lassen, was bei einer tatsächlichen Geschäftsveräußerung als wertbestimmender Faktor in Betracht und wie dieser Faktor ziffernmäßig zum Ausdrucke kommt. Unterziehen wir daher die Vorgänge einer wirklichen Geschäftsveräußerung einer näheren Betrachtung.

Wenn ein Kaufmann sein Geschäftsvermögen veräußern will, so wird ihn der als Käufer Auftretende in der Regel zum buchmäßigen Nachweis der früheren Erträgnisse auffordern und sodann erwägen: der jetzige Inhaber des Geschäftes verlangt so und soviel über den Buch-, d. h. den Selbstkostenwert hinaus; bis zu welcher Grenze kann ich gehen, um auf eine angemessene Verzinsung der von mir in dem Geschäfte anzulegenden Mittel rechnen zu können? Danach richtet der Kauflustige seine Offerte ein. Das, was er mit der den Buchwert übersteigenden Summe bezahlen will, ist also die Chance, mit dem Geschäftsvermögen in complexu einen bestimmten Ertrag zu erzielen, und die größere oder geringere Wahrscheinlichkeit dieser Chance basiert er auf der Tatsache, daß der bisherige Inhaber während der voraufgegangenen Jahre so und soviel verdient hatte; das ist also der ausgesprochene

Standpunkt der Ertragskapitalisierung. Denn es wird argumentiert: wenn der bisherige Inhaber mit dem Geschäfte bestimmte Erträgnisse erzielt hat, so besteht diese Chance ganz oder zum mindesten größtenteils unter einem anderen Inhaber weiter.

Kommt dann ein Vertrag über die Geschäftsveräußerung zustande und zahlt z. B. der Käufer für die Summe der Aktiven von 100000 Mark, denen — der Einfachheit halber — keine Kreditoren gegenüberstehen sollen, mit Rücksicht auf die bisherige Entwicklung des Geschäftes 130000 Mark, so beläßt er bei Übernahme des Geschäftes die Bestandskonten auf ihrer bisherigen Höhe und stellt die 30000 Mark entweder überhaupt nicht in die Eröffnungsinventur und -bilanz ein oder, wenn es schon geschieht, auf einem besonderen Konto, das den Namen Geschäftserwerbs- oder Firmenerwerbskonto führt. Dieses Konto wird bei Aufstellung der 3 bis 5 nächsten Jahresbilanzen abgeschrieben.[1]

Würde es sich hingegen um eine solche Veräußerung des Geschäftes handeln, bei der das Geschäft in eine zu gründende Aktien- oder Gesellschaft m. b. H. eingebracht wird, so würde zunächst — wenn es nicht eine Familiengründung wäre — der Gegenwert, den die Vorbesitzer in Form von Aktien oder von Geschäftsanteilen von der neuen Gesellschaft erstattet erhalten, beträchtlich höher, als sonst angenommen werden. Wenn sonst die Vorbesitzer mit etwa 25 bis 30 Prozent über den Selbstkostenwert vorlieb nehmen würden, so würde die Gesellschaft 40, 50 und noch mehr Prozent zu entrichten haben.

Aber nicht allein die Bemessung, sondern auch die buchmäßige Behandlung des Geschäftswertes fällt anders wie gewöhnlich aus. Von vorne herein ist es natürlich ausgeschlossen, daß der Geschäftswert hier gänzlich aus der Eröffnungsinventur- und Bilanz wegbleibt. Interessant ist nun die Art, wie man ihn aktiviert, und das Motiv, das hierfür maßgebend ist.

Die Gründer gehen bei Aktiengesellschaften darauf aus, sich in absehbarer Zeit ihres Aktienbesitzes zu entäußern und — bedauerlicherweise — ist auch die Zahl derjenigen Gründungen von Gesellschaften m. b. H., wo die Gründer von Anfang an die Weiterveräußerung der Geschäftsanteile im Auge haben, sehr groß geworden und immer noch in Zunahme begriffen. Würde nun der Geschäftswert, wie es sonst geschieht, auf einem besonderen Konto aktiviert werden, so würde das für die

---

[1] Über die Gründe der Abschreibung s. unten § 12.

Gründer sehr unangenehm sein. Denn durch Einsicht der Bilanzen würde dann den eventuell Kauflustigen offensichtlich werden, in welcher Weise bei der Gründung gegen früher die Ziffer des gewinnbringenden Einlagevermögens in die Höhe geschraubt oder wie dieses, um einen terminus technicus zu gebrauchen, verwässert worden ist. Das würde also auf die Kauflust abschreckend wirken und den Kaufpreis herabdrücken. Deshalb würde zweifellos die gewöhnliche Verbuchungsweise, wenn sie gewählt wäre, die Gründer auch, wenn schon gegen ihren Willen, vielfach dahin bringen, das Illationskonto wieder abzuschreiben, um es den Blicken Unberufener zu entziehen.

Damit aber würde wiederum die Höherbewertung des Unternehmens bei der Gründung später wieder aufgehoben werden, mithin ein Hauptzweck des Gründungsvorganges, ganz abgesehen davon, daß man durch Abschreibungen auf das Geschäftserwerbs- oder Illationskonto sehr leicht in dividendenlose Geschäftsjahre, ja in Unterbilanzen hineingeraten könnte.

In diesem Dilemma bildet sonach das Ideal für die Behandlung des Geschäftswertes bei Gründungen eine Buchungsweise, durch die er einerseits versteckt und andererseits auf lange Zeit konserviert wird: man schlägt den Geschäftswert einfach auf die Anlagekonten. Dadurch erreicht man diesen Doppelzweck vollständig. Denn einmal wird der Geschäftswert, also der von den Gründern bei der Gründung über die Selbstkosten erzielte Gewinn, und damit wird das künstliche Erhöhen des zur Zeit der Gründung im Unternehmen wirklich investiert gewesenen Vermögens verwischt. Zweitens werden auf diese Weise die Abschreibungen sehr verlangsamt, ja bei Zuschlägen auf den fundus wird der Geschäftswert stabilisiert.

Kehren wir nach diesem Exkurs über den Geschäftsveräußerungswert der Praxis zu dem Geschäftsveräußerungswert der juristischen Theorie zurück. Derjenige Gerichtshof, in dessen Urteilen der Geschäftsveräußerungswert am häufigsten anzutreffen ist, ist das preußische Oberverwaltungsgericht. Es handelt davon E. i. St. Bd. 4 S. 176 sowie die in E. i. St. Bd. 5 S. 117 Anm. zitierte Entscheidung des OVG.; ferner die Entscheidungen E. i. St. Bd. 6 S. 33ff.; Bd. 8 S. 86ff., Bd. 10 S. 303.

Nach der feststehenden Ansicht des OVG. ist der Geschäftsveräußerungswert ebenso für die Berechnung des geschäftlichen Einkommens wie für die des Umfanges des Geschäftvermögens bei der Ergänzungs-

(Vermögens-)Steuer maßgebend. Daß die Berechnung des Einkommens der Vollkaufleute gemäß der Bilanz zu geschehen hat, wird in § 13 des preuß. Einkommensteuergesetzes vorgeschrieben und, daß die Berechnung des gewerblichen Anlage- und Betriebskapitals keine andere, wie die handelsrechtliche ist, wird in der sogleich näher zu besprechenden E. i. St. Bd. 6 S. 33ff ausdrücklich hervorgehoben. Weil hier die Methode sehr anschaulich dargestellt wird, so soll diese Entscheidung in extenso wiedergegeben werden.

Zuerst werden die Wertziffern der flüssigen Bestände, also von Kasse, Debitoren, Warenvorräten, und sodann werden die der Anlagewerte, insbesondere bei einem Fabrikgeschäfte, der Grundstücke, Gebäude und Maschinen, ermittelt. Nach Zusammenstellung aller dieser Einzelwerte ist der objektive Verkaufswert des Fabrikgeschäftes im ganzen zu ermitteln, wobei die Einzelfeststellungen teils als unmittelbar und zahlenmäßig verwendbare Rechnungsfaktoren, teils als Unterlagen und Hilfsmittel für die Bewertung im ganzen, insoweit also als mittelbare Rechnungsfaktoren in Betracht kommen. Es sollen demnach, wie bemerkt, sämtliche Einzelsachen, flüssige wie nichtflüssige, zunächst für sich und sodann sollen, ausgehend von den Immobilien, Maschinen und Gerätschaften, weil sie in ihrem Zusammenhange eine technische Einheit zur Herstellung von Erzeugnissen für den wirtschaftlichen Verkehr bildeten, diese Gegenstände nochmals, als die Fabrikanlage im engeren Sinne, in sich geschlossen bewertet und der so gefundene Wert der Fabrikanlage soll den zuvor festgestellten Einzelwerten zu- oder soll von ihnen abgesetzt werden, „denn der Fabrikant bezweckt durch die Zusammenfügung der einzelnen Teile zur Gesamtheit der Fabrikanlage die Erzielung eines höheren Gewinnes und gerade diese gewinnbringende Bestimmung der Fabrikanlage hat auch regelmäßig einen im Verkehre zum Ausdrucke gelangenden die Summe der Einzelwerte übersteigenden Wert der Anlage zur Folge.“

Die auch im übrigen recht ausführliche Entscheidung gibt ferner eine eingehende Instruktion für die Würdigung der Einzelwerte, während sie eine Anleitung für die ungleich schwierigere Würdigung des Wertes der Fabrikanlage als Komplex so gut wie vermissen läßt. Sollte dies reiner Zufall sein oder nicht daher kommen, daß das OVG. in Verlegenheit geraten wäre, wenn es den Momenten für die Würdigung in dieser Richtung hätte nachgehen und sie hätte anführen wollen? Denn die Erträgnischance ist eben dasjenige, was über die Einzelwerte hinaus bei der Geschäftsveräußerung bezahlt wird, und derjenige Faktor, der der Kernpunkt einer derartigen Schätzung ist, derjenige, dem ein Ausmaß in Ziffern gegeben wird, sind die mit dem Geschäftsvermögen früher erzielten Erfolge.

Diese Methode, die klarermaßen die Methode der Ertragskapitalisierung ist, ist gegen den drohenden Vorwurf der Ertragskapitalisierung auch nicht etwa durch das Anführen zu schützen: es sei nicht der Wert des Geschäftes gemeint, den das Geschäft gerade für diesen Besitzer, sondern derjenige, den es ohne Zusammenhang mit der Person des jeweiligen Besitzers repräsentierte. Denn auch derjenige, der ein Geschäft effektiv kauft und einen höheren als den bisher darin investierten Selbstkostenbetrag bezahlt, stellt sich das Geschäft ebenfalls losgelöst von der Person des gegenwärtigen Inhabers vor. Es käme ihm doch gar nicht in den Sinn, ein Plus über die Selbstkosten hinaus zu entrichten, wenn das Geschäft die Erträgnischance mit dem Besitzerwechsel verlieren würde.

Es untersteht hiernach nicht mehr den geringsten Zweifeln: diese Methode heißt nicht mehr und nicht weniger, als den bisherigen Ertrag mehrfach berechnen, einmal nämlich in der regulären Weise und nachher so, daß der reguläre Gewinn kapitalisiert wird. Vom Standpunkte der Bilanz als der Erfolgs- und deshalb der Selbstkostenrechnung, die allein die aus dem Geschäftsvermögen organisch herauswachsende Vermehrung registriert, ist der Vorwurf der Ertragskapitalisierung der denkbar schlimmste, der erhoben werden kann. Die Sinnwidrigkeit dieser Methode wird besonders durch die Berechnung der Einkommen- und Vermögenssteuer auf Grund dieser Methode grell beleuchtet. Danach wird nicht allein derselbe Betrag ein-, zwei- und auch noch mehrfach als Einkommen besteuert, sondern er wird überdies von der Vermögenssteuer nochmals als Einkommen betroffen. Denn der Umfang des Geschäftsvermögens soll ja gemäß dieser Methode über seinen regelrechten Umfang hinaus unter Berücksichtigung des bisher erzielten Erfolges angenommen werden.

Die Theorie des Geschäftsveräußerungswertes läßt sich nur so lange aufrecht erhalten, als man nicht Ernst mit der Feststellung dessen macht, was man sich unter dem Werte des Geschäftes im ganzen vorzustellen hat. Dabei tritt noch ein weiterer Fehler hervor, der offenbar mit dem

Kapitalfehler der Ertragskapitalisierung im engsten Zusammenhange steht und ihm Vorschub leistet. Das OVG. und wohl jeder, der zu den Anhängern dieser Methode zählt, verlegt nämlich unwillkürlich den Sitz des Geschäftswertes in die Anlagen, weil die Anlagegegenstände in ihrer Einheit den Geschäftswert repräsentierten. Das ist aber eine Fehlansicht. Das Mittel zum Erwerbe wird von der gedachten Einheit nicht etwa bloß der Anlagegegenstände, sondern sämtlicher Vermögensobjekte ohne Ausnahme gebildet.

Das tritt ohne weiteres und zwar so, daß ein Widerspruch ausgeschlossen ist, bei der Veräußerung eines reinen Verkaufsgeschäftes zutage. Denn die Anhänger der Geschäftsveräußerungsmethode werden doch wohl nicht im Ernste behaupten wollen, daß, wenn einige Zehntausend mehr, als der Selbstkostenpreis ausmacht, für ein solches Geschäft bezahlt werden, das nur eine Anzahl geringwertiger Anlagegegenstände aufweist, die Kontorutensilien, Regale u. dgl., den Geschäftswert verkörperten. Es ist aber auch ganz irrig, bei der Veräußerung eines Fabrikationsgeschäftes den Wert des Geschäftes ausschließlich in den der Produktion von Waren dienenden Anlagen zu suchen. Wenn das richtig wäre, wenn es allein darauf ankäme, nur Waren zu produzieren, so wäre es in der Tat nicht schwer, ein Fabrikationsgeschäft zu betreiben: Waren müssen nicht allein hergestellt, sondern sie müssen auch ständig und möglichst gewinnbringend abgesetzt werden. Deshalb bedeutet bekanntlich auch bei Fabrikationsgeschäften die Kundschaft einen sehr wichtigen Faktor für die Bemessung des Wertes des Geschäftsvermögens im ganzen. Bestimmte einzelne Vermögensobjekte können eben niemals als sedes des Geschäftswertes in Betracht kommen, der Geschäftswert beruht vielmehr in der gedachten Vereinigung sämtlicher Vermögensobjekte. Wenn es noch einer Bestätigung dieser Ansicht bedürfte, so würde sie in dem Verhalten der Praxis, nämlich in dem den Aufwand für das Geschäft im ganzen einheitlich darstellenden Geschäftserwerbskonto, zu erblicken sein.

Durch die Art, den Geschäftswert gerade den Anlagegegenständen zuzuschreiben, verhüllt das OVG. ähnlich, wie es bei Gründungen geschieht, das Geheimnis des Geschäftswertes vor den Blicken Unkundiger. Nimmt man die schützende Hülle hinweg, so liegt nackt und bloß die Ertragskapitalisierung vor Augen. Während so das OVG., offenbar einem richtigen Empfinden folgend, noch davon Abstand nimmt, die beschriebene Methode als das zu bezeichnen, was sie ist, hat das Reichsgericht in der Entscheidung in Zivils. Bd. 19 S. 111ff. die Methode der Ertragskapitalisierung offen bei dem Namen genannt nnd in aller Form gutgeheißen. Zwar ist die Entscheidung vereinzelt geblieben. Aber da sie das Thema der Ertragskapitalisierung nicht nur streift, sondern ausführlich behandelt, und da sie ferner fast in allen Kommentaren angezogen wird, so ist es unerläßlich, dagegen Stellung zu nehmen. S. 119—121 finden sich Sätze wie folgende: „Diese letztere Erwägung legt klar, daß das Berufungsgericht nicht etwa lediglich die bestimmte Art der Verwendung der Jahresertragssumme im Wege der Kapitalisierung zur Festsetzung des Ertragswertes und die Ansetzung dieses Wertes, eines Rentenwertes, für unzulässig erachtet, daß es vielmehr überhaupt dem Ertrage der Fabrik eine Bedeutung für die Wertfeststellung versagen will. Damit ignoriert das Berufungsgericht gerade das wesentlichste Moment für die Wertermittelung, da man bei der Schätzung des Wertes im Betriebe befindlicher Anlagen der Wahrheit gerade dann am nächsten kommen dürfte, wenn man entsprechend einem mehrjährigen Ertrage unter der Berücksichtigung des Einflusses dauernder oder bloß vorübergehender Verhältnisse einen Wert kalkuliert.“[1]

Zur Widerlegung der Ansicht, daß der Kaufmann jemals den kapitalisierten Ertrag in die Bilanz einstellte oder auch nur einstellen dürfte, sei nochmals auf das ganz unhaltbare Ergebnis verwiesen, das sich bei der Einkommens- und der Vermögensbesteuerung herausstellt. Ferner: wenn die in dem Urteil ausgesprochene Ansicht in der Wirk-

[1] Der Entscheidung lag eine von einem Gläubiger einer falliten Aktiengesellschaft gegen deren früheren Vorstand gerichtete Schadensersatzklage zugrunde. Der Kläger behauptete, es wären infolge zu hoch angesetzter Fabrikrealitäten unzulässige Dividende verteilt worden, und er nahm hierfür besonders auf die Überbewertung Bezug, die nach seiner Angabe stattgefunden hätte, als das früher in Privatbesitz befindliche Unternehmen von seiten der Aktiengesellschaft übernommen worden war.

Wäre die Klage unmittelbar auf die Übergründung gestützt gewesen, so würde gegen das Urteil nichts einzuwenden sein. Das Reichsgericht stellt aber S. 112, 119, 120 gerade fest, daß die Klage direkt auf den Überbewertungen fußte, die anläßlich der Aufstellung einzelner Betriebsbilanzen vorgekommen sein sollten, und betont im ausgesprochenen Gegensatz zum Berufungsgerichte, daß man sich für die Bewertung in den Betriebsbilanzen, die sich in betreff von Anlagen damals noch nach dem Art. 31 HGB. zu richten hatte, an das Prinzip der Ertragskapitalisierung zu halten habe. Deshalb ist es auch zutreffend, wenn die Kommentatoren dieses Urteil für die Doktrin der Ertragskapitalisierung in den Betriebsbilanzen in Anspruch nehmen.

lichkeit befolgt würde, so müßte der Kaufmann bei Aufnahme der Bilanzen sein Augenmerk fortgesetzt auf die Ertrágnischance richten und den kapitalisierten Ertrag in die Bilanz einstellen. Das unausbleibliche Resultat würde der Zusammenbruch all und jeder ordnungsmäßigen und vernünftigen Bilanzgrundsätze sein. Man nehme z. B. einen Kaufmann, der bisher gemäß einer echten und rechten Selbstkostenrechnung über ein Reinvermögen von 100000 Mark verfügt, der in den letzten Jahren durchschnittlich 10 Prozent verdient hat und der zu der Annahme berechtigt ist, in Zukunft den gleichen Gewinn zu erzielen. Weil es sich so verhält, so müßte zufolge dem Urteile ein entsprechender Betrag, der ohne Bedenken auf 30—40 Tausend zu veranschlagen wäre, in die Bilanz aufgenommen werden. Bereits die Frage, auf welchen Aktivkonten dieser Betrag unterzubringen wäre, würde, wenn nur geringfügige Anlageobjekte vorhanden wären, wohl nicht zu lösen sein. Sehr drastisch aber müßte der bei der doppelten Buchführung in der Gewinn- und Verlustrechnung nicht zu vermeidende Posten „Gewinn aus kapitalisiertem Gewinn" wirken und er würde die Ansicht ad absurdum führen, nach der die Tatsache, daß Gewinn erzielt worden ist, ziffernmäßig mehrmals zum Ausdrucke kommen, nach der der Gewinn der regulären Selbstkostenrechnung mit 2 und 3 und noch höheren Zahlen multipliziert werden soll. Jeder Kaufmann würde das als eine Ungeheuerlichkeit zurückweisen.

Natürlich würden bei der Ertragskapitalisierung die entsprechenden Konsequenzen in der entgegengesetzten Richtung zu gelten haben, und das OVG. deutet auch in der oben angeführten Entscheidung daraufhin: wie ein Gewinn von 10 Prozent zur Vermehrung, so müßte andererseits ein geringer Gewinn zur Verminderung des zunächst mit den Selbstkosten dargestellten Geschäftsvermögens führen. So würden beispielsweise bei der Chance eines Gewinns von nur 2—3 Prozent mindestens 20—30 Prozent abgezogen werden müssen: die Tatsache des geringen Gewinns zieht eine Abminderung der im Geschäft investierten Beträge nach sich!

Auch könnte man dann sehr eigenartige Fälle erleben: wenn ein Fabrikant, sei es um Kredit bewilligt zu erhalten oder um sein Geschäft zu veräußern, einem anderen solche Bilanzen vorlegen wollte, die nach dem Reichsgerichtsurteil und den Entscheidungen des OVG. den wahren und objektiven Wert seines Geschäftes darstellen würden, so könnte der

Betreffende sehr leicht wegen — betrügerischer Bilanzen zur strafrechtlichen Verantwortlichkeit gezogen werden!

Doch genug. Denn es dürfte nachgerade evident sein: **für eine ordnungsmäßige Bilanz kommt es nicht im entferntesten darauf an, zu ermitteln, was objektiv betrachtet ein Geschäftsunternehmen wert ist, diese Tatsache hat mit einer ordnungsmäßigen Bilanz auch nicht das mindeste zu tun. Es handelt sich um völlig heterogene Dinge.**

Jede von den Selbstkosten abweichende Methode führt zu unhaltbaren Resultaten und muß dahin führen, insbesondere die Methode der Ertragskapitalisierung zu Resultaten, die an Unrichtigkeit schlechterdings nicht zu überbieten sind. Sie würde die Bilanz und die Buchführung in ein Chaos verwandeln. Hier sei wiederholt, was schon zu Ende des § 5 gesagt ist: es gibt kein Kompromiß zwischen der Methode der selbständigen Bewertung, die die Methode des § 40 HGB. ist, und der in Wirklichkeit allein herrschenden Methode der Selbstkosten. Deren unbedingte Notwendigkeit und Richtigkeit dürfte in diesem Zusammenhange auch für den überzeugtesten Anhänger des Dogmas vom wahren und objektiven Werte offen liegen.

§ 7. Debitoren und Kreditoren.

Eine böse Klippe für buchführungsmäßige Laien und nicht zuletzt für Juristen bilden erfahrungsgemäß die Debitoren und Kreditoren in der Bilanz. Wer nämlich von der durch den § 40 HGB. unterstützten irrigen Ansicht einer selbständigen Bewertung herkommt, muß eben die fundamentale Tatsache übersehen, daß in der abgeschlossenen Jahresrechnung die Debitoren und Kreditoren nichts anderes bedeuten können, wie sie in den noch nicht abgeschlossenen Büchern bedeuten, und hier stellen sie gegebene und empfangene geldwerte Leistungen vor.

Diese Ideenverbindung ist für die Begriffsbildung in Ansehung der bilanzmäßigen Debitoren und Kreditoren von entscheidender Bedeutung. Wer nämlich seine Vorstellungsweise nicht die Kontrolle passieren läßt, daß die bilanzmäßigen Debitoren und Kreditoren zuerst in ihrer buchmäßigen Bedeutung zu verstehen sind, wer vielmehr von der Idee einer selbständigen Bewertung befangen ist, wird in den Debitoren und Kreditoren der Bilanz solche von juristischer Wesensart erblicken. Dazu kommt der gefährliche Anklang von Debitoren und Kreditoren an Forderungen und

Verbindlichkeiten; man glaubt, diese Worte völlig synonym gebrauchen zu dürfen, während den Debitoren und Kreditoren eine technische, nämlich eine buch- und bilanztechnische Bedeutung zukommt. Und von diesem Standpunkt bis zur Korrektur der im juristischen Sinne unzureichenden Bilanzziffern der Debitoren und Kreditoren ist nur ein Schritt. Also auch hier wieder die „Verbesserung" der „falschen" Buchführungsziffern infolge des Mangels der Vorstellung, daß die Bilanz von der Buchführung abhängig ist.

An die Spitze zu stellen ist daher der Satz, daß die Buchführung keineswegs dazu berufen ist, die abgeschlossenen Geschäfte als solche wiederzugeben. Gebucht wird vielmehr erst dann, wenn auf Grund der Geschäfte von einer Seite etwas geleistet worden ist. Wenn also ein Kauf zustande kommt, ohne daß der Verkäufer sofort die Kaufsache liefert oder der Käufer den Preis ganz oder teilweise zahlt, so ist damit überhaupt kein buchungsfähiger Vorgang gegeben. Das ist erst dann der Fall, wenn die Ware geliefert oder der Kaufpreis bezahlt wird. Mithin werden die Lieferung der Waren sowie die Zahlung des Kaufpreises auch nur in ihrer Eigenschaft als vermögenswerter Leistungen gebucht.

Um Irrtümern in dieser Richtung vorzubeugen, ist bei Gelegenheit der Novelle von 1897 dem ersten Absatze von Artikel 28 des alten als Absatz 1 von § 38 des neuen Handelsgesetzbuches folgende Fassung gegeben worden:

„Jeder Kaufmann ist verpflichtet, Bücher zu führen und in diesen seine Handelsgeschäfte und die Lage seines Vermögens nach den Grundsätzen ordnungsmäßiger Buchführung ersichtlich zu machen."

Hierzu wird in der Denkschrift bemerkt: „Durch den in dem bisherigen Art. 28 nicht enthaltenen Hinweis auf die Grundsätze ordnungsmäßiger Buchführung wird der wesentliche Punkt hervorgehoben; nach den Gepflogenheiten sorgfältiger Kaufleute ist zu beurteilen, wie die Bücher geführt werden müssen .... Durch jenen Hinweis wird zugleich eine Ungenauigkeit in der Ausdrucksweise des Art. 28 beseitigt. Denn in den Handelsbüchern werden nicht, wie die Fassung des Art. 28 anscheinend forderte, die Geschäftsabschlüsse als solche, sondern nur die infolge der Geschäfte eingetretenen Vermögensveränderungen ersichtlich gemacht; die Bezugnahme auf die Grundsätze der ordnungsmäßigen Buchführung wahrt den richtigen Sinn der Vorschrift."

Mithin können die bei Aufstellung der Jahresrechnung in diese übergehenden Zahlen auch nur die bisher stattgefundenen Vermögensveränderungen tatsächlicher Art ausdrücken, nämlich die Debitoren den Überschuß der hingegebenen über die empfangenen sowie die Kreditoren den Überschuß der empfangenen über die hingegebenen Vermögensleistungen. Was aber sagen die Verfasser der Novelle, nachdem sie in völlig zutreffender Weise den § 38 motiviert haben, in den Motiven zum § 40: „Es unterliegen nicht nur die Waren, Forderungen und sonstige Vermögensgegenstände, sondern ebenso die Schulden der Bewertung." Das dürfte genügen!

Die Gesetzesverfasser und alle Juristen glauben eben, es fände eine selbständige Bewertung statt und diese hätte sich auf die aus demselben Rechtsverhältnisse resultierenden Ansprüche und Verbindlichkeiten, gleichviel ob eine Leistung stattgefunden hätte oder nicht, zu erstrecken: es wären Ansprüche und Verbindlichkeiten gegeneinander abzuwägen und, je nachdem der Vermögenswert der Ansprüche oder der Verbindlichkeiten das Übergewicht besäße, wäre das Übergewicht in die Aktiva oder Passiva einzusetzen. Das ist ein völliger Irrtum, zu dessen Klarstellung folgendes Beispiel diene. Ein Industrieller verpflichtet sich durch Vertrag vom 1. November 1908, am 1. August 1909 eine Maschine zum Preise von 12000 *M* zu liefern. Bald nach Abschluß des Geschäftes macht er die Wahrnehmung, daß ihm ein Kalkulationsfehler unterlaufen ist und daß er aus dem Geschäfte nicht nur keinen Gewinn, sondern einen Verlust von 2000 *M* haben wird. Sein Gesuch um Preisnachlaß wird von der Gegenseite abgelehnt. Wenn dann der Industrielle, dessen Geschäfts- sich mit dem Kalenderjahr decken soll, am 31. Dezember 1908 die Bilanz aufmacht, so ist es, obwohl zu diesem Zeitpunkt der Eintritt des Schadens auch nicht den geringsten Zweifeln unterliegt, gänzlich ausgeschlossen, daß der Geschäftsinhaber dem Überwiegen des Vermögenswertes der Lieferungsverbindlichkeit über denjenigen des Kaufpreisanspruches einen Ausdruck in der Bilanz zu geben hätte. Davon wird seine Bilanz auch nicht im mindesten berührt.

Selbstverständlich würde ebensowenig im entgegengesetzten Falle, nämlich wenn der Industrielle richtig kalkuliert hätte und mit Bestimmtheit einen Gewinn erwarten könnte, dem Überwiegen des Wertes des

Kaufgelderanspruches im Verhältnis zum Werte der Lieferungsverbindlichkeit irgend ein Einfluß auf die Bilanz zukommen.

Wenn man nach der Vorstellungsweise der Verfasser des § 40 HGB. Forderungen und Verbindlichkeiten bewerten wollte, so bliebe bei den Geschäften, die alle Unternehmen bei Aufstellen der Bilanz immer laufen haben, von einer vernünftigen Erfolgsberechnung auch nicht eine Spur mehr übrig. Sie würde in ihren Elementen völlig zerstört, falls das Plus- oder Minus-Erträgnis jedes noch nicht abgewickelten Geschäftes aus dem bevorstehenden in das abgelaufene Rechnungsjahr zurückbezogen würde. Die Erfolgsberechnung kann an sich nur auf Grund wirklich stattgefundener und nicht bloß bevorstehender Vermögensveränderungen vorgenommen werden.[1]

Daß die hier beschriebene Art der Bewertung von Forderungen und Verbindlichkeiten durchaus dem Gesetze und der communis opinio der Juristen entspricht, wird durch das auch heute noch in den meisten Kommentaren bei § 40 HGB. angezogene Urteil des Reichsoberhandelsgerichts im 24. Bd. S. 72 ff. der Entscheidungssammlung bewiesen. Hier hat sich das Reichsoberhandelsgericht zu der Ansicht bekannt, daß, wenn bei Ausscheiden eines Gesellschafters oder bei der Auflösung einer offenen Handelsgesellschaft nach dem Gesellschaftsvertrage der Übergang des Geschäftsvermögens auf einen der bisherigen Gesellschafter sowie die Auszahlung des oder der anderen Gesellschafter stattzufinden und die Auseinandersetzung auf Grund einer Bilanz zu erfolgen hat, in diese derjenige Gewinn mit einzustellen sei, den ein zur Zeit der Aufstellung der Bilanz noch schwebendes Spekulationsgeschäft voraussichtlich in Zukunft bringen würde.[2]

---

[1] Von dem Prinzip, allein die tatsächlich erfolgten Vermögensveränderungen in der Jahresrechnung anzuführen, läßt die Praxis der Kaufleute Ausnahmen nur unter gewissen wirtschaftlichen, aber nicht unter reinen Bewertungsgesichtspunkten und auch dann nur so zu, daß das Resultat noch als eine Selbstkostenrechnung, nämlich als eine im wirtschaftlichen Sinne geläuterte Selbstkostenrechnung, erscheint.

[2] Aus den Darstellungen im Texte ergibt sich weiterhin, daß auch die vom Gesetze bei Ausscheiden eines Gesellschafters über den Ausscheidungsmodus getroffenen Bestimmungen leicht recht gefährlich werden können. Denn nach dem Gesetze nimmt — zu vgl. Art. 130 Abs. 1 u. 2 A. D. HB. und jetzt §§ 140 Abs. 2, 142 HGB. in Verb. mit §§ 738—740 BGB. — der Ausscheidende an dem Gewinne und Verluste der zur Zeit des Ausscheidens schwebenden Geschäfte teil. Zu welchen Folgen das führen kann und fast immer führt, wenn die Sozien im Unfrieden auseinandergehen, kann man sich leicht vorstellen. Die gesetzliche Bestimmung wird

§ 8. Verhältnis des § 40 zum § 38 HGB. Entstehung des Art. 31 A.D.HGB.

Simon zitiert im Vorworte zu seinem Werke ein Wort von Goldschmidt: „Die Prinzipien sollen sich in der Durchführung bewähren und schon der Versuch der Durchführung schützt vielfach vor Unklarheit, Verschwommenheit oder gar Unrichtigkeit; eine Menge der schönsten Prinzipien fällt über Bord, sobald man mit der verachteten Kasuistik ernst macht." Nun, die Beispiele, an denen das Prinzip der selbständigen Bewertung sowohl der zur Veräußerung wie der zum Gebrauche bestimmten Sachen und schließlich von Forderungen und Schulden vorgeführt worden ist, dürften zur Evidenz gezeigt haben, wie das strikt durchgeführte Prinzip überall auf falsche und unerträgliche Konsequenzen für die kaufmännische Ertragsberechnung hinausläuft. Mit der Unhaltbarkeit des Prinzips der selbständigen Bewertung ist auch die Unhaltbarkeit des Grundgedankens des derzeitigen Veräußerungswertes in § 40 gegeben, da er ja auf diesem Prinzip beruht. Man muß mithin an die Frage der Gültigkeit des § 40 herantreten.

Selbstverständlich geht es nicht an, dem § 40 den Gehorsam einfach mit der Argumentation zu verweigern, der Gesetzgeber würde das falsche Prinzip nicht vorgeschrieben haben, wenn er klar gesehen und sich nicht geirrt hätte. Die falsche Bestimmung besteht nun einmal, und ein falsches Gesetz erfordert nicht minder Gehorsam wie ein fehlerfreies. Viel eher könnte man sich auf das Gewohnheitsrecht der Kaufleute beziehen und aus dem Jahrhunderte alten und in sich vollauf begründeten Prinzip der Selbstkostenrechnung die Negation des Prinzips der selbständigen Bewertung, des Prinzips des § 40, herleiten. Aber auch diesen Weg, obwohl er durchaus gangbar ist, möchte der Verfasser nicht einschlagen. Denn es dürfte wohl einen noch einfacheren Weg geben,

---

dann zu einer mater rixarum und gibt einem Übelwollenden eine sehr bedenkliche Waffe in die Hand. Deshalb schließen auch Anwälte, die mit der Anfertigung eines Gesellschaftsvertrages betraut werden und denen die beschriebene Wirkung der gesetzlichen Auseinandersetzungsbestimmungen bekannt ist, diese regelmäßig durch den Gesellschaftsvertrag aus, indem sie an Stelle der Vorschriften des HGB. und BGB. die Bestimmung setzen: Die Auseinandersetzung hat auf Grund einer regelrechten Bilanz zu erfolgen. Freilich kann diese Bestimmung im Streitfalle wieder vom Gerichte durchkreuzt werden, nämlich, wie der oben beschriebene Fall lehrt, auf Grund der herrschenden falschen Auffassung von Debitoren und Kreditoren.

den § 40 bereits de lege lata außer Wirksamkeit zu setzen, nämlich das Gesetz selbst.

Der im vorhergehenden Abschnitt angeführte § 38 HGB. legt ja dem Kaufmanne die Verpflichtung einer ordnungsmäßigen Buchführung auf. Zur ordnungsmäßigen Buchführung gehört, daß die in der Bilanz eingesetzten Zahlen in die Bücher übernommen werden. Wenn dies nun geschieht und die betreffende Bilanz hätte Werte aufgewiesen, wie sie den wirklichen Prinzipien des § 40 entsprechen, so würden die Bücher in unheilbare Verwirrung geraten, von einer auch nur einigermaßen ordnungsmäßigen Buchführung könnte keine Rede mehr sein. Die Beispiele in den §§ 5 bis 7 tun dies zur Genüge dar. Demnach steht das in § 38 aufgestellte Gebot einer ordnungsmäßigen Buchführung in unlöslichem Widerspruche mit dem vom § 40 anbefohlenen Prinzip einer selbständigen Bewertung. Beide können nicht nebeneinander bestehen, eins von ihnen muß unbedingt weichen. Entscheidet man sich also für die Gültigkeit des § 38, und darüber, daß die Entscheidung in diesem Sinne zu fallen hat, kann wohl kein Zweifel bestehen, so muß der § 40 mit dem Prinzip der selbständigen Bewertung zessieren. Die dadurch entstehende Lücke ist dann mit den Selbstkostenwerten der Praxis auszufüllen, sei es, daß man die Selbstkostenwerte unmittelbar aus dem kaufmännischen Gewohnheitsrecht oder mittelbar aus dem Gesetzesrecht, nämlich aus dem § 38, begründet.

Das Thema ist nicht zu beschließen, ohne daß man der Entstehungsgeschichte des § 40 HGB. als Art. 31 A. D. HB. gedenkt. Die Nürnberger Kommission setzte sich aus Juristen und Angehörigen des Handelsstandes zusammen, und zwar nach den Lutzschen Protokollen S. 1—15 aus 17 Juristen und 6 Kaufleuten. In der für den Art. 31 entscheidenden Sitzung vom 29. Januar 1857 waren 22 Mitglieder anwesend, die 6 Angehörigen des Handelsstandes und 16 Juristen. An der Abstimmung beteiligten sich 14, und zwar waren elf Stimmen für und drei gegen die Annahme des Art. 31. Daß dieser wie überhaupt der ganze Entwurf (es war der preußische) von Juristen verfaßt worden war, steht ohne weiteres fest.[1] Befürwortet wurde der

[1] Die spätere Redaktion des Art. 31, die Gesetz wurde, rührt nachweisbar vom Österreicher Dr. Schindler her.

Art. 31 in der Diskussion gleichfalls von Juristen. Denn zu seinen Gunsten wurde charakteristischerweise angeführt, er enthalte einen sehr schätzbaren Wegweiser. Folglich müssen diejenigen, die der Vorschrift des Art. 31 die Empfehlung eines guten Wegweisers gaben, sie schon vorher als solchen gekannt haben. Und das trifft eben für Juristen zu, denen Erfahrungen hierüber aus dem Gebiete des Prozesses zur Verfügung standen. Hiernach kann nicht zweifelhaft sein, daß die Juristen mit dem derzeitigen Werte des Art. 31 das verum pretium der Pandekten im Auge hatten. Das wird auch durch die oben zitierte Entscheidung des ROHG. und durch die Kommentare bestätigt, indem hier der auf einer angenommenen Veräußerung beruhende objektive Wert dem auf subjektivem Ermessen beruhenden Werte gegenübergestellt wird.

Mit dem sogenannten objektiven Werte und seiner Brauchbarkeit hat es aber folgende Bewandtnis: Wenn über den Wert einer Sache gestritten wird, z. B. einer Sache, die von jemandem widerrechtlich beschädigt worden ist, dann hat es allerdings seinen guten Zweck und Sinn, wenn die Rechtsordnung einen objektiven Wertmaßstab normiert und als solchen dem allgemeinen Veräußerungswert vorschreibt. Denn dann wird regelmäßig die eine Partei die Tendenz haben, den Wert möglichst hoch, und die Gegenpartei, ihn möglichst niedrig anzugeben. Auf Grund der ihnen insofern über den allgemeinen Veräußerungswert zustehenden Erfahrungen glaubten die Juristen, diesen Wertmaßstab auf das ihnen unbekannte Gebiet der kaufmännischen Erfolgsrechnung übertragen zu dürfen. Sie wußten nicht, daß er hier gar nicht angebracht ist, ja mit der Bilanz in direktem Widerspruche steht.

In der Kommissionsberatung hat sich nun zwar eine Opposition gegen den Art. 31 geltend gemacht. Auch ging sie wahrscheinlich von einem Kaufmann aus. Denn der Betreffende bezeigte ganz bestimmte kaufmännische Erfahrungen. Er wandte nämlich ein, daß man sich mit dem Art. 31 über den Zweck eines Handelsgesetzbuches hinaus in den Bereich der Instruktionserteilung verliere, und das sei um so bedenklicher, als an manchen Orten bei verschiedenen Geschäften auch verschiedene Arten der Errichtung von Inventaren und Bilanzen beständen, andere bei dem Bankier, andere bei dem Reeder. Annehmbarerweise sind auch die beiden anderen Opponenten unter den Kaufleuten zu suchen. Aber auf alles dies dürfte kein besonderes Gewicht zu legen sein. Das Entscheidende vielmehr ist: die Kaufleute wußten ja gar nicht, was sich hinter dem allgemeinen Veräußerungswerte der Juristen barg, der überdies direkt weder im Entwurfe noch in der definitiven Fassung des Art. 31 erwähnt worden ist. Ja die Kaufleute, und selbst diejenigen unter ihnen, denen die grundlegende Entscheidung des ROHG. im 12. Bande bekannt ist, wissen heute noch nicht einmal, was es mit dem allgemeinen Veräußerungswerte auf sich hat: zitieren doch viele Buchführungsschriftsteller diese Entscheidung, zum Teile im Wortlaute, und drücken so ihr Einverständnis mit der Entscheidung und der gesetzlichen Bilanzierungsmethode aus. Sie legen nämlich sehr einfacherweise der Entscheidung des ROHG. und dem Art. 31 bzw. § 40 die Deutung bei, es wäre mit dem allgemeinen Veräußerungswerte kein anderer Wert gemeint, wie er in der Praxis üblich wäre. Deshalb erheben sie keinen Widerspruch. Wenn man ihnen jedoch das Wesen des allgemeinen Veräußerungswertes, so wie er bei streng logischer Interpretation auf Grund einer selbständigen Bewertungsmethode zu verstehen ist, auseinandersetzen würde, so würden sie diese Methode einstimmig als völlig sinn- und prinzipwidrig zurückweisen.

Das ist der Grund, weshalb der allgemeine Veräußerungswert weder bei seiner Entstehung noch bei seinem Fortbestand Widerspruch von den Angehörigen des Handelsstandes erfahren hat. Damit ist aber auch erklärt, warum die Allgemeinheit der Juristen ihrerseits niemals erfahren hat, daß der derzeitige Veräußerungswert des Gesetzes ein im Sinne der für den Kaufmann einzig möglichen Erfolgsberechnung ganz unmögliches Prinzip bedeutet.

II. Die prospektiven Elemente in der retrospektiven Erfolgsberechnung.

§ 9. Wie ist das Auftreten prospektiver Elemente in der retrospektiven Erfolgsberechnung zu erklären?

Erst jetzt, nachdem das Eingreifen in die Zahlen der kaufmännischen Erfolgsberechnung auf Grund einer selbständigen Bewertung als Willkürlich- und Prinzipwidrigkeit festgestellt worden ist, und nachdem der § 40 HGB., der dieser Methode eine Stütze zu geben sucht, als widerlegt gelten kann, ist mit der Darstellung jener Veränderungen zu beginnen, die die kaufmännische Praxis an den Selbstkosten vornimmt.

Um den richtigen Standpunkt für die Beurteilung dieser Veränderungen zu gewinnen, hat man auf den Zweck von Inventur und Bilanz zurückzugehen.

Der Zweck der in der Bilanz verkörperten Erfolgsberechnung ist: dem Kaufmanne als dem Inhaber und Leiter eines geschäftlichen Unternehmens Gelegenheit zu verschaffen, sich so genau wie möglich über seine finanzielle Lage zu vergewissern. Denn es bedarf keines Beweises dafür, daß der Inhaber eines Geschäftes, wenn anders er die Führung seines Geschäftes in der Hand behalten und dieses vorwärts bringen will, seine finanziellen Verhältnisse zu übersehen hat. Deshalb müßte er, streng genommen, den Inhalt der Bücher stets im Kopfe haben. Das ist praktisch unmöglich. Er wird die in den Büchern aufgezeichneten Geschäftsvorfälle gewöhnlich nur im allgemeinen und er wird deshalb seine jeweilige Lage nur in mehr oder minder der Wirklichkeit angenäherten Umrissen vor Augen haben.

Jedoch mindestens einmal im Jahre soll er sie ganz genau sehen. Das ist das eigentliche Motiv für die Sitte der Bilanzaufstellung: der Kaufmann soll sich von der Buchführung in einem Augenblicksbilde die Teile seines Geschäftsvermögens nebst dem geschäftlichen Ertrage vorführen lassen. Um wiederum dieses Bild möglichst wahrheitsgetreu zu gestalten, ist es unbedingt erforderlich, die Buchführung vorher von Fehlern zu reinigen. Daher die Sitte der Inventur, durch die solche Abgänge am Geschäftsvermögen festgestellt werden, die bisher noch nicht registriert worden waren.

Demnach hat man als den Kernpunkt der Gepflogenheit der Bilanz und der ihr vorangehenden Inventur das Bestreben der Kaufleute zu bezeichnen, ihre geschäftlichen Maßnahmen entsprechend ihrer finanziellen Lage einzurichten und sich für die ihnen obliegende Aufgabe einer rationellen Geschäftsführung in ganz zuverlässiger und einwandfreier Weise über die Quantität und die Qualität des Geschäftsvermögens zu informieren. Deshalb ist es nur natürlich, daß die Kaufleute diese Sitte dann im Sinne ihres eigentlichen Zweckes mehr und mehr ausgestaltet haben, nämlich eben dahin, daß die durch die Inventur kontrollierten Ziffern eine Basis für die Gebarung mit dem Geschäftsvermögen bilden, auf die man sich nach vernünftigem Ermessen verlassen kann. Wenn sich anfangs der Zweck der Inventur darin erschöpfte, die gröbsten und schwersten Fehler, die in § 4 geschildert worden sind, aus der Buchführung und ihrem Augenblicksbilde, der Bilanz, zu entfernen, so ist dieser Zweck in der Folgezeit ungleich schärfer gefaßt, er ist vertieft worden. Zuerst, zur Zeit des Aufkommens des Brauches, Inventur und Bilanz zu errichten, mag der Kaufmann über die Ermittelung der offensichtlichen, der für jedermann direkt wahrnehmbaren Ausfälle am Geschäftsvermögen nicht hinaus gekommen sein, ihm mag die Abstellung der schwersten Fehler in der Bestandsrechnung noch genügt haben. Aber nicht mehr dem Kaufmanne der späteren Zeit. Später ist der Kaufmann auf Grund von Erfahrungen, die der einzelne nur zum geringeren Teile selbst gesammelt, die er vielmehr zum weitaus größeren Teile und allmählich in immer wachsendem Umfange durch die Tradition überkommen hat, dazu gelangt, die Inventur und Bilanz von einem höheren und weiteren Gesichtspunkte aus aufzufassen, und infolge der Wechselwirkung und des innigen Zusammenhanges, in dem die wirtschaftlichen Ereignisse der Gegenwart und die der Zukunft stehen, hierauf in gewissem Umfange Bedacht zu nehmen, namentlich bestimmte Verluste, die in der Zukunft liegen, in die jeweilige Erfolgsrechnung einzustellen, also diese Verluste vorzuverlegen.

Nimmermehr können Buchführung und Bilanz Selbstzweck, sie können doch allein Mittel zu einem Zweck und der Zweck kann nur der sein, dem Kaufmanne einen genügenden Rückenhalt für eine vernünftige Gebarung mit seinem Geschäftsvermögen zu liefern. Wenn also das Feststellen der Buchführungsziffern nicht um seiner selbst willen geschieht, so handelt es sich eben um ein voir pour prévoir; daher befremdet es auch nicht, wenn die Bilanz ein prospektives, ein prophylaktisches Moment aufweist. Auf die Entwicklung der wirtschaftlichen Prophylaxe bei Aufmachung der Erfolgsrechnung hat die Qualität des Geschäftsvermögens, die sog. Liquidität, einen nachhaltigen Einfluß ausgeübt. Gerade die Liquidität läßt erst in vollem Umfange die Gefahren erkennen, die eine Bilanz unter Umständen mit sich bringen kann, wenn der Bilanzierende den Buchführungsziffern, wie sie sich nach Abstellung offensichtlicher Unrichtigkeiten darbieten würden, ohne weiteres vertrauen und ihnen gemäß seine Dispositionen in bezug auf das Geschäftsvermögen treffen wollte: Seine auf diesen Ziffern fußenden Maßnahmen können nämlich um deswillen fehlschlagen, weil die Ziffern späterhin versagen, und infolgedessen kann das Geschäftsvermögen in seiner Existenz erschüttert, ja zerstört werden.

Zwar wird man daher auch die Bedeutung der Erfahrungssätze über die Quantität des Geschäftsvermögens erst dann in ihrem vollen Umfange zu würdigen vermögen, wenn man weiß, was es mit der Qualität auf sich hat. Gleichwohl sollen vor der Qualität, der Liquidität, als einem ganz spezifisch kaufmännischen und dem Leser fernerliegenden Thema die näherliegenden Erfahrungssätze in betreff der Quantität des Geschäftsvermögens behandelt werden.

Hiernach werden auch gewisse Erscheinungen in der Bilanz erklärlich, die aus einer bloßen Wiedergabe der Buchführungsziffern durch die Bilanz nicht zu erklären sind: während die Bilanz als Ertragsberechnung prinzipiell auf die Ziffern der Vergangenheit zu beschränken und allein auf ihnen aufzubauen wäre, während sie eigentlich nur rückwärtsschauend die bisher stattgefundenen Geschäftsvorfälle zusammenfassen und wiedergeben sollte, ist ihr Bild unter der Einwirkung des prospektiven Momentes einigermaßen verschoben worden. Denn wenn die Ziffern der Buchführung zur Zeit der Inventur und Bilanz auch mit vom Gesichtspunkte der kommenden Ereignisse aus zu sehen sind, dann müssen eben die an sich nur auf die Vergangenheit zu beziehenden Ziffern der Buchführung bei Aufnahme der Bilanz in gewissem Grade mit Rücksicht auf die künftigen Geschehnisse modifiziert werden. So kommt es, daß wir die rein retrospektive Bilanz von zahlreichen prospektiven Elementen durchsetzt finden. Hauptsächlich ihrer Darstellung gelten die folgenden Ausführungen.

§ 10. Die Bewertung der Debitoren.

Davon, daß die Bewertung der einzelnen Vermögensbestandteile durchaus nicht einfach ist, kann man sich bereits bei den Debitoren überzeugen, die doch noch am ehesten dem Nicht-Kaufmanne ein Urteil gestatten. Nicht nur stellen sich der tatsächlichen Würdigung erhebliche Hindernisse entgegen, sondern die dabei in Betracht kommenden Verhältnisse verursachen am Ende auch beträchtliche Schwierigkeiten begrifflicher Art.

Zunächst die Schwierigkeiten der ersten Art. Bei der Schätzung eines Schuldners ist naturgemäß nach seiner Zahlungsfähigkeit zu fragen. Worauf stützt nun der Inventarisierende seine Ansicht über die Bonität der Debitoren? Nun doch wohl vor allem darauf, wie die betreffenden Abnehmer ihre Schulden regulieren. Dieses Kriterium hat aber seine bedenklichen Schwächen. Denn einmal kann ein Kunde, der das Ziel ständig überschreitet, sehr gut mit Mitteln versehen und seine schleppende Zahlungsweise wird dann darauf zurückzuführen sein, daß er sich so einen Vorteil auf Kosten des kreditierenden Lieferanten verschaffen will und verschafft. Es sind nämlich in allen Branchen Zahlungsfristen üblich, sie schwanken je nach der Branche von einem bis zu sechs Monaten und gehen bisweilen sogar darüber hinaus. Nun hält aber der Kunde das ihm zustehende Zahlungsziel, wie gesagt, öfter um deswillen nicht ein, weil er sehr wohl weiß, daß der Lieferant in der Regel aus Besorgnis, ihn als Kunden zu verlieren, ihm bei Überschreiten des Zieles nicht sogleich Zinsen abfordern, geschweige ihn verklagen wird. Daraus folgt, daß die von den meisten Kommentatoren aufgestellte Behauptung, es wären durchgehend auf fällige Außenstände sowie auf Schulden Zinsen hinzuzurechnen, in der Regel für Warendebitoren und -kreditoren nicht zutrifft.[1]

Aber nicht allein, daß ein säumiger Zahler sehr solvent sein kann — nach der umgekehrten Richtung kann der Maßstab, die Lage eines

[1] Ebensowenig ist es richtig, wenn von allen noch nicht fälligen Forderungen ohne Ausnahme und deshalb auch von den noch nicht fälligen Warenforderungen behauptet wird, sie wären unter Kürzung des üblichen Diskontsatzes einzusetzen. Dieser Punkt kann nur unter genauer Schilderung des kaufmännischen Skontowesens sowie weiter des buchmäßigen Problems der Warenforderungen geklärt werden, wozu es hier an Raum fehlt. Ausführlich hierüber Fischer S. 210—221, sowie S. 245 ff.

Schuldners nach seiner Zahlungsweise zu beurteilen, gleichfalls sehr täuschen und kann hier zu bedeutenden Verlusten Anlaß geben: Gerade deshalb nämlich, weil jeder Kaufmann weiß, daß seine Vermögenslage von anderen danach beurteilt wird, wie er zahlt, wird sehr leicht selbst der in nichts weniger als guten Verhältnissen befindliche Abnehmer gegenüber solchen Lieferanten, an denen ihm wegen der fortzusetzenden und, wenn möglich, noch zu erweiternden Kreditgewährung viel gelegen ist, unter Hintansetzung seiner anderen Kreditoren alles aufbieten, um die betreffenden Lieferanten prompt zu bezahlen und ihnen gegenüber so den Anschein des guten Debitors aufrecht zu erhalten. Wenn er dann zusammenbricht, so werden diejenigen Lieferanten den größten Schaden erleiden, die sich auf die regelmäßige Schuldtilgungsweise verlassen hatten.

Ein anderes Mittel, sich über die Lage seiner Kunden zu vergewissern, steht dem Kaufmanne bekanntlich in den Auskünften zu Gebote. Hier soll namentlich auf einen Mangel hingewiesen werden, der den Auskünften anhaftet. Als die Quelle, aus der in sehr vielen Fällen die Auskünfte zuletzt fließen, kommen die Angaben anderer Kreditoren desjenigen in Betracht, über den eine Erkundigung eingeholt wird. Aber die von dieser Seite, hauptsächlich von den großen Kreditoren, herrührenden Mitteilungen sind mit Vorsicht aufzunehmen. Denn gerade dann, wenn die Angefragten über die schlechte Lage des Debitors auch nicht mehr im geringsten Zweifel sind, werden sie aus naheliegenden egoistischen Motiven leicht dazu neigen, ihre Berichte zum mindesten schön zu färben, ja mitunter direkt gegen die Wahrheit zu verstoßen. Besitzen sie doch ein erhebliches, und, je größer der von ihnen kreditierte Betrag ist, ein um so größeres Interesse daran, daß der Schuldner nicht in Konkurs fällt, sondern vielleicht auf Gefahr anderer gerettet, oder daß wenigstens der Konkurs so lange hinausgeschoben wird, bis sich die Angefragten infolge der Kreditgewährung der Anfragenden haben zurückziehen können.

Nicht geringere Zweifel, wie über die Zahlungsfähigkeit eines Schuldners, können über die rechtliche Existenz einer im Streite befangenen Forderung entstehen. Daß unter diesem Gesichtspunkte umstrittene Tat- und Rechtsfragen das Resultat der Schätzung sehr fragwürdig gestalten, weiß jeder Jurist. Aber Richter und Anwälte wissen auch noch ein anderes, daß nämlich eine recht große Anzahl von Kaufleuten, wenn sie in Vermögensverfall zu geraten und die Gläubiger gegen sie zu klagen beginnen, nicht etwa ohne weiteres ein Versäumnis- oder Anerkenntnisurteil über sich ergehen läßt, sondern den durchaus gerechtfertigten Ansprüchen ihrer Gläubiger mit mehr oder minder geschickten Einwendungen zu begegnen und die drohenden Zwangsvollstreckungen mit dem im Hintergrunde stehenden Konkurs möglichst lange zu verzögern sucht.

Hiernach liegen die Schwierigkeiten, eine bestrittene Forderung zutreffend zu taxieren, oft gar nicht sowohl auf rechtlichem, als auf wirtschaftlichem Gebiete. Hierher gehört auch das dem praktischen Juristen offene Geheimnis, daß eine beträchtliche Quote aller zwischen Kaufleuten streitig geführten Klagen, vor allem Mängel- und Prozesse wegen verspäteter Lieferung, dann aber auch Prozesse über das Zustandekommen des Vertrages, ihre eigentliche Ursache in dem seit Abschluß gefallenen oder gestiegenen Warenpreis hat: Die hierbei zu Schaden gekommene Vertragspartei will den Schaden von sich abwälzen und benutzt hierzu einen ihr rechtlich günstig scheinenden Umstand, auf den sie sonst niemals Gewicht gelegt hätte. Sie geht dann gewöhnlich nicht, wenigstens nicht in erster Linie, auf ein Urteil, sondern auf einen Prozeßvergleich aus.[1]

Hiernach lassen die für die Würdigung der Debitoren in Betracht kommenden Umstände, zumal in ihrem Zusammentreffen, das Resultat als ein äußerst schwankendes erscheinen: bei demselben Debitor kann der eine Gläubiger seinen Außenstand mit 100, der andere mit 50 und noch ein anderer vielleicht mit 25 % einsetzen. Auf eine in der Tat zutreffende Schätzung des einzelnen Außenstandes besteht hiernach in der Regel kein Verlaß. Deshalb verzichten auch die Inhaber größerer reiner Verkaufs- wie von Fabrikgeschäften auf eine Schätzung der Forderungen im einzelnen. Sie machen vielmehr die Forderungen in ihrer Gesamtheit zum Gegenstande der Schätzung und deduzieren: In früheren Jahren ist von den Debitoren ein gewisser Prozentsatz verloren gegangen; diese Erfahrungstatsache übertrage ich auf das gegenwärtige Rechnungsjahr und bemesse danach den Ausfall an Guthaben. — Die Sätze differieren

[1] Und zwar erwartet sie das Zustandekommen eines Vergleiches entweder, weil sie auf eine weitverbreitete Abneigung gegen langwierige Prozesse oder weil sie als Abnehmerin darauf spekuliert, den bisherigen Lieferanten durch das Versprechen vergleichsgeneigt zu stimmen, daß sie die Geschäftsverbindung mit ihm fortsetzen wollte.

bedeutend, einmal nach der Branche sowie ferner danach, ob der Geschäftsinhaber besondere Sorgfalt auf die Zusammensetzung seiner Kundschaft verwendet hat oder auch nur verwenden konnte. So werden Exportfirmen durchgehend viel höheren Verlusten ausgesetzt sein, als Firmen mit Inlandsverkehr, und ein Kaufmann, der unternimmt, sein unlängst begründetes Geschäft einzuführen, wird manchmal der Versuchung unterliegen, es mit der Auswahl seiner Kunden nicht so genau zu nehmen.

Die üblichen Abschreibungssätze differieren nach den Verhältnissen ganz erheblich.[1] Selbstverständlich haben bei der Abschreibung auf die Gesamtheit der Debitoren auch solche Umstände entsprechende Berücksichtigung zu finden, die jeweilig auf die Lage aller Schuldner einwirken, also allgemeine Konjunkturen sowie Konjunkturen gerade in der Branche, denen die Abnehmer vorzugsweise angehören.

Bei dieser Schätzungsweise findet ziffermäßig keinerlei Veränderung an den einzelnen Dibitorenkonten statt. Vielmehr wird derjenige Betrag, den man von der Gesamtheit der Debitoren absetzen will, auf ein besonderes Konto gebracht und dieses wird auf der Passivseite der Bilanz eingestellt, so daß es der infolge der unverkürzten Debitoren zu hohen Aktivseite das Gegengewicht hält.[2]

Das, was bei Errichtung der Bilanz durch Anlegen eines die Kollektivabschreibungen aufnehmenden Kontos von der Gesamtheit der Debitoren gekürzt wird, wird ebensowenig, wie die individuell, d. h. die an dem einzelnen Debitorenkonto, vorgenommene Kürzung, als ein zukünftiger, sondern wird als ein zur Zeit der Bilanzerrichtung bereits vorhandener Verlust angesehen. Darüber, daß es sich bei den Kollektivabschreibungen gleichfalls um einen schon stattgefundenen Verlust handelt, dürfte jetzt die Judikatur einig sein. Auch die weitaus meisten Schriftsteller sprechen sich in diesem Sinne aus; hierzu zu vgl. Fischer S. 242.

---

[1] Nach Gottschalk brauchen Geschäfte mit sehr guter Kundschaft nur den geringfügigen Prozentsatz von $^1/_4$ bis $^1/_8$ % abzuschreiben. Für gewöhnlich werden als Durchschnittssatz gegen 5 % angenommen; zu vgl. Maatz S. 136 sowie Drapala in Zeitschr. f. Buchhaltung, Jahrg. 1900 S. 7. Im Überseeverkehr zufolge von Maatz sogar 10 %.

[2] Die demnächst bei den einzelnen Debitoren zutage tretenden Verluste werden in gleicher Weise von den Konten der betreffenden Debitoren wie von dem eben beschriebenen Konto in Abzug gebracht.

Daran sollen folgende Betrachtungen geknüpft werden. An dieser Stelle tritt zutage, daß die Bewertung der Debitoren nicht allein praktisch, sondern auch begrifflich mit bedeutenden Schwierigkeiten verknüpft ist. Denn bei einer eingehenden Untersuchung des Wesens derjenigen Abschreibungen, die auf Debitoren stattfinden, wird man nicht umhin können, eines eigentümlichen Umstandes, der Eventualnatur dieser Abschreibungen, zu gedenken, d. h. der vom praktischen Gesichtspunkte aus fernliegenden, so doch immerhin vorhandenen Möglichkeit, daß die als verloren betrachteten Beträge später noch eingehen werden. Gewiß ist der Rechtsprechung, deren Meinung wohl am schärfsten in der von Fuisting II S. 86 wiedergegebenen Entscheidung des OVG. vom 26. Januar 1897 präzisiert wird, darin beizupflichten, daß in der Praxis bei den Abschreibungen von Debitoren unmöglich darauf abgestellt werden kann, ob eine Forderung ihre rechtliche Existenz eingebüßt hat, sondern daß es darauf ankommt, ob wirtschaftlich betrachtet für den Eingang der betreffenden Forderungsbeträge eine sehr geringe Wahrscheinlichkeit besteht und ob die Forderung danach so gut wie wertlos erscheint. Andererseits ist aber eben daran festzuhalten, daß eine, wennschon geringe, Wahrscheinlichkeit für den Eingang der als verloren abgebuchten Beträge besteht, und daß man deshalb theoretisch berechtigt ist, die Forderungsbeträge trotz der Abschreibung als möglicherweise noch existent zu betrachten.

Diese Anschauungsweise über den zwiespältigen Charakter der auf Debitoren stattfindenden Abschreibungen mag allerdings für die Handhabung der Bewertung in der Praxis so gut wie bedeutungslos sein, in prinzipieller Hinsicht ist sie jedenfalls von nicht zu unterschätzender Wichtigkeit. Denn nur so wird verständlich, warum das Konto, dem die von der Gesamtheit der Debitoren abzusetzenden Beträge überschrieben werden, in der Buchhaltung die verschiedenartigsten Bezeichnungen erhalten hat und warum, wie daraus zu schließen, die Meinungen in der Praxis über das Wesen des Kontos und der Abschreibungen auseinandergehen. Das Konto heißt bald Delkrederekonto, bald Delkrederefonds, bald Dubiosenkonto, ja auch die Zwitter Dubiosenreservekonto und Delkrederefondskonto finden sich. Die differierende Benennung gibt den verschiedenen Standpunkt wieder, den die Bewertenden gegenüber dem Nochvorhanden- und dem Nichtmehrvorhandensein der auf das Konto überführten Forderungsbeträge einnehmen: Im Delkrederefonds und im

Dubiosenreservekonto überwiegt offenbar die Meinung von der Noch-existenz dieser Beträge und im Delkrederefondskonto wird durch Zusammenfassen der gegensätzlichen buchmäßigen termini Fonds und Konto in einem Wort etwas angedeutet, was ziffermäßig auszudrücken ein Ding der Unmöglichkeit ist: daß derselbe Betrag gewissermaßen gleichzeitig vorhanden und daß er nicht vorhanden ist. Wohl neigt, wie schon oben bemerkt, auch die Mehrzahl der Buchführungsschriftsteller der Ansicht zu, man hätte im Dubiosenkonto ein Bewertungskonto, d. h. ein solches Konto vor sich, das definitiv verloren gegangene Vermögensteile enthielte. Es ist dies ferner die Ansicht von Simon; zu vgl. S. 140.

Demgegenüber ist auf die Ansicht von Belohlawek, eines der angesehensten Fachschriftsteller, hinzuweisen. Er erklärt in der von ihm herausgegebenen Zeitschrift für Buchhaltung Jahrg. 1901 S. 173 ff. das Dubiosenkonto für ein transitorisches Konto. Um diesen Fachausdruck in das allgemein Verständliche zu übertragen, Belohlawek will sagen: Zwar *tatsächlich* sind die auf das Dubiosenkonto gebrachten Beträge als noch fortexistent und ihr tatsächlicher Verlust ist daher erst als in Zukunft eintretend anzusehen. Hingegen werden sie aus *wirtschaftlichen* Zweckmäßigkeitsgründen als ein Verlust des gegenwärtig ablaufenden Rechnungsjahres behandelt.

Damit wird ein Gedanke von sehr großer Tragweite ausgesprochen. Belohlawek stellt damit für die Bewertung der Debitoren etwas als Maxime fest, was bei der Bewertung der sämtlichen übrigen Teile des Geschäftsvermögens wie des Geschäftsvermögens in der Gesamtheit stets wiederkehrt; bloß mit dem Unterschiede, daß die Maxime bei den Debitoren nur in Umrissen bemerkbar wird, während sie sonst ungleich schärfer hervortritt und sich an manchen Stellen dem Beschauer ganz unverhüllt zeigt: *die Maxime, auf Grund früher gemachter Erfahrungen für die Zukunft zu sorgen.*

§ 11. Die Bewertung der Gebrauchsgegenstände.

Zu mindesten dieselben, wenn nicht noch höhere Anforderungen in wirtschaftlicher und in begrifflicher Beziehung, wie die Bewertung der Debitoren, stellt die Bewertung der Gebrauchsgegenstände. Sie wird durchgehend in der Judikatur und in der Literatur, von juristischen und von Buchführungsautoren, ziemlich kurz behandelt; es wird am Ende nicht viel mehr gesagt, als daß die Gebrauchssachen zum Gebrauchswerte einzusetzen wären und daß auf Gebrauchssachen abgeschrieben würde, weil sie sich abnützten.

Unter Gebrauchs- und Nutzungsfähigkeit sowie unter Brauchbar- und Nutzbarkeit einer Sache dürften alle wirtschaftlichen Vorteile zu verstehen sein, die eine Sache ihrem Besitzer durch den Gebrauch gewährt, und der entsprechende Wert wird mit Gebrauchs- oder Nutzungswert bezeichnet. Dies vorausgeschickt, so ist entschieden zu verneinen, daß Gebrauchs- und Bilanzwert einer Gebrauchssache übereinzustimmen brauchten. Ob sich (was offenbar unmöglich ist) der Gebrauchswert einer Sache überhaupt in Ziffern fassen läßt, kann dabei völlig dahingestellt bleiben. Die Ansicht, Bilanz- und wirtschaftlicher, also Gebrauchswert, hätten identisch zu sein, stürzt ja ohne weiteres mit dem im I. Teile als falsch erkannten Prinzipe der selbständigen Bewertung. Die Buchführung und deshalb auch die Bilanz hat es ja allein mit den auf die Anschaffung einer Sache verwendeten Kosten zu tun. Die Aufgabe, die sich hiernach bei Aufstellung der Erfolgsberechnung in Ansehung der Gebrauchssachen ergibt, kann nur darin bestehen, die Kosten der Anschaffung in zweckentspechender Weise zu behandeln.[1]

Damit gelangen wir zu den Abschreibungen, die jährlich wiederkehrend in den Bilanzen auf den Anschaffungspreis gemacht werden. Von diesen Abschreibungen heißt es gewöhnlich, und zwar ebenso in den Urteilen der obersten Gerichtshöfe, als auch bei juristischen und Buchführungsschriftstellern, es würde abgeschrieben, weil die Sachen sich abnützten. Diejenige Entscheidung, die sich am ausführlichsten mit der Frage der Abschreibungen auf Gebrauchssachen beschäftigt, die Plenarentscheidung des OVG. vom 27. November 1896 in E. i. St. Bd. 5 S. 270 ff. stellt sich gleichfalls auf diesen Standpunkt. So jedoch, wie die Abschreibungen allgemein und so wie sie auch in dem angezogenen Urteil des OVG.[2]

[1] In gewisser Beziehung gewinnen auch die Reparaturkosten für den Bilanzwert der Gebrauchssachen Bedeutung. Um jedoch die schwierige Frage der Abschreibungen im Rahmen einer kurzen Abhandlung nicht noch mehr zu komplizieren, so ist davon Abstand genommen worden, das Thema der Reparaturen mit zu erörtern. Ausführlich hierüber Fischer S. 80 ff.

[2] Zwar betrifft das Urteil nur die gemäß dem damaligen § 9 I 5 und jetzigen § 8 I 4 des preuß. Einkommensteuergesetzes für die Gebrauchsgegenstände eines jeden Steuerpflichtigen zugelassenen Abschreibungen, und das OVG. behauptet von diesen Abschreibungen, sie wären von anderer Art, wie die nach § 14 (jetzt § 13) den Vollkaufleuten bei Aufstellung ihrer Bilanzen zugebilligten Abschreibungen.

verstanden werden, ist es falsch, sie aufzufassen. Denn man meint, es würde deshalb abgeschrieben, weil durch die Abschreibung eine Abnahme des Gebrauchswertes ziffermäßig ausgedrückt würde. In Wirklichkeit ist aber die Abnahme der Gebrauchsfähigkeit nicht die unmittelbare, sondern nur die mittelbare Ursache der Abschreibungen. Der Beweis für die zweite Hälfte dieses Satzes ist ziemlich umständlich. Hingegen läßt sich verhältnismäßig rasch und leicht die Richtigkeit des ersten Satzes und damit die Unrichtigkeit der von der Allgemeinheit festgehaltenen Ansicht nachweisen, daß die Abschreibungen unmittelbar auf der Abnahme der Gebrauchsfähigkeit beruhten.

Die Behauptung nämlich, es würde durch den am Ende des einzelnen Jahres abgeschriebenen Betrag eine während des betreffenden Jahres tatsächlich eingetretene Abnutzung zahlenmäßig wiedergegeben, ist doch nur möglich, wenn man von der Voraussetzung ausgeht, daß mit dem anfänglichen Buchwerte im Anschaffungsjahre der anfängliche Nutzungswert der Sache dargestellt würde. Und das ist, wie wir gesehen haben, prinzipiell falsch. Zum Überflusse sei an das oben in § 1 angeführte Beispiel erinnert, wo dieselbe Maschine, also eine Maschine, die genau denselben Nutzungswert hat, einmal zu einem höheren und sodann zu einem niedrigeren Preise verkauft worden ist und von den Käufern gemäß den verschiedenen Kaufpreisen in die Bilanz des Anschaffungsjahres eingestellt wird. Da es also offensichtlich ein Irrtum ist, daß der ursprüngliche Buchwert einer Gebrauchssache dem ursprünglichen wirtschaftlichen Wert adäquat wäre, so muß auch unbedingt

Aber das einzige Argument, auf das sich das OVG. für die angebliche Verschiedenartigkeit der von Vollkaufleuten und von anderen auf Gebrauchsgegenstände vorgenommenen Abschreibungen zu stützen vermag, ist die äußere Form der Abschreibungen, je nachdem die Abschreibung nämlich in der Bilanz oder in der Einnahmen- und Ausgabenmethode erscheint. Dabei läßt sich das OVG. nicht einmal darüber aus, was denn die Wesensart der bilanzmäßigen Abschreibungen sein soll. Steht schon hiernach die Ansicht des OVG. auf recht schwachen Füßen, so widerlegt es sich im weiteren durch das Urteil selbst. Denn das Urteil enthält die Entstehungsgeschichte des § 9 I 5, und daraus geht hervor, daß die Verfasser des preuß. Einkommensteuergesetzes von 1891 mit den in § 9 I 5 für jedermann zugelassenen Abschreibungen an die ursprünglich allein für Kaufleute bei Aufstellung ihrer Bilanzen erlaubten Abschreibungen angeknüpft haben. Folglich kann auch der Grundgedanke derjenigen Abschreibungen, die der Gesetzgeber nach dem Vorbilde der bilanzmäßigen über die Bilanz hinaus zugelassen hat, kein anderer sein, wie der der vorbildlichen bilanzmäßigen Abschreibungen selbst.

die Folgemeinung irrig sein, der jeweilige Restbetrag des Anschaffungspreises deckte sich mit dem jeweiligen Reste des ursprünglichen Nutzungswertes und die Abschreibungen entsprechen unmittelbar dem zurück-, dem verloren gegangenen Gebrauchswert.

Bereits diese wenigen Sätze begründen die völlige Unhaltbarkeit der Ansicht, daß die Abnahme des Gebrauchswertes mit der Abnahme des Buchwertes in direktem Zusammenhange stehe.

Aber man kann noch beträchtlich weitergehen. Selbst die falsche Ansicht, der anfängliche Buchwert wäre der Ausdruck des anfänglichen Gebrauchswertes einer dem Gebrauche dienenden Sache, als richtig unterstellt, so würde es immer noch ganz falsch sein, den jeweiligen Buchwert, also den nach der jedesmaligen jährlichen Abschreibung verbleibenden Restbetrag der Anschaffungskosten, für den jeweiligen Gebrauchswert der betreffenden Sache anzusprechen. Denn wer die Ansicht ver- vertritt, die Abnahme des Gebrauchswertes ginge mit der Abnahme des Buchwertes parallel, macht sich nicht allein der zur Genüge gekennzeichneten Verwechslung der Feststellung der Bilanzwerte mit einer selbständigen Bewertung schuldig, sondern übersieht außerdem die fundamentale Tatsache, daß alle Gebrauchsgegenstände erst gegen Ende ihrer Gebrauchszeit eine wirkliche Einbuße an ihrer Gebrauchsfähigkeit erleiden, so daß eine Abminderung des Gebrauchswertes durchschnittlich nur für eine kleine und sehr oft sogar für eine verschwindend kleine Quote der gesamten Benutzungszeit in Betracht kommt, während doch in allen Jahren abgeschrieben und meist gleichmäßig abgeschrieben zu werden pflegt. Ja es gibt eine ganze Reihe hochwichtiger Benutzungsgegenstände, von denen man recht wohl sagen kann, das Unternehmen zieht aus ihnen noch zu Ende der Benutzungszeit den gleichen wirtschaftlichen Vorteil, wie zu Anfang. Hierher gehören Baulichkeiten, weiter die Schienen der mit Dampf oder mit Elektrizität betriebenen Bahnen sowie die Leitungsdrähte der elektrischen Bahnen und die sog. Seilbahnen in Bergwerksunternehmen. Und wenn Gebrauchsgegenstände anderer Kategorien, z. B. Maschinen oder Pferde, nach einer Reihe von Jahren in der Tat an Gebrauchsfähigkeit zu verlieren beginnen, so dürften sie gewöhnlich vom Geschäftsinhaber nicht allzulange mehr im Betriebe geduldet, sondern alsbald daraus entfernt werden. Aber selbst angenommen, daß sie trotz eingetretenen Verlustes eines Teiles ihrer ursprünglichen Gebrauchsfähigkeit noch wenige Jahre benutzt würden, so würde es immer noch eine handgreifliche Unrichtigkeit sein, die Abschreibungen ohne weiteres mit der Abnahme der Gebrauchsfähigkeit in Verbindung zu bringen und das Schlagwort der communis opinio nachzusprechen, die während der gesamten Gebrauchsdauer alljährlich stattfindenden Abschreibungen repräsentierten die Brauchbarkeitsabminderungen, die in den einzelnen Jahren erfolgt wären, und der danach übrig bleibende Betrag des Anschaffungspreises repräsentierte den jeweiligen Gebrauchswert. Die Ansicht wird auch nicht etwa um deswillen richtig, weil hier und da Störungen an der Gebrauchsfähigkeit eintreten können; denn sie werden ja alsbald wieder durch Reparatur behoben.

Ist bisher nur gezeigt worden, was die Abschreibungen auf Gebrauchsgegenstände nicht sind, so soll nunmehr gezeigt werden, was sie sind. Dabei wird es sich allerdings nicht vermeiden lassen, ziemlich weit auszuholen und das Beispiel ausführlich zu gestalten. Denn nur so wird ein wirklicher Einblick in das Wesen der Abschreibungen zu erlangen sein.

Der Inhaber eines kleineren Fabrikunternehmens muß sich zum Heranschaffen der Kohlen, des Rohmaterials und dergl. sowie zum Abtransport der Fertigprodukte sehr häufig des Geschirres eines Fuhrbesitzers bedienen. Das Unternehmen geht gut. Infolgedessen vermehren sich die Fuhren mit den Lohngeschirren und damit die Unkosten. Daher zieht der Fabrikant den Erwerb von eigenen Pferden und Wagen in Erwägung und kalkuliert: die Anschaffungskosten für 2 Pferde belaufen sich auf 2000 und diejenigen für den Wagen auf 700 Mark. An Futterkosten für die Pferde sind jährlich 1700 Mark und an Lohn für den Kutscher 1200 Mark in Anschlag zu bringen. Für Herrichtung eines Stalles in einem schon bestehenden Gebäude sind einmalig 1000 Mark anzusetzen sowie weitere 300 Mark für sonstige jährlich wiederkehrende Ausgaben.

Da der Fabrikant im letzten Jahre rund 4500 Mark für Lohnfuhren ausgegeben hatte und in Zukunft ein noch beträchtliches Ansteigen dieser Unkosten erwarten muß, so wird er sich ungleich besser stehen, wenn er die Geschäftsfuhren fortan mit eigenem Geschirr und Kutscher bewerkstelligt. Er rechnet so: den Wagen kann ich etwa 10—12 und die Pferde 7—8 Jahre gehen lassen. Würde ich weiterhin mit Lohngeschirren arbeiten, so würde mir in den nächsten 8 Jahren eine Kostenlast von schätzungsweise einigen 40000 Mark erwachsen. Arbeite ich hingegen mit eigenem Gespann, so kommen an Anschaffungs- und Herrichtungskosten 2000 + 700 + 1000 = 3700 Mark sowie weiter an laufenden Kosten 1700 + 1200 + 300 = 3200 Mark in jedem Jahre, also in 8 Jahren 25600 Mark in Betracht. Die Aufwendungen nach Anschaffen des eigenen Geschirres würden demnach während eines Zeitraumes von 8 Jahren auf 3700 + 25600 = 29300 Mark und bei Mieten des fremden Geschirres auf mehr als 40000 Mark zu taxieren sein, wobei der Vorteil noch gar nicht gerechnet ist, der einmal in der steten Verfügungsbereitschaft des eigenen Geschirres und der ferner darin besteht, daß der Wagen ja noch länger als 8 Jahre gebrauchsfähig sein wird.

Deswegen geht der Fabrikant dazu über, eigene Pferde nebst eigenem Wagen in seinem Betriebe zu benutzen.

Wie wird er nun, wenn er am Ende des Anschaffungsjahres den Bestandskonten von Wagen und Pferden[1] d. h. deren Anschaffungskosten gegenübersteht, mit diesen verfahren? Als Kaufmann wird er sich sagen: Für das Heran- und das Wegbringen von Materialien, Kohle und dergl. mußte ich bisher Zahlungen an den Eigentümer der fremden Geschirre leisten. Diese Aufwendungen waren wirtschaftlich Unkosten und in dieser Eigenschaft erschienen sie auch in der Jahresrechnung. Daher habe ich jetzt die gesamten, dem gleichen wirtschaftlichen Zwecke, wenn auch zum Teil für eine ganze Reihe von Jahren, gewidmeten Aufwendungen ebenfalls als geschäftliche Kosten zu behandeln und habe sie deshalb, soweit es nicht ohnehin aus dem System der Buchführung folgt, den einzelnen Jahren zuzuweisen. Zwar fügt sich eine Anzahl dieser Kosten in die Rechnungen der einzelnen Jahre nach wie vor von selbst ein, nämlich die Lohnzahlungen an den Kutscher, die Futterkosten und das mit 300 Mark pro anno angenommene Pauschale; hingegen nicht die Kaufkosten für Wagen und Pferde. Denn die eigenen Pferde und der eigene Wagen, die gegenwärtig dieselbe Aufgabe, wie früher die fremden, zu erfüllen haben, erstrecken sich ja in Gestalt der für ihre Anschaffung verausgabten Summen auf die Jahre ihres Gebrauches. Mithin wird der Fabrikant bestrebt sein, die zwischen den einzelnen

[1] Die Kosten für Herrichtung des Stalles sind dem schon früher vorhanden gewesenen Gebäudekonto zugeschrieben worden. Über dieses zu vgl. den Text weiter unten.

Rechnungsjahren in betreff der Kostentragung offenbar bestehende Ungleichheit aufzuheben, mithin das einzelne Jahr zu einer ebenmäßigen Quote dieser Kosten heranzuziehen und darum die Quote als Verlust in die Rechnung eines jeden Jahres einzustellen.

An diese ihm nicht geläufige Denkweise wird sich der Leser nur allmählich gewöhnen können. Aber jedenfalls würde er folgendes durchaus nicht befremdlich, sondern selbstverständlich finden: Angenommen, die Pferde würden tatsächlich am Ende des 8. Jahres als unbrauchbar ausrangiert und es wäre seit ihrer Anschaffung keine regelmäßige Jahresbilanz mehr errichtet worden, wohl aber würde am Schlusse des 8. Jahres eine einheitliche Erfolgsberechnung aufgemacht, die sämtliche 8 Jahre umfassen würde, so würden die Anschaffungskosten für die Pferde gar nicht als Bestände, als Aktiven, sondern als verschwundener Vermögensteil, d. h. als Verlust, in der betreffenden Erfolgsrechnung auftreten.

Die Erfolgsberechnung wird aber eben nicht sporadisch und beliebig, sondern sie wird regelmäßig in Abständen von je einem Jahre aufgemacht. Deshalb wird in unserem Beispiele der Fabrikant, wie jeder Kaufmann, zu dessen Geschäftsvermögen Anlagegegenstände gehören, anläßlich der periodisch wiederkehrenden Erfolgsberechnung vor die Frage gestellt: auf wie lange Zeit kommen für mich die Pferde, der Wagen, die Maschinen, die Baulichkeiten usw. als benutzungsfähige Gegenstände und auf wie lange kommen daher die sie buchmäßig darstellenden Erwerbskosten für mich in Betracht? Daraufhin wird er entsprechend der Anzahl der Jahre, die in die Dauer der Benutzungszeit fallen, die Anschaffungskosten in gleiche Abschnitte zerlegen, also die 2000 Mark der Pferde in 8 und die 700 Mark des Wagens in 12 Abschnitte, und wird am Ende eines jeden Rechnungsjahres eine Quote der Anschaffungskosten vom Bestandskonto als Verlust abschreiben.

Um zu einem angemessenen bilanziellen Betrag seiner Gebrauchsgegenstände zu gelangen, wird der Kaufmann niemals in schwierige Untersuchungen darüber eintreten, in welchem Grade die Brauchbarkeit abgenommen hätte, Untersuchungen, die nicht allein prinzipiell falsch, sondern auch in den meisten Fällen völlig gegenstandslos sein müßten. Er prüft vielmehr ebenso einfach wie richtig allein, in welchem Jahre nach der Wahrscheinlichkeit die Sache für ihn nicht mehr brauchbar sein wird, wenn die Sache und die für sie verausgabten Gelder verloren gehen werden, und bestimmt danach die Abschreibungssätze. Es ist also der im Jahre der Außerbetriebsetzung zu erwartende Verlust der Anschaffungskosten, der unmittelbar den Anstoß zur Vornahme der Abschreibungen gibt, und erst dieser Verlust geht seinerseits auf die Abminderung der Gebrauchsfähigkeit zurück, mag sie nun zur Zeit der Außerbetriebsetzung in gewissem Umfange schon eingetreten sein oder selbst noch zu diesem Zeitpunkte für die nächste Zukunft erst bevorstehen.

Das Problem der Abschreibungen auf Gebrauchsgegenstände ist deshalb gar nicht aus irgend einer Bewertungsmaxime, sondern aus einer bei Aufmachung der jährlichen Ertragsrechnung und Vermögensübersicht befolgten vernünftigen Finanzgebarung zu erklären: Würde der Kaufmann den Verlust der Anschaffungskosten nicht in Form der Abschreibungen über die einzelnen Jahre der Benutzungszeit hin verteilen, so würde er die gesamte, in der betreffenden Sache investierte Summe eben am Schlusse, nach der Außerbetriebsetzung, als Vermögensabgang in die Jahresrechnung zu stellen, mithin würde ein einziges Jahr den Verlust zu tragen haben, während alle die Jahre vorher nur Vorteil von der Sache gehabt hätten, ohne korrespondierend eine Einbuße zu erleiden. Bei dieser Sachlage braucht man noch nicht einmal auf den Gedanken zuzukommen, daß ein großer Verlust, wenn er einer ganzen Reihe von Jahren auferlegt wird, sich relativ leichter ertragen läßt, als wenn er ausschließlich ein Jahr in Anspruch nimmt. Nein, hier wird die Idee von selbst gegeben, sie drängt sich dem wirtschaftlich Denkenden förmlich auf, daß jedes Jahr, das einen Vorteil von der Benutzung hat, als Gegenleistung auch einen Teil des mit der Sache verknüpften Verlustes zu übernehmen hat, eines Verlustes, der tatsächlich erst in Zukunft, mit dem Ausscheiden der nicht mehr benutzbaren Sache aus dem Geschäftsvermögen, erfolgt. Es müßte doch im höchsten Grade unangemessen sein, wenn — um bei dem vorstehenden Beispiele zu bleiben — einem einzigen von 8 oder von 12 Jahren der gesamte Verlust zur Last fallen sollte, nachdem sämtliche früheren Jahre aus der Sache bloß Vorteil gezogen hätten. Es ist darum nur billig und angemessen, das letzte Jahr zu ent- und die voraufgehenden Jahre zu belasten, also die Rechnung dieser Jahre, die Gebrauchssachen anlangend, auf dem Prinzipe aufzubauen: es muß während des einzelnen Jahres erst eine Quote des wirklich erst in einem späteren, nämlich im Jahre der Außerbetriebsetzung, eintretenden Verlustes wieder verdient sein, bevor von Reingewinn gesprochen wird.

Dieses Prinzip wird dann durch Abschreiben der Verlustquote vom Jahresertrag und von den betreffenden Anlagekonten in die Praxis der Buchführung und der Bilanz umgesetzt.[1]

Noch ein weiteres, kurzes Beispiel: Ein bedeutender Fabrikant ist aus kleinen Anfängen in die Höhe gelangt. Er hat bei Beginn seiner Tätigkeit nur einen ermieteten Arbeitsraum zur Verfügung gehabt und die Maschinen, die er damals benutzt hatte, sind ebenfalls nur ermietet gewesen. Jetzt besitzt er nicht allein viele und teuere Maschinen eigentümlich, sondern auch ein Grundstück mit umfangreichen Baulichkeiten. Früher, wo seine Unkosten in der Hauptsache[2] aus den Mieten für die Arbeitsstätte und die Maschinen bestanden, regulierte sich die Jahresrechnung von selbst. Gegenwärtig, bei den großen Anschaffungskosten für Maschinen und Gebäude, muß der Geschäftsinhaber regulierend in die Jahresrechnung eingreifen und sie aus wirtschaftlichen Erwägungen derart umgestalten, daß nicht bloß einige wenige Endjahre, sondern daß die sämtlichen Jahre, während deren die Gebäude und die Maschinen in Benutzung sind, von dem Verluste der Anschaffungskosten betroffen werden. Denn dieser Verlust liegt, um es nochmals zu betonen, bei der Aufstellung fast aller Jahresrechnungen erst in der Zukunft. Auch der Fabrikant dieses Beispiels bezieht also in die Rechnungen derjenigen Jahre, die zur Benutzungszeit der Maschinen und der Baulichkeiten gehören, einen zukünftigen Verlust ein und betrachtet als wirklichen, als reinen Gewinn nur dasjenige, was vom Jahreserträgnis übrig bleibt, nachdem er davon eine Quote des zukünftigen Verlustes abgesetzt hat.

Erst durch diese umfangreichen Erörterungen dürfte die anscheinend

---

[1] Das, was Abschreibung heißt, erhält einen buchmäßig-kongruenten Ausdruck allein im Erneuerungskonto der doppelten Buchführung. Denn nur so kann dargestellt werden einmal, daß ein *zukünftiger* Verlust vorausgenommen, und ferner, daß wegen des zukünftigen Verlustes *nicht* ein *einzelnes*, ein bestimmtes Sachkonto, *sondern* daß die *Gesamtheit* der Sachkonten kleiner als tatsächlich angenommen werden soll, um so den Begriff des Reinvermögens und schließlich den des Reingewinnes gegen sonst zu verändern. Denn das Erneuerungskonto ist nicht, wie in der Buchführungsliteratur allgemein angenommen wird, ein Korrektiv-, sondern ein echtes transitorisches Verlustkonto; handelt es sich ja doch um einen erst zukünftigen Verlust. — In der einfachen Buchführung muß man sich in Ermangelung eines Besseren mit dem Herunterschreiben vom Anlagekonto behelfen.

[2] Die Löhne der Produktion werden auf das Fabrikwaren(Fabrikations-)konto gebracht; sie erscheinen daher in dieser Form als Aktiven in der Bilanz.

so einfache, tatsächlich aber recht schwere Frage der Abschreibungen auf Gebrauchsgegenstände hinlänglich beantwortet sein, erst damit dürfte der an den Anfang gestellte Satz verständlich werden, die Abschreibungen werden durch die Abnahme der Gebrauchsfähigkeit nicht unmittelbar, sondern mittelbar veranlaßt. Bildet doch die Verringerung der Brauchbarkeit die direkte Ursache allein für das Ausscheiden einer Gebrauchssache aus dem Geschäftsvermögen und damit erst fernerhin für den Verlust des in der Gebrauchssache angelegt gewesenen Teiles des Geschäftsvermögens. Wenn man will, kann man noch weitergehen und diese Tatsache mit dem Paradoxon ausdrücken: Es wird jährlich auf eine Gebrauchssache nicht, wie allgemein behauptet wird, deshalb abgeschrieben, weil sie sich abgenützt hat, sondern es wird umgekehrt gerade deshalb abgeschrieben, weil sie sich nicht abgenützt hat. Denn der Nichtverlust an Gebrauchsfähigkeit während der einzelnen Jahre des Gebrauches läßt ja erst die Frage der Verteilung des im Endjahre tatsächlich eintretenden Verlustes akut werden und läßt sich so als die allerletzte Ursache für die Abschreibungen auffassen.

Die Schwierigkeiten, die der kaufmännische Laie bei Beurteilung des Wesens der Abschreibungen zu überwinden hat, sind hiernach ebenso groß, wie zahlreich. Zunächst muß er ein für allemal dem Axiom der selbständigen Bewertung entsagen. Sodann muß er lernen, in den für den Erwerb von Anlagegegenständen gezahlten Kosten eine Unterart der Unkosten, der geschäftlichen Verwendungen zu erblicken, und deshalb muß er die Erwerbskosten mit denjenigen Aufwendungen vergleichen, die für dieselben wirtschaftlichen Zwecke als notorische Unkosten gemacht werden, und er kann diesen Vergleich nur so durchführen, daß er nicht ein einzelnes, sondern daß er sämtliche Jahre der Periode, während der die betreffenden Gebrauchsgegenstände benutzt werden, in Betracht zieht. Endlich darf er dabei nicht in den naheliegenden und deshalb gefährlichen Irrtum verfallen, die Abschreibungen wären kongruent mit der Abnahme der Gebrauchsfähigkeit und hätten diese ziffernmäßig zum Ausdrucke zu bringen.

Von allen wirtschaftlichen Problemen, die die Bilanz für gewöhnlich[1]

[1] Ein Problem, das, Wichtigkeit und Schwierigkeit anlangend, mit dem der Abschreibungen auf Gebrauchsgegenstände in eine Linie zu stellen wäre, dürfte das Problem der Verhältnisbewertung sein. Der Verfasser bezeichnet damit die verschiedene Bewertung der Anteile mehrerer Geschäftsbesitzer oder der Gruppen

bietet, ist die Behandlung der Gebrauchsgegenstände wohl das wichtigste und das interessanteste und man kann beinahe behaupten: wer einmal das Problem der Abschreibungen erfaßt hat, hat den Kernpunkt des Bilanzwesens überhaupt erfaßt (sofern man wenigstens das Sondergebiet der Verhältnisbewertung nicht mitzählt). Aber das ist eben erst möglich, wenn der Fernstehende das Geschäftsvermögen des Kaufmanns mit dessen Augen zu sehen vermag. Deshalb mußte gezeigt werden, wie der Kaufmann die Dinge bei den Abschreibungen sieht und warum er sie so sieht, wie er sie sieht. Für den Nicht-Kaufmann ist erfahrungsgemäß das Schwerste, in den Anlagegegenständen Werte von nur relativer Bedeutung und am Ende nicht mehr, wie sich verbrauchende Kosten zu sehen, nachdem er in ihnen bisher stets Werte von absoluter Bedeutung zu sehen gewöhnt war. Daß die Kaufleute mit ihrer Anschauungsweise Recht haben, geht unwiderleglich aus der Parallele hervor, die einerseits zwischen den für den gleichen wirtschaftlichen Zweck verausgabten offensichtlichen Unkosten und andererseits den mittels Kaufkosten zu Eigentum erworbenen Gegenständen gezogen wird.

Zu vorstehender Schilderung des Prinzipes der Abschreibungen dürfte ergänzend noch einiges zu bemerken sein. Zunächst ist es nicht ganz genau, wenn gesagt worden ist, der auf die Zeit der nutzbaren Verwendung einer Gebrauchssache zu verteilende Betrag wären die Anschaffungskosten. Völlig korrekt sind es die um den etwaigen Endwert der Sache verminderten Anschaffungskosten. Denn auch, nachdem eine Sache als Gebrauchssache ausgedient hat, kann sie unter Umständen noch einen gewissen Veräußerungswert darstellen, so Maschinen den Alteisen- und Baulichkeiten den Materialwert des Abbruches.

Ferner ist speziell über Baulichkeiten ein Zusatz zu machen: Wenn die Anschaffungskosten eines dem Geschäftsbetriebe dienenden Hausgrundstückes in den Jahresbilanzen sachgemäß behandelt werden sollen, so hat man den Gesamt- in zwei Teilbeträge zu zerlegen, einmal in denjenigen, der als Erwerbspreis des bloßen Grund und Bodens, und dann in denjenigen, der als Erwerbspreis der darauf stehenden Gebäude anzusehen ist. Denn da der Grund und Boden bleibt, so verbleiben

---

von solchen, wie sie aus Anlaß des Eintritts eines Gesellschafters oder der Gruppen von solchen vorgenommen wird. Der Verhältnisbewertung kommt namentlich im Aktienwesen eine außerordentliche Bedeutung zu als Agio, Disagio, Zusammenlegung sowie ferner bei der Fusion und der Amortisation.

auch die dafür gezahlten Kosten im Geschäftsvermögen; hingegen scheiden die Gebäude infolge des Verfalles, dem sie ausgesetzt sind, und damit scheiden die in ihnen investierten Kosten in absehbarer Zeit einmal aus und deshalb sind sie abzuschreiben. Ebenso wie bei anderen Gebrauchsgegenständen liegen über die Dauer der Benutzungsfähigkeit von Baulichkeiten Erfahrungen vor. Das, was über die Lebensdauer von Gebäuden in 50 verschiedenen Erwerbszweigen als maßgebend zu gelten hat, hat der bekannte österreichische Buchführungsschriftsteller Scherber in einer Tabelle niedergelegt, die auch im Sternschen Buchhaltungslexikon S. 21, 22 enthalten ist. Danach bewegen sich die Abschreibungssätze in den Grenzen von 0,33 bis 5% des Anschaffungspreises.

Das Ausprobieren der durchschnittlichen Gebrauchsdauer von Anlagegegenständen hat man sich keineswegs als abgeschlossen vorzustellen. Denn es werden ja nicht allein immer noch Gegenstände in gewerbliche Benutzung genommen, die bisher nicht existierten, sondern es werden auch bereits existierende in einer anderen Weise, wie bisher, benutzt. Es sei erinnert an die Automobildroschken und die Autobusse, deren Material sich mit einer bisher unbekannten Schnelligkeit abnutzt, und weiter an die Umwandlung der Straßenbahnen aus Pferde- in elektrische Bahnen: Über die Widerstandsfähigkeit der Leitungsdrähte besaß man gleichfalls noch keine Kenntnisse und über diejenige der neugelegten, wenn schon schwereren Schienen gegenüber den neuen schweren Wagen nur vergleichsweise Anhaltspunkte. Hier mußten überall erst Erfahrungen gesammelt werden. Dasselbe macht sich natürlich auch bei Aufkommen eines neuen Maschinentyps, einer neuen Kesselanlage usw. notwendig.

Namentlich die zuletzt genannten Fälle zeigen auf ein neues Moment für die Abschreibung hin. Sie beweisen nämlich deutlich, wie gefährlich es insbesondere für Industrielle wäre, wenn sie unbedingt auf die Abschreibungssätze der von ihnen benutzten Anlagen vertrauen wollten, auch wenn die Sätze mit der Lebensdauer der Anlagen durchaus im Einklange stehen. Denn wenn in einer Branche ein neuer Maschinentyp bekannt wird, so kann der einzelne leicht, vor allem aus Konkurrenzrücksichten, gezwungen sein, seine bisherige durch die neue Maschine zu ersetzen, ohne Rücksicht darauf, ob die alte vielleicht noch jahrelang zu benutzen wäre. Mit dem Einstellen der neuen Maschine gehen also die für die alte aufgewendeten Kosten verloren. Deshalb ist es vielfach üblich, auch dieser Gefahr mittels der Abschreibung zu begegnen und als präsumptive Gebrauchszeit nicht die wahrscheinliche Lebenszeit allein, sondern die durch die drohende vorzeitige Außerbetriebstellung möglicherweise gekürzte Lebenszeit anzusehen.

In der Praxis ist häufig ein Abweichen von der ordentlichen Abschreibungsquote zu bemerken, die man erhält, wenn man die um den Altwert verminderten Anschaffungskosten durch die Zahl der präsumptiven Gebrauchsjahre dividiert. Die eine Art der Abweichung besteht darin, daß in Jahren mit höherem Ertrage mehr und in Jahren mit geringerem Ertrage weniger, als der Durchschnitt, abgeschrieben wird. Darin ist aber nicht etwa ein Verstoß gegen das Prinzip der Abschreibung zu erblicken, sondern gerade eine sinngemäße Anwendung des Prinzipes. Denn wenn man weiß, daß die Abschreibung aus einer angemessenen Verteilung der Erwerbskosten auf die einzelnen Rechnungsjahre besteht, so dürfte man diesem Gedanken namentlich durch die Belastung der guten Jahre[1] mit einer höheren Verlustquote weit eher gerecht werden, als mit dem unterschiedslosen, rein schematischen Zurechnen einer stets gleichen Quote auf jedes Jahr. — Aus denselben Gründen, wie die eben beschriebene Abweichung vom gewöhnlichen Abschreibungsmodus zu billigen ist, ist eine andere Abweichung zu mißbilligen, nämlich der Modus, den abzuschreibenden Betrag nicht als Quote der Anschaffungskosten, sondern als Quote des vorjährigen Restbetrages zu berechnen, also beispielsweise auf eine Maschine mit einem Kostenpreise von 10000 Mark und einer voraussichtlichen Lebensdauer von 10 Jahren zwar am Ende des ersten Jahres 1000 Mark abzuschreiben, hingegen am Ende des zweiten 900 Mark, des dritten 810 Mark usf. Denn diese Art der Abschreibung führt, wie nicht näher auseinandergesetzt zu werden braucht, zu einer übermäßigen Beschwerung der Endjahre, also zu einem mit dem Grundgedanken der Abschreibung ganz unverträglichen Resultat.

Dieser Gedanke tritt in seiner vollen Schärfe da hervor, wo es erforderlich wird, einen bisher noch nicht in die Buchführung eingestellten Gebrauchsgegenstand zu seinem ordnungsmäßigen Zeitwert zu berechnen.

[1] Der Verfasser bemerkt, damit ihm das Befürworten einer kleineren, als der regulären Abschreibungsquote nicht falsch ausgelegt wird: Er hat ein Zurückbleiben hinter dem Durchschnittssatze nicht etwa bei schlechtgehenden Unternehmen gutheißen wollen, sondern bei an sich rentablen Unternehmen, wenn sie infolge besonderer Anlässe in einem Jahre weniger, als sonst, verdient oder gar mit Verlust abgeschlossen haben.

Das ist z. B. nötig, wenn der Inhaber eines kleineren Betriebes zur kaufmännischen Buchführung übergeht. Sehr charakteristisch und lehrreich ist die Anweisung, die Simon S. 385 für einen derartigen Fall erteilt: wäre man hierbei veranlaßt, den Rat eines technischen Sachverständigen in Anspruch zu nehmen, z. B. wegen einer Maschine, so sollte man ihn über die wahrscheinliche Lebensdauer der betreffenden Sache und deren Endwert, aber über nichts weiter fragen. Das ist sehr zutreffend. Denn wollte man jemanden, der allein in technischen, aber nicht auch in Buchführungs- und Bilanzfragen Bescheid wüßte, nach dem Zeitwerte der Sache fragen, so ist eben mit aller Bestimmtheit zu erwarten, daß der Befragte in irgend einer Weise den Veräußerungswert hereinbringt. Gerade diesen Fehler will Simon vermeiden. Der richtige Buchwert der Sache wird vielmehr, wie Simon ausführt, in der Weise gefunden, daß man zunächst die Abschreibungsquote mit Hilfe der Zahl der Gebrauchsjahre einer- und der Anschaffungskosten anderseits bestimmt und sodann diejenigen Abschreibungen nachholt, die bei ordnungsmäßiger Bilanzierung bereits früher hätten vorgenommen werden müssen. Würde also die Sache in der Mitte ihrer Gebrauchszeit stehen, so würde die eine Hälfte der Anschaffungskosten abzuschreiben und die andere Hälfte auf ein Bestandskonto zu bringen sein.

Simon vertritt also de facto voll und ganz die Idee der angemessenen Verteilung der Anschaffungskosten auf die Zeit der nutzbaren Verwendung der Sache. Nur ist er — leider — durch seine Theorie vom individuellen Werte abgelenkt und verhindert worden, der Idee die zutreffende begriffliche Fassung zu geben. Zum ersten Male den Gedanken auch im Prinzipe als die Methode des Kostenausgleichs klar erkannt und als solche dargestellt zu haben, ist das Verdienst von Wilmowski. Er hat ihn in der ersten, 1896 erschienenen Auflage seines Kommentares zum preuß. Einkommensteuergesetze ausführlich begründet; s. S. 37—44, 69—72, 85, 86, 203—205. Aus der 2. Aufl. zu vgl. S. 38—42, 79 ff., 98. Erst nach Wilmowski ist der Verfasser, der damals die Darlegungen Wilmowskis noch nicht kannte, in seinen „Bilanzwerten" zu dem gleichen Ergebnisse wie Wilmowski gelangt. Und jeder, der selbständig zu denken gewöhnt ist und ohne Voreingenommenheit die Behandlung der Gebrauchsgegenstände in den kaufmännischen Bilanzen prüft, wird ebenfalls dahin gelangen müssen. Es steht außer Zweifel, daß das Wesen der kaufmännischen Bilanzierungsmethode schon längst von den Mitgliedern der obersten Gerichtshöfe richtig gewürdigt worden wäre, wenn sie nicht unter dem Banne der irrigen Bewertungsmaxime des § 40 HGB. gestanden hätten. Ist einmal dieser Bann gebrochen, so wird sich der Gedanke des angemessenen Kostenausgleiches unschwer in der Judikatur durchsetzen.

Will man ihn allgemein charakterisieren, so ist er als ein Ausfluß der wirtschaftlichen Fürsorge zu bezeichnen. Denn es ist Vorsorgen für die Zukunft, wenn die Kaufleute bei der Inventur und Bilanz in die Zukunft vorgreifen und aus dieser rückwärts in die Gegenwart hinein einen Verlust verlegen, der eigentlich die Zukunft treffen müßte.

§ 13. Die Bewertung der immateriellen Werte.

Da die Bilanz eine auf den Anschaffungs- oder Herstellungskosten der Vermögensobjekte basierende Erfolgsberechnung ist, so kann natürlich auch bei dem, was man immaterielle Werte nennt, also bei Verlags-, Patent-, Gebrauchsmuster- und Geschmacksmusterrechten, anläßlich der Aufmachung einer ordnungsmäßigen Betriebsbilanz von einer eigentlichen, d. h. selbständigen Bewertung nicht die Rede sein, sondern allein davon, daß untersucht wird, ob überhaupt und eventuell auf wie lange Zeit hinaus die für die betreffenden Rechte verausgabten Beträge noch als nutzbar für das Geschäftsvermögen anzusehen sind.

Wer bisher, dem § 40 HGB. folgend, an eine selbständige Bewertung der Vermögensobjekte geglaubt hatte, dürfte eigentümlich von der Art berührt werden, wie in den Bilanzen der Kaufleute die Rechte des geistigen Eigentums auftreten. Betrachten wir zuerst das Verlagsrecht. Für den Buchhändler kann das Verlagsrechtskonto nichts anderes wie ein Konto über diejenigen Beträge sein, die er an den Autor wegen Übertragung des Urheberrechts gezahlt hat. Das Autorenhonorar macht ja aber nur einen Teil derjenigen Kosten aus, die aufzuwenden sind, um ein Buch herzustellen, die anderen Kosten werden von den vom Verleger der Reihe nach an den Papierlieferanten, den Drucker, Lithographen und den Buchbinder gezahlten Summen gebildet. Zweckentsprechend ist bei Herstellung eines jeden Werkes ein besonderes Konto anzulegen, das chronologisch die einzelnen Phasen des Produktionsprozesses in den Kostenbeträgen wiedergibt, genau so, wie es in der Fabrikbuchhaltung mit den Kosten der aufeinander folgenden Fabrikationsstadien geschieht. Die Summe der Kosten, dividiert durch die Stückzahl der Auflage, ergibt dann den Selbstkostenpreis des einzelnen Exemplares. — Würde also zur Zeit der Bilanzerrichtung die Auflage noch nicht fertig vorliegen, so werden die Honorarkosten auf einem Einzel- oder besser auf einem sämtliche bisherige Herstellungskosten umfassenden Konto enthalten sein und werden in diesem als Aktiven eingesetzt. Würde hingegen die Auflage ausgedruckt sein, so würden auch die Honorarkosten mit im Büchervorrat enthalten sein und würden in dieser Form als Aktiven figurieren.[1]

Das Honorar- alias Verlagsrechtskonto hat in der Regel mit der Fertigstellung der Auflage zu verschwinden. Nur in sehr wenigen Fällen wird es erlaubt sein, das Honorarkonto wenigstens teilweise noch weiterzuführen, nämlich unter der doppelten Voraussetzung, einmal daß das Verlagsrecht nicht bloß für eine, sondern für mehrere Auflagen erworben ist, und ferner, daß der Verleger hinreichenden Anlaß zu der Annahme besitzt, noch mehrere Auflagen herausbringen zu können. Der Fachmann wird bestätigen, wie schwer die Würdigung gerade dieses Umstandes ist und welche Vorsicht er erfordert. Sollten in der Tat die Chancen für das Erscheinen eines Werkes in mehreren Auflagen sehr bedeutend sein, so wird sich nichts dagegen einwenden lassen, wenn der Verleger nur einen Teil des Autorenhonorars in die Herstellungskosten der ersten Auflage einbezieht und den verbleibenden Teil auf dem Honorarkonto beläßt, wo er bis auf weiteres als Aktivum in der Bilanz auftritt. Aber das werden immer Ausnahmen sein.

Ebenfalls als nutzbare Aufwendungen erscheinen die für ein Patent-, Musterrecht gemachten Aufwendungen in der Bilanz, nur kann hier, namentlich bei Patenten, im speziellen Fall der Umfang der zu aktivierenden Kosten recht verschieden bemessen werden. Bei dem derivativen Erwerbe, beim Kaufe, ist allerdings der Kostenbetrag ohne weiteres gegeben, nicht jedoch, wenn der Inhaber eines industriellen Unternehmens durch eigene oder durch die Arbeit seiner Angestellten zu dem Patente gelangt ist. Dann ist die Latitüde ziemlich groß. Zwar werden wohl meist bloß die anläßlich der Anmeldung an das Patentamt und den dabei tätig gewesenen Patentanwalt entrichteten Kosten dem Patentkonto belastet, mitunter aber auch weitergehend das Gehalt der mit den Versuchen beschäftigt gewesenen Angestellten, wenn deren Tätigkeit haupt-

[1] Hierzu vgl. Schönwandt, Die Abschätzung von Buchhandlungen II. Teil S. 6, 23, 26 sowie Fischer S. 100—102.

sächlich den Versuchsarbeiten gegolten hatte; vielleicht auch die Kosten von Reisen, die im Interesse der Vorbereitung und der Erlangung des Patentes unternommen worden sind. Ja die Grenze des Erlaubten würde nicht überschritten, sondern noch eingehalten sein, wenn man die Kosten teurer, bei den Versuchen verbrauchter Materialien auf das Patentkonto bringen wollte, wenigstens was das Behandeln der Kosten als Aktiven anbelangt. Denn ein anfängliches Zubuchen von Kosten auf das Patentkonto ist noch keineswegs identisch mit deren Aktivierung in der Jahresrechnung. Oft nämlich werden allein zu dem Zwecke, eine klare Übersicht über sämtliche, durch ein Patent verursachten Kosten zu erhalten, diese Kosten auf ein einheitliches Konto gebracht, sodann aber bei Aufstellung der Jahresrechnung größtenteils wieder abgeschrieben, manchmal bis auf eine Mark herab. Ein solches Verfahren äußert demnach auf die Bilanz die gleiche Wirkung, wie wenn der betreffende Kostenbetrag von Anfang an als Unkosten verbucht worden wäre.

Sollte der Inhaber oder Leiter (z. B. Vorstand einer Aktiengesellschaft) eines Unternehmens nicht gewillt oder nicht in der Lage sein, die Kosten für den derivativen oder originären Erwerb eines Patentes, zumal wenn sie beträchtlich sind, schon im Jahre des Erwerbes bis auf 1 Mark herunterzuschreiben, so muß er sie doch, vom ersten Jahre an beginnend, abschreiben. Usuell wäre es unstatthaft, die Abschreibungen so zu bemessen, daß als Zeit für die Vornahme der Abschreibungen die 15 Jahre des Gesetzes betrachtet würden. Denn erfahrungsgemäß deckt sich bei den weitaus meisten Patenten die Zeit des an sich möglichen rechtlichen Bestandes nicht entfernt mit der Zeit der wirtschaftlichen Ertragsfähigkeit des Patentes. Nach dem Herkommen darf aber auch die Bestimmung über die Dauer der Nutzbarkeit und damit über die Höhe der Abschreibungsquote nicht etwa auf das subjektive Ermessen der einzelnen Patentinhaber gestellt werden. Denn sonst würde dem Optimismus, der ja bei Patenten in üppiger Blüte steht, in gefährlicher Weise Vorschub geleistet und es würden in Ansehung der Abschreibungen ganz unhaltbare Resultate gezeitigt werden. Vielmehr hat der Inhaber eines Patentes gemäß der als bindend anzusehenden Sitte die Erwerbskosten in 3 bis 4, höchstens in 5 Jahren völlig abzuschreiben. Die Sitte geht notorisch auf den Durchschnitt der Lebensdauer sämtlicher Patente zurück. Das wird durch die Mitteilung, die der Patentanwalt Neumann in seiner 1905 veröffentlichten Schrift über die Abänderung der Patentdauer und der Patentgebühren macht, deutlich bewiesen. Denn danach verfällt, auf den Durchschnitt berechnet, in Deutschland ein Patent bereits nach 5 Jahren infolge der Nicht-Fortentrichtung der Gebühren. Daher kann, im Durchschnitt genommen, die Nutzbarkeit eines Patentes ebenfalls nicht 5 Jahre überdauern.

Also auch bei Patenten finden wir gerade so wie bei den körperlichen Gebrauchsgegenständen, daß die Erwerbskosten auf die Zeit der nutzbaren Verwendbarkeit des Vermögensobjektes mittels Abschreibungen verteilt und daß der Schätzung dieser Dauer feststehende Erfahrungssätze zugrunde gelegt werden. Der Vergleich zwischen der bilanziellen Behandlung der Gebrauchssachen im eigentlichen und der Behandlung derjenigen im weiteren Sinne läßt sich noch weiter durchführen. Man kann nämlich sagen, daß durch die einzelnen Abschreibungen von den Patentkosten (bis auf die Abschreibungen des letzten Jahres) ebenfalls ein künftiger Verlust auf die Gegenwart vorausgenommen wird. Denn wenn auf die in den Patenten investierten Summen bereits vor demjenigen Zeitpunkte abgeschrieben wird, zu dem sie erfahrungsgemäß ihre wirtschaftliche Benutzungsfähigkeit einbüßen, so wird eben ein Teil eines zukünftigen Verlustes in die gegenwärtige Erfolgsberechnung eingestellt.

In der Fachliteratur ist es üblich, unter den immateriellen oder ideellen Werten auch die Geschäfts- oder Firmenerwerbskosten zu besprechen. Mit Rücksicht hierauf und ferner, um den schon oben in § 6 erwähnten Brauch zu erklären, daß diese Kosten innerhalb von 3 bis 5 Jahren amortisiert werden, sollen sie an dieser Stelle mitbehandelt werden, obschon sie im System der bilanziellen Erscheinungen nicht hierher, sondern zu der sogenannten Verhältnisbewertung im weiteren Sinne zu zählen sind. — Wenn ein gutgehendes Geschäft verkauft wird, so erhält der Verkäufer einmal einen Betrag, der der Summe der zu den Anschaffungskosten eingesetzten Aktiven (abzüglich der Kreditoren) gleichkommt, und ferner einen Betrag speziell für die mit der Gesamtheit der Aktiven verbundenen Erwerbschance; zu vergl. oben § 6. Nehmen wir das dort angeführte Beispiel: es werden für ein Geschäft mit ca. 100000 Aktiven und mit so gut wie keinen Kreditoren 130000 Mark gezahlt. Dann ist ohne weiteres klar, daß der Nachbesitzer keinesfalls mehr, als der Vorbesitzer, d. h. als 100000 Mark, in den eigentlichen Aktiven investiert haben kann und daß die überschießenden 30000 Mark, mit denen die

Erträgnischance abgegolten ist, nicht in das Geschäftsvermögen, sondern in die Tasche des Vorbesitzers gelangt sind. Dann muß man sich aber fragen: Wie ist es mit dem Charakter der Bilanz als der Rechnung über die in das Geschäftsvermögen gewendeten und nur aus sich selbst heraus vermehrten Kosten zu vereinbaren, daß der Nachbesitzer häufig — nicht immer — die spezifischen Geschäftserwerbskosten, also in unserem Falle die 30000 Mark, in die Eröffnungsbilanz als Aktiven einsetzt?

Die Antwort ist ziemlich einfach, vorausgesetzt allerdings, daß man den Ausgangspunkt richtig wählt.

Die im Geschäftsvermögen zusammengefaßten Aktiven sind als eine Gebrauchssache, nämlich als eine dem Erwerbe dienende Gesamtsache anzusehen. Wie nun bei Aufstellung der gewöhnlichen Jahresbilanzen, die körperliche Gebrauchssachen enthalten, vom Gewinn nicht eher die Rede ist, bis in den Jahren der nutzbaren Verwendung der Sache je ein Teil der Anschaffungskosten und am Schlusse deren Gesamtbetrag wieder verdient ist, so ist auch bei der Gesamtsache des Geschäftes nicht eher von Gewinn die Rede, als bis die für den Erwerb des Geschäftes als solchen aufgewendeten Kosten wieder verdient sind. Daher sind in der gleichen Weise, wie bei der körperlichen Gebrauchssache die einzelnen Jahreserträgnisse durch die Abschreibung einer Quote der Erwerbskosten gekürzt werden, bei der Gesamtsache des Geschäftes ebenfalls die Erwerbskosten in Quoten mittels Abschreibungen den einzelnen Jahreserträgnissen zu Last zu legen. Damit diese Kosten aber überhaupt abgeschrieben werden können, müssen sie zuvor in die Eröffnungsbilanz als Aktiven eingesetzt werden.

Jedenfalls gibt, um den zutreffenden wirtschaftlichen Gedanken auszudrücken: es müssen erst die Geschäftserwerbskosten wieder verdient sein, ehe der Nachbesitzer den Gewinn aus dem Geschäfte als Reingewinn ansprechen kann, die einfache Buchführung kein anderes Mittel an die Hand[1], wie den Modus, daß die Geschäftserwerbskosten zuerst aktiviert

[1] Die doppelte Buchführung kann allerdings ohne weiteres über die Natur der Geschäftserwerbskosten Klarheit schaffen: Wenn die Aktiven eines mit 130000 Mark bezahlten Geschäfts 100000 Mark ausmachen und keine Kreditoren vorhanden sind, so werden in der Eröffnungsbilanz des Nachbesitzers nicht nach dem gewöhnlichen Modus 100000 Mark auf dem Kapitalkonto eingesetzt, sondern nur 70000 Mark und 30000 Mark werden separat kontiert. Durch die gegen sonst verschobene Ziffer des Reinvermögens wird der Umstand charakterisiert, daß der Geschäftsnachfolger das Reinvermögen nicht ohne weiteres in denselben Verhält-

und daran anschließend amortisiert werden. Aber anderseits ist infolge der Aktivierung eines Betrages, der im Prinzipe von Anfang an als Unkosten zu behandeln wäre, der Schlüssel für die bilanzielle Gebarung der Kaufleute mit den Geschäftserwerbskosten äußerst schwer zu finden; es ist eigentlich nur durch eine systematische Darstellung aller in das Gebiet der Verhältnisbewertung gehörigen Fälle möglich.

§ 13. Der bei der Bewertung der Aktivengesamtheit als Selbstversicherung offen zutage tretende Fürsorgezweck und dessen Bedeutung als die eines wirtschaftlichen Gesetzes für die Bilanz.

Die Erscheinung der Kostenverteilung, des Verlustausgleiches, haben wir zuerst, wenn auch nur andeutungsweise, bei der Bewertung der Debitoren und sodann in ganz ausgeprägtem Maße bei der Bewertung der Gebrauchs-, der Anlagegegenstände in der eigentlichen und in der übertragenen Bedeutung kennen gelernt. Aber wir beobachten sie nicht allein bei der Bewertung — dies Wort in weiterem Sinne verstanden — der einzelnen Teile des Geschäftsvermögens, sondern auch bei der Bewertung der Aktivengesamtheit, und wir haben zuletzt die Idee des Verlustausgleiches nicht als einzelne, sondern als typische Erscheinung bei Aufstellen der kaufmännischen Erfolgsberechnung und deshalb als den Ausfluß eines die Bilanz allgemein beherrschenden wirtschaftlichen Grundsatzes aufzufassen.

Ein weiteres Beispiel für die Anwendung des Prinzipes des Kostenausgleiches liegt bei dem Disagio der Obligationen vor. Wenn eine Hypothekenbank ihre Pfandbriefe oder eine Bahn- oder Industriegesellschaft ihre Teilschuldverschreibungen zu einem höheren Betrage einlöst, als sie früher erhalten hat, so würde die Differenz zwischen dem Betrage der Emission und dem der Einlösung an sich zu Lasten desjenigen

nissen, wie sein Vorgänger, für eigentliches, d. h. für freies Reinvermögen halten darf, sondern daß er es in Höhe der Geschäftserwerbskosten für wirtschaftlich beschwert betrachten und daß er daher erst diesen Betrag aus dem Geschäfte verdient haben muß, um auf dem gleichen wirtschaftlichen Standpunkt wie sein Vorgänger zu stehen.

Dafür erfordert freilich die Art, wie in der doppelten Buchführung die 30000 Mark aus unfreiem in freies Reinvermögen verwandelt werden, die Vornahme außergewöhnlicher Buchungen. Doch das kann hier nur angedeutet, aber nicht ausgeführt werden.

Jahres gehen, wo das Mehr über den empfangenen Betrag, das Disagio, den Inhabern der Hypothekenbriefe und der Schuldverschreibungen gezahlt wird.[1] Das Disagio stellt wirtschaftlich einen Teil des Äquivalentes dar, das die ihr Kapital als Darlehn Gewährenden erhalten; den anderen Teil bilden die ihnen jährlich zu entrichtenden Zinsen. Infolgedessen ergibt sich zunächst als Resultat: mit dem wirtschaftlichen Aufwand für die auf Hypothekenbriefe und Obligationen hereingekommenen fremden Gelder würden die einzelnen Jahre der nutzbaren Verwendung nur in Ansehung der jährlich gezahlten Zinsen gleichmäßig beschwert, während vom Disagio ausschließlich das Erträgnis des einen, des Endjahres gekürzt würde. Hieraus entwickelte sich die Sitte, die Ungleichheit der Kosten aufzuheben und ein jedes Jahr anteilig auch zur Tragung des Disagios heranzuziehen, also gleichfalls bei Aufstellung der einzelnen Jahresrechnung aus Gründen einer vernünftigen Vermögensgebarung einen erst in der Zukunft liegenden Vermögensabgang auf die Gegenwart vorwegzunehmen. Der dahin gehende Brauch hatte bei Hypothekenbanken zur Zeit des Inkrafttretens des Gesetzes vom 13. Juli 1899, das in seinem § 25 die Verteilung des Disagios für Hypothekenbanken ausdrücklich anordnet, schon längst bestanden und dieser Brauch pflegt in betreff des Disagios der von ihnen aufgenommenen Obligationsanleihen auch von anderen Bahn-, Industrie-, Schiffahrts- und Bergwerksgesellschaften ohne ausdrückliche Gesetzesvorschrift eingehalten zu werden. Denn er folgt eben bereits aus einer rationellen Finanzpolitik.

Damit vermehrt sich allerdings die Zahl der gleichanteiligen Vorausnahmen eines erst zukünftigen Verlustes auf die Gegenwart um einen bedeutsamen Fall: wie der mit der Benutzung eigener Gebrauchssachen verbundene Verlust der Anschaffungskosten quotal in die dem Verlustjahre voraufgehenden Jahre vorverlegt wird, so hier der in das Endjahr fallende Aufwand für den Gebrauch der fremden Kapitalien. — Aber wenn sich damit auch immer mehr das Typische der Verlustantizipationen herausstellt, so fehlt doch immer noch ein sehr wesentliches Moment: das Bild dieser Antizipationen wird vollständig und ihr Kreis wird

[1] Darüber, daß der Verlust des Disagios nicht etwa, wie vielfach infolge einer Verwechslung von Kreditoren im buchmäßigen und im juristischen Sinne angenommen wird, in das Jahr der Emission, sondern in das der Einlösung fällt, ausführlich Fischer S. 180 ff.; im Resultate übereinstimmend E. i. St. Bd. 3 S. 37 ff.

geschlossen durch die bei Aufstellung der Bilanzen im weitesten Umfange zutage tretende Selbstversicherung. Infolge der Verlustantizipationen, in denen sich der Gedanke der Selbstversicherung unverhüllt zu erkennen gibt, wird man, die übrigen Antizipationen überblickend, den hier ebenfalls unter Verhüllungen vorhandenen Gedanken der Selbstversicherung gewahr und man erlangt endgültig Gewißheit über die seither schon recht naheliegende Vermutung, daß bei den Verlustantizipationen nicht der Zufall, sondern ein einheitlicher wirtschaftlicher Gedanke als Grundgesetz obwaltet.

Beginnen wir mit den Rückstellungen für Pensionszwecke. Um die mannigfachen Schwierigkeiten und Streitfragen, die gerade über diesen Punkt bestehen, zu vermeiden und das Beispiel zweifelsfrei zu gestalten, soll es folgendermaßen gewählt werden. Eine Industriegesellschaft räumt ihren Werkmeistern als derjenigen Kategorie von Angestellten, an der ihr besonders viel gelegen ist, in Form des Anstellungsvertrages, also unwiderruflich, Ansprüche auf Pensionsbezüge für ihre Person wie für ihre Angehörigen ein. Nun werden zwar die Pensionsfälle durchgehend erst lange Zeit nach Abschluß des einzelnen Dienstvertrages, dann aber können sie sehr leicht in größerer Anzahl hintereinander eintreten und derartige Anforderungen an das Gesellschaftsvermögen stellen, daß ihre Befriedigung aus den laufenden Einnahmen, wenn überhaupt, so doch nicht ohne Störung der Vermögenslage zu bewirken ist. Daher versichert die Industriegesellschaft die Werkmeister bei einer Versicherungsgesellschaft, d. h. gegen Empfang jährlicher Prämien verpflichtet sich die Versicherungsgesellschaft, an die Werkmeister und deren Hinterbliebene die gleichen Beträge zu zahlen, zu deren Entrichtung an sich die Industriegesellschaft als Prinzipalin verflichtet ist. Daß die Prämienzahlungen, die nach den Regeln der Wahrscheinlichkeitsrechnung bemessen sind, von der Industriegesellschaft aus dem Rohgewinn des einzelnen Jahres bestritten werden, steht fest. Keine noch so fiskalisch denkende Steuerbehörde würde auf die Vorstellung kommen, es handelte sich um Kürzungen des Reingewinnes. Und doch befreit sich im Ergebnis die Industriegesellschaft durch die eine ganze Reihe von Jahren hindurch währenden Zahlungen von einem Vermögensabgang, der tatsächlich, nämlich in Form der von der Industriegesellschaft an die Werkmeister und deren Angehörigen zu entrichtenden Pensionen, erst nach denjenigen Jahren eintreten würde, wo die Gesellschaft die Prämienzahlungen abführt.

Einen Schritt weiter: die Industriegesellschaft beliebt nach einigen Jahren für die neu eintretenden Werkmeister einen anderen Modus der Versicherung, sie versichert sie in sich selbst, d. h. sie nimmt mit Rücksicht auf deren künftige Pensionsansprüche gemäß den Prinzipien der Wahrscheinlichkeit bloß rechnungsmäßige Kürzungen am Jahreserträgnis vor. Es wäre nicht der mindeste Grund dafür einzusehen, warum die bloß rechnungsmäßigen Kürzungen für die in sich versicherten Werkmeister von anderer Natur, wie die durch die effektiven Prämienzahlungen entstehenden Abgänge sein und warum nur diese Abgänge Kürzungen des Rohgewinnes, jene aber solche des Reingewinnes darstellen sollten. Zweifellos tragen diese wie jene Abminderungen den Charakter von Abminderungen des Rohgewinnes.[1]

Weitere Beispiele dieser Art: Eine Straßenbahngesellschaft hat wegen der in ihrem Betriebe unvermeidlichen und für sie namentlich wegen des Haftpflichtgesetzes bedenklichen Beschädigungen von Personen eine Versicherung bei einer Versicherungsgesellschaft genommen; später entschließt sie sich zur Selbstversicherung, und zwar ebenfalls zu den Gefahrensätzen der Wahrscheinlichkeit. Eine Schiffahrtsgesellschaft versicherte früher ihre Schiffe gegen Seeunfälle effektiv, jetzt in sich selbst. Den Versicherungsantrag eines Industriellen gegen Feuersgefahr nimmt die Versicherungsgesellschaft nur in Höhe von 70—75 % des Wertes der Anlagen und der Waren an; wegen der restlichen Prozente versichert er in sich selbst.

Es ist aber gar nicht nötig, weder, daß ein kaufmännischer Betrieb früher effektiv und dann in sich selbst, noch daß er teils effektiv, teils durch rechnungsmäßige Kürzungen des Jahresgewinnes versichert, damit die den effektiven entsprechenden rechnungsmäßigen Sätze zu Kürzungen des Rohgewinnes gestempelt werden. Bisweilen wird die effektive Versicherung überhaupt nicht möglich sein; z. B. würde eine Gewerkschaft, die viel unter Wassereinbrüchen zu leiden hat, wohl schwerlich gegen die ihr daraus drohende Gefahr bei einer Versicherungsgesellschaft eine Versicherung nehmen können. Gleichwohl ist denjenigen Rückstellungen aus den Jahreserträgnissen, die die Gewerkschaft wegen der Wassereinbrüche nach dem präsumptiven Durchschnitt vornimmt, die Eigenschaft von Rück-

[1] Ganz unstichhaltig wäre der Einwand, die beschriebenen Verhältnisse kämen nur bei Aktiengesellschaften in Betracht. Die Gesellschaft des Beispiels existiert. Aber sie ist keine Aktien-, sondern eine offene Handelsgesellschaft.

stellungen aus dem Rohgewinne nicht abzusprechen.[1] Bis hierher im Prinzipe übereinstimmend Reisch-Kreibig II S. 124 u. 125.

Im Zusammenhalt mit den ausgesprochenen Selbstversicherungen wird völlig klar, daß auch die Abschreibungen auf die Gesamtheit der Debitoren, ferner die Abschreibungen auf Gebrauchssachen sowie auf immaterielle Werte im Grunde nichts mehr und nichts weniger, als Selbstversicherungen sind. Denn mit diesen Abschreibungen wird, mit denen auf die Debitorengesamtheit wenigstens in beschränktem Sinne, ja ebenfalls ein erst zukünftiger Verlust nach Maßgabe der Wahrscheinlichkeit auf die Gegenwart vorweg genommen. Die Fülle der gleichartigen Erscheinungen gestattet schlechterdings nur eine Deutung, nur eine Weise der Betrachtung, nämlich die, die Erscheinungen nicht einzeln, sondern im Komplex zu würdigen. Gehen sie doch ohne Ausnahme klarermaßen auf dieselben Erwägungen und auf dieselben Grundsätze zurück. Die Angehörigen sämtlicher kaufmännischer Erwerbszweige lassen sich bei Aufmachen der jährlichen Erfolgsberechnung von folgenden Erwägungen leiten:

Das Erzielen von Gewinn ist im Betriebe eines jeden nicht möglich und nicht denkbar, ohne daß er bestimmte, mit der Art des Betriebes verknüpfte Verluste erleidet. Diese Verluste sind demnach als spezifische Lasten der aus dem einzelnen Unternehmen fließenden Einkommensquelle anzusehen. Da sie an sich durch die Zeit ihres Eintrittes das Erträgnis der einzelnen Rechnungsperioden ganz verschieden gestalten würden, während diese Ungleichheit dem Wesen nach durchaus nicht gerechtfertigt ist, so erfordert es eine vernünftige Vermögensgebarung, daß derartige, einen notwendigen Annex der Gewinnerzielung bildenden Vermögensabgänge zwischen den einzelnen Erfolgsberechnungen ausgeglichen und daß den einzelnen Jahren eine gleichanteilige Quote der Kostenlast auferlegt wird.

Diese Erwägungen lassen sich als Prinzip dahin formulieren:

---

[1] Natürlich darf, wenn das Geschäftsvermögen tatsächlich später durch ein Ereignis derjenigen Art, gegen das die Selbstversicherung genommen worden ist, beschädigt wird, der tatsächliche Verlust nicht nochmals in dem Jahre, wo er eintritt, dem Erträgnisse belastet werden. Er hat dann eben in Höhe der während der früheren Jahre erfolgten Abminderungen des Roherträgnisses als getilgt zu gelten.

Gewinn ist erst vorhanden, nachdem vom Jahresertrâgnis mit Beziehung auf einen Verlust, der in Zukunft das Geschäftsvermögen bestimmt oder wahrscheinlich treffen wird und der in der Art des Geschäftsbetriebes wurzelt, eine anteilige Quote gekürzt ist, die, soweit die Wahrscheinlichkeit in Betracht kommt, nach deren Regeln zu bestimmen ist. Vor dieser Kürzung ist der Gewinn Rohgewinn.

§ 14. Die Bedeutung der Liquidität und ihr Einfluß auf die Gestaltung der Bilanz.

Daß der Gedanke des Kostenausgleiches in der Bilanz der Ausfluß der Fürsorge ist, steht zwar ohne weiteres fest, nicht jedoch, daß es sich um eine Fürsorge ganz spezieller Art handelt, nämlich um die Sorge für die Liquidität, um die Vorsicht aus Gründen der Liquidität.

Zunächst einiges über die Terminologie: Das Adjektiv liquide kommt in zwei Bedeutungen vor. Einmal versteht man darunter die flüssigen, d. h. die im Verkehre mit Dritten in Betracht kommenden Teile des Geschäftsvermögens, also Kasse, Schecks, Wechsel, Debitoren und Waren im Gegensatz zu den nicht-flüssigen, den sogen. Anlagen, also den körperlichen Gebrauchsgegenständen und den Gebrauchssachen im übertragenen Sinne. Ferner versteht man unter liquide das Verhältnis zwischen den flüssigen Vermögensobjekten einer- und den laufenden Kreditoren und Ausgaben, für die sie die Deckung bilden, anderseits. In diesem Sinne spricht man von dem liquiden Vermögensstande einer Bilanz oder auch kurz von einer liquiden Bilanz. Das Substantiv Liquidität bezeichnet allein die Beziehungen zwischen den Deckung beanspruchenden Kreditoren sowie Ausgaben und den Deckung gewährenden Aktiven.

Wenn man unter der Quantität eines Geschäftsvermögens die Summe der dazu gehörigen Aktiven begreift, so kann von der Liquidität als der Qualität des Geschäftsvermögens gesprochen werden: sind die durch sie ausgedrückten Beziehungen gute, so ist das Geschäftsvermögen gesund; sind sie schon spannend geworden oder gar überspannt, so befindet sich das Geschäftsvermögen im Zustande der beginnenden oder der völligen Krankheit, die einen letalen Ausgang nehmen muß, wenn die Überspannung unheilbar, wenn also das Mißverhältnis zwischen Kreditoren und Ausgaben zu den deckungsbereiten Mitteln irreparabel geworden ist. Das ist derselbe Zustand, der dem Juristen aus der Konkursordnung als die dauernde Unfähigkeit eines Kaufmannes, seinen laufenden Verbindlichkeiten nachzukommen, bekannt ist.

Schneller als durch theoretische Darlegungen, wegen deren auf die Schrift von Prinzhorn verwiesen wird, dürfte die Wichtigkeit der Liquidität durch Beispiele veranschaulicht werden. Ein derartiges Beispiel bietet einmal der typische Konkurs des auf schnelle Ausbreitung seines Geschäftes bedachten kaufmännischen Anfängers sowie ferner der typische Zusammenbruch von Aktiengesellschaften wegen vorausgegangener zu hoher Dividendenzahlungen in Form der sogen. Zusammenlegung. Der erste Typ hat eine ausgezeichnete Schilderung durch Prinzhorn erfahren. Über den zweiten soll an dieser Stelle kurz folgendes bemerkt werden. Wenn die Liquidität des Vermögens einer Aktiengesellschaft fortlaufend durch Ausschütten zu großer Dividende, das seine Ursache in der Agiotagesucht der Aktionäre hat, geschwächt wird und das Vermögen am Ende in unheilbare Illiquidität verfällt, so wird zwar gewöhnlich nicht, wie im gleichen Falle bei einem Einzelkaufmann oder einer anderen Handelsgesellschaft, der Konkurs eröffnet, sondern die Aktiengesellschaft wird, wie der terminus technicus lautet, saniert. Aber die Sanierung, d. h. der Modus, die Illiquidität zu beheben, besteht darin, daß die derzeitigen Aktionäre von den großen Gläubigern gezwungen werden, nicht nur hinter diejenigen Gläubiger, die junge Aktien in Anrechnung auf ihre Forderungen übernehmen, sondern ferner auch hinter diejenigen zurückzutreten, die neues Geld auf junge Aktien einzahlen. Das Zurücktreten der alten Aktionäre hinter die neuen beschränkt sich jedoch meist nicht auf ein ziffernmäßiges Verkleinern, ein Zusammenschieben der alten Aktien, wovon die Prozedur ihren Namen trägt, sondern sie besteht gewöhnlich noch in einem Ausstatten der jungen Aktien mit Vorrechten gegenüber den alten. Daß dies nur auf Kosten der alten Aktien geschehen kann, liegt auf der Hand, ebenso wie die Tatsache, daß dadurch die schon infolge der eigentlichen Zusammenlegung erheblich geminderten Rechte der seitherigen Aktionäre oft so gut wie völlig verloren gehen. Also die Operation, die Sanierung genannt wird, läuft auf eine ganz oder zum großen Teile durchgeführte Expropriierung der alten Aktionäre hinaus. Und sie müssen diese Operation deshalb über sich ergehen lassen, weil die vitale Kraft des Geschäftsvermögens zerstört worden ist, und zwar sehr häufig durch die Gewinnverteilungen der früheren Jahre; zu vergl. Fischer S. 329 ff.; 427 ff.

Die Beispiele sind deshalb gewählt worden, weil sie diejenigen beiden Ursachen enthalten, auf die eine sehr große Zahl aller überhaupt stattfindender Zusammenbrüche von Geschäftsvermögen zurückzuführen ist, nämlich in erster Linie das für den Kaufmann sehr natürliche Bestreben, den Umsatz und damit den Roh- und schließlich den Reingewinn zu steigern, und weiter die Neigung, hohe Gewinne zu entnehmen, eine Neigung, die infolge des Zusammenhanges zwischen der Höhe der Dividende und dem Aktienkurse das charakteristische Erbübel des Aktienwesens bildet, die aber auch sonst hier und da zu beobachten ist. Da also namentlich durch die Neigung, das Geschäft zu erweitern, die Liquidität des Geschäftsvermögens erschüttert werden kann und da die Gewinnentnahmen sich ebenfalls innerhalb gewisser, von der Liquidität bestimmmter Grenzen zu bewegen haben, so werden eben die Kaufleute alles nur Denkbare getan haben, um der aus einer Verletzung der Normen der Liquidität drohenden Gefahr vorzubeugen, und sie haben deshalb schon längst die Ziffern der Erfolgsberechnung und der durch sie kontrollierten Buchführung so eingerichtet, daß soweit als möglich bei den Dispositionsakten über das Geschäftsvermögen, sei es zu geschäftlichen sei es zu persönlichen Zwecken, eine Gefährdung der Liquidität ausgeschlossen bleibt. Selbst wenn natürlich die Liquidität nicht durch jede spätere Täuschung über die zuvor in die Erfolgsberechnung eingesetzten Ziffern unheilbar beschädigt zu werden braucht, so können doch schon überwindbare Störungen der Liquidität sehr unangenehm für den Geschäftsinhaber werden. Grund genug, sie zu vermeiden und deshalb die Ziffern der Erfolgsberechnung prophylaktisch mit vom Gesichtspunkte der Liquidität zu bestimmen.

Nach diesen mehr allgemeinen Ausführungen soll im einzelnen gezeigt werden, in welcher Weise sich die bilanzielle Prophylaxe sowohl in dem Prinzipe des angemessenen Kostenausgleiches als auch in der Behandlung der Kostenziffern der zur Veräußerung bestimmten Sachen zeigt.

§ 15. Der Zusammenhang zwischen der Liquidität und dem Prinzipe des Kostenausgleiches.

Wenn teuere Gebrauchsgegenstände, z. B. Maschinen oder Baulichkeiten, wegen Alters oder Veraltung außer und neue an ihrer Statt in Betrieb gestellt werden, so werden die flüssigen Mittel von den Ersatzkosten erheblich in Anspruch genommen. Dasselbe ist der Fall, wenn ein Unternehmen, das seinen Angestellten Pensionen zugesichert hatte, nach einer Reihe von Jahren in eine Periode ziemlich rasch anschwellender Pensionszahlungen eintritt. Oder wenn eine Gewerkschaft, die zwar auch sonst von Wassereinbrüchen zu leiden hat, auf ein Mal durch Wasser in außerordentlichem Umfange beschädigt wird. Oder wenn eine Schiffahrtsgesellschaft durch Seeunfälle innerhalb kurzer Zeit Verluste erleidet, die das Maß des Gewöhnlichen bei weitem überschreiten: hier muß der Schiffspark wieder ergänzt, dort muß das Wasser mittels kostspieliger Anlagen entfernt werden.

Solche außergewöhnliche Ausgaben sind nicht aus den laufenden Einnahmen zu beschaffen und bedingen daher an sich ein übermäßiges Anspannen der Liquidität. Da sich die beschriebenen Ereignisse von einem überlegenden Geschäftsinhaber oder -leiter voraussehen lassen, so wird er alles aufbieten, um der daraus für die Liquidität zu befürchtenden Gefahr als der schlimmsten aller Gefahren schon im Entstehen entgegenzuarbeiten. Die einfachste Abwehrmaßregel besteht darin, die flüssigen Mittel, deren der Geschäftsbetrieb in Zukunft bestimmt oder mit einer an Bestimmtheit grenzenden Wahrscheinlichkeit in außergewöhnlicher Zahl bedarf, unter Einschränkung des Etats der früheren Jahre bereitzustellen. Der Kaufmann muß also bereits vor demjenigen Zeitpunkte, wo die außerordentlichen Ausgaben an ihn herantreten, effektive Mittel ansammeln, damit er später wegen der Liquidität keine Besorgnisse zu hegen braucht.

Soweit daher der Geschäftsinhaber solche Ansammlungen vornimmt, tritt eine Bindung der betreffenden Mittel durch den ausschließlichen Zweck ihrer Verwendung ein. Denn das Bewußtsein, daß die Mittel zu keinem anderen geschäftlichen Zwecke, als eben einem einzigen, benutzt werden sollen, wird den Geschäftsinhaber verhindern, sie mit der Deckung laufender Ausgaben und laufender Schulden in Verbindung zu bringen, und wird den verführerischen Gedanken fernhalten, die betreffenden flüssigen Mittel ließen sich als ein Überschuß ansehen, der eine Erweiterung des Geschäftes gestattete.

Und das Bewußtsein von dem Gebundensein des betreffenden Betrages für geschäftliche Zwecke wird dem Geschäftsinhaber andererseits nicht erlauben, den Betrag für persönliche Zwecke aus dem Geschäftsvermögen zu entnehmen.

Damit sind wir zu dem entscheidenden Punkt gelangt: Erst der Druck, den die Fürsorge für eine angemessene Liquidität dahin ausübte, daß mit Rücksicht auf eine ganz bestimmte künftige Aufwendung derzeit vorhandene flüssige Aktiven als wirtschaftlich gebunden angesehen wurden, hat den Kaufmann über die effektive Bindung hinweg auf die jedenfalls erst dahinter liegende Idee der Bindung des betreffenden Betrages in der Jahresrechnung, d. h. auf die Idee des angemessenen zahlenmäßigen Kostenausgleiches hingeführt. M. a. W.: Für das Aufkommen der Sitte, wegen eines später erfolgenden geschäftlichen Verlustes einen Betrag aus der Rechnung des gegenwärtigen Jahres auszunehmen und ihn vom Jahresresultate abzusetzen, dürfte der Anstoß von dem Umstande ausgegangen sein, daß die betreffenden Beträge anfänglich mit Rücksicht auf die effektiven Aufwendungen auch effektiv zurückgelegt und insoweit als gebunden betrachtet wurden. Erst deshalb, weil sie wirtschaftlich einstweilen nicht in Betracht kamen, weder für das Reinvermögen, noch für den Reingewinn, gab man diesem Verhältnisse dann einen Ausdruck in der Jahresrechnung und kürzte das Jahreserträgnis um die betreffenden Beträge.

Darum dürfte unter dem Einflusse der Liquiditätsprophylaxe wohl auch bei Anlagen, in denen große Beträge investiert werden müssen, zuerst der Brauch der effektiven und dann der der rechnungsmäßigen Rückstellung, der Abschreibung, entstanden sein, um am Ende den Charakter des zahlenmäßigen Verlustausgleiches anzunehmen und als solcher selbständig zu werden.

Dafür, daß es sich mit den Abschreibungen so, wie behauptet, verhält, liegt eine ganze Reihe von Beweisen vor:

An erster Stelle sind zu nennen die sog. „baren" Erneuerungsfonds. Namentlich in den Statuten solcher Gesellschaften, deren Liquidität in hohem Maße durch Ersatzanschaffungen für wegfallende teuere Anlagen berührt wird, z. B. für Schienen bei Bahn- und Maschinen sowie Gebäude bei Industriegesellschaften, ist häufig die Vorschrift anzutreffen: es wäre jährlich ein bestimmter Prozentsatz von den Anlagen auf einen Erneuerungsfonds zu übertragen, der in Effekten anzulegen wäre. Das ist eine unklare Fassung von folgendem Gedanken: Einmal soll jährlich ein gewisser Prozentsatz von den Anschaffungskosten der Gebrauchsgegenstände abgeschrieben werden, und zwar in der Weise, daß die Bestandskonten der Anlagen auf der Aktivseite an sich unberührt bleiben und daß dafür ein auf der Passivseite einzusetzendes sog. Erneuerungskonto gegen die Gewinn- und Verlustrechnung erkannt wird. In Höhe dieser Beträge — das ist der fernere Sinn derartiger Vorschriften — sind wegen der sich tatsächlich bei den Anlagen später notwendig machenden Ersatzanschaffungen effektive Beträge, sei es in Wertpapieren, sei es in Bankguthaben, unter den Aktiven liquid zu halten.

Aber nicht allein in statutarischen, sondern auch in gesetzlichen Vorschriften werden der Ursprungs- und der Endgedanke der Abschreibung, der Gedanke der effektiven und der der bloß-rechnungsmäßigen Rücklage, in einer wenig kritischen, aber gerade deshalb in einer für die behandelte Materie charakteristischen Weise nebeneinander gestellt. Analog, wie in den erwähnten Statutbestimmungen, gehen diese beiden Gedanken durcheinander in § 95 lit. f des österreich. Personaleinkommensteuergesetzes. Danach sind von den bilanzmäßigen Überschüssen in Abzug zu bringen „die Abschreibungen, welche der Abnutzung oder Entwertung des Inventars oder Betriebsmaterials .... entsprechen; ferner jene Teile des Erträgnisses, welche aus dem gleichen Anlasse in besondere Fonde (Abschreibungs-, Amortisations-, Verlustreservefonde u. dgl.) hinterlegt werden; im letzteren Falle jedoch nur dann, wenn diese Fonde zur Deckung von Abgängen und Verlusten bestimmt bezeichneter Art gewidmet sind und Verluste und Abgänge dieser Art entweder bereits eingetreten oder als voraussichtliches Ergebnis der Geschäftsverhältnisse zu gewärtigen sind.“.

Ähnlich, wie hier, wird in der Verfügung des preuß. Finanzministeriums vom 3. Februar 1892, die bei Einführung des damals in Kraft getretenen preuß. Einkommensteuergesetzes zu dessen § 9 I 5 erlassen worden ist, der Gedanke der effektiven Rücklage für Ersatzanschaffungen identifiziert mit dem Gedanken, das Jahreserträgnis mit Beziehung auf Gebrauchssachen rechnungsmäßig durch Abschreiben eines Teiles der Anschaffungskosten zu kürzen. Denn gemäß der Verordnung sollten die Abschreibungsquoten nicht etwa durch einfache Zurechnung der Anschaffungskosten auf die Jahre der nutzbaren Verwendung der Sache, sondern sie sollten so bemessen werden, daß die abgeschriebenen Beträge unter Hinzurechnung von Zinsen und Zinseszinsen im Jahre der Außerbetriebsetzung der Summe der Anschaffungskosten gleichkommen sollten. Der Verordnung wurde als leitender Gedanke der auch in E. i. St. Bd. 5 S. 276 zu findende Satz an die Spitze gestellt: die in § 9 I 5 dem Steuerpflichtigen für die Abnutzung nachgelassenen Abzüge hätten die Bedeutung, den Steuerpflichtigen nach Wegfall der Gebrauchssache zu befähigen, das Kapital für die Neuanschaffung sicherzustellen.[1]

Demgegenüber ist zu bemerken: Abgesehen davon, daß es unzutreffend ist, aus der wirtschaftlichen Einheit, die das Geschäftsvermögen bildet, einzelne Aktiven herauszugreifen und von ihnen Sondererträgnisse zu berechnen, ist an der Verfügung zu beanstanden, daß darin nur der Anfangs- aber nicht der Endgedanke der Abschreibungen berücksichtigt wird. Dieser besteht ja in dem Grundsatze, die Anschaffungskosten einer gegenwärtig im Gebrauche befindlichen Sache durch die Jahresrechnungen auf die einzelnen Jahre in einer Weise zu verteilen, die einer vernünftigen Wirtschaft entspricht, also allein in der rechnungsmäßigen Absetzung; zwar kann damit im einzelnen Falle das Rücklegen effektiver Mittel Hand in Hand gehen, dies ist aber keineswegs unbedingt erforderlich, also nicht wesentlich. Die Verfügung überspannt die heutige Bedeutung derjenigen Idee, die offenbar einstmals die Ursache für die Bildung des Brauches gewesen ist, auf die Gebrauchssachen bei Aufstellen der Jahresrechnung regelmäßig Kürzungen vorzunehmen. Die Verfasser der Verfügung verfallen demnach in einen Fehler historischer Art, sie halten die Idee der effektiven Rücklagen heute noch als mit dem Wesen der Abschreibungen identisch, während die buchmäßigen Abschreibungen auf Gebrauchssachen sich schon längst von den baren Rücklagen für die Ersatzkosten der künftigen Sachen emanzipiert und sich zu einem von ihnen durchaus unabhängigen Institut weitergebildet haben, das deshalb auch einem selbständigen Begriffe zu unterstellen ist, dem Begriffe des angemessenen Ausgleiches der in der gegenwärtigen Gebrauchssache investierten Kosten.

---

[1] Die Verordnung betrifft, wie gesagt, an sich nur die Abschreibungen, die für Nicht-Vollkaufleute auf ihre Gebrauchssachen nach § 9 I 5 (jetzt § 8 I 4) zugelassen sind. Aber da diese Abschreibungen an die bilanzmäßigen Abschreibungen der Vollkaufleute anknüpfen und sie zum Vorbilde haben — zu vgl. oben § 6 —, so können die Urheber der Verfügung auch nur von dem Prinzip der bilanzmäßigen Abschreibungen ausgegangen sein.

Soweit über den Zusammenhang des Grundsatzes des Kostenausgleiches speziell bei Gebrauchssachen und der Vorsorge aus Rücksicht auf die Liquidität. Dieser Zusammenhang kann in Ansehung der in § 13 behandelten Fälle der Versicherung ohne weiteres als festgestellt gelten. Denn man braucht nur die rechnungsmäßigen Sicherungen und die bar entrichteten Prämienzahlungen nebeneinander zu stellen, um zu sehen, daß jene aus diesen hervorgegangen sind.

Nach alledem leidet es keinen Zweifel mehr: Mögen wir auch heute in den jährlichen Abschreibungen auf Gebrauchssachen sowie in anderen rechnungsmäßigen Rückstellungen, die ebenfalls mit Beziehung auf einen in Zukunft eintretenden und in der Art des Betriebes wurzelnden Verlust stattfinden, die Idee des angemessenen Kostenausgleiches zwischen den einzelnen Betriebsjahren anzuerkennen haben — ein hervorragender Anteil an der Entstehung wie der Verbreitung dieser wirtschaftlich hochbedeutsamen Idee gebührt der Liquidität, die durch die Fürsorge für die bar, namentlich für Ersatzanschaffungen, aufzuwendenden Mittel hindurch den Gedanken der rechnungsmäßigen Fürsorge in Form der Kürzung des Jahresertrágnisses mächtig gefördert hat.

§ 16. Der Zusammenhang zwischen der Liquidität und der Behandlung der zur Veräußerung bestimmten Sachen.

Die Darstellung der Beziehungen, die zwischen den Abschreibungen auf Gebrauchssachen und der Fürsorge für die Liquidität obwalten, erfordert immerhin eingehende Nachweise. Ungleich leichter gestaltet sich der Beweis für die Beziehungen der Liquidität zur bilanziellen Behandlung der Veräußerungszwecken dienenden Sachen. Das einfachste ist, man verfährt argumento e contrario der kaufmännischen Sitte und stellt sich vor, die Kaufleute würden die Idee des Gesetzes befolgen, die Waren stets, also auch dann zum derzeitigen Veräußerungspreise in die Bilanz einzustellen, wenn gegenwärtig, im Verhältnis zum Einkaufe, der Preis gestiegen ist. Denn würde dies geschehen sein und die Bilanzziffern, denen entsprechend der Geschäftsinhaber seine persönlichen Entnahmen sowie die Anschaffung anderweiter Waren oder Gebrauchsgegenstände bemessen hätte, würden sich später infolge Preisrückganges als trügerisch herausstellen, so könnte der Geschäftsinhaber in arge

Verlegenheiten und Bedrängnisse geraten. Denn er wird eben nicht die zur Bestreitung der laufenden Kreditoren und Ausgaben notwendigen Mittel zur Hand haben. Daher wird er um Gestundung seiner Schulden bitten, um Prolongation seiner Wechsel nachsuchen müssen, er wird von unnachsichtigen Gläubigern verklagt und in seinem Kredite geschädigt werden. Er erhält deshalb die zum Weiterbetriebe des Geschäftes erforderlichen Waren nur noch gegen Kasse oder, da er ja über hinreichend bare Mittel nicht mehr verfügt, nur noch zu höheren Preisen und kürzeren Zahlungsfristen, als seine Konkurrenten, kurz die ganze Misere der Zahlungsstockung kann über ihn hereinbrechen und am Ende der Konkurs.

Schon um lästige Störungen, noch mehr natürlich um Gefahren, denen er das Geschäftsvermögen sonst aussetzen würde, zu vermeiden, kommt es keinem ordentlichen Kaufmann in den Sinn, bei Aufnahme der Bilanz den gegen die Zeit des Einkaufes gestiegenen Warenpreis voll zu berücksichtigen. Höchstens einen Teil der Preissteigerung bezieht er (wenngleich unter Zuwiderhandlung gegen das rechnungsmäßige Prinzip der Erfolgsberechnung, s. oben § 5) in die Bilanzziffern ein und auch das nur, wenn Chancen für das vorläufige Fortbestehen des gegenwärtigen Preises gegeben sind: Wenn die Bilanz in die Zeit des Höchststandes oder gar schon in die Zeit des Absteigens der Konjunktur fällt, würde es ganz unvernünftig sein, die derzeitigen Preise der Bilanz zugrunde zu legen, sofern wenigstens an die Bilanz die Anforderung zu stellen ist, daß sie eine vernünftige Grundlage für eine angemessene Gebarung mit dem Geschäftsvermögen abgeben soll. Deshalb wird der Kaufmann auch regelmäßig die teuren Einkaufspreise seiner Waren, wenn sie zur Zeit der Bilanz wieder heruntergegangen sind und ein noch weiteres Zurückweichen erwarten lassen, nicht allein bis auf den gegenwärtigen Stand, sondern noch unter diesen herab ermäßigen. Für diese Modifikation der Buchführungsziffern dürfte „Bewerten" schwerlich der kongruente Ausdruck sein ebensowenig wie nach den Eröterungen in § 5 von einem eigentlichen Bewerten gesprochen werden kann, wenn bei gestiegenen Warenpreisen eine teilweise Erhöhung der Einkaufsziffern stattfindet.

Hiernach werden auch die Antworten verständlich sein, die der Verfasser mehrfach auf seine Frage, ob die Waren zum derzeitigen Preise bilanziert werden dürften, von Kaufleuten erhalten hat. Sie erwiderten:

das wäre nicht erlaubt; denn der Kaufmann dürfe sich nichts vorlügen, nichts in die Tasche lügen. Der Leser wird nunmehr wissen, was mit dieser Lüge gemeint war — aber auch, welche Bewandtnis es mit dem derzeitigen Veräußerungswerte des § 40 HGB. speziell bei Waren hat, der ja nach feststehender Ansicht der Juristen der „wahre" und „objektive" sein soll. Das Prinzip, Waren und Fabrikate stets zum derzeitigen Veräußerungspreise einzusetzen, bedeutet vielfach einen schweren Verstoß gegen die bei Aufstellung der kaufmännischen Erfolgsberechnung unbedingt zu befolgende Sitte der Vorsicht, also nicht nur einen Verstoß gegen die rein rechnungsmäßige Grundlage der Bilanz, worüber oben in § 5 gehandelt worden ist.

§ 17. Schluß.

Das Ergebnis der gesamten Ausführungen ist dahin zusammenzufassen: die Bilanz ist die kaufmännische Erfolgsberechnung, aufgemacht unter dem Gesichtspunkte der geschäftlichen Fürsorge, deren treibendes Motiv die Liquidität bildet. Aber der prospektive Einschlag hat die retrospektiven Grundlinien keineswegs verwischt, die Bilanz ist bis heute eine echte und rechte Erfolgsberechnung geblieben.

Die wesentlichen Züge dessen, was man Bilanzwerte nennt, sind selbst nach den Verschiebungen, die infolge der geschäftlichen Prophylaxe eingetreten sind, immer noch einfach und durchsichtig, ja eigentlich recht einfach und recht durchsichtig. Nur dürfte der Weg, der zu ihrer Erkenntnis führt, nicht überall leicht und einfach zu finden sein. Die „objektiven" und „wahren" Werte einer selbständigen Bewertungsmethode existieren allein in der Vorstellung der Urheber des Art. 31 A. D. HB. und des § 40 N. HB. Sie mögen durchaus entschuldbar geirrt haben, aber sie haben schwer geirrt. Das total verfehlte Wertaxiom des § 40 ist allerdings auf dem Gebiete des streitigen Zivilrechts ziemlich harmlos und richtet hier verhältnismäßig wenig Unheil an. Um so mehr aber auf dem Gebiete des Steuerrechts, vor allem der Einkommenbesteuerung, wo der § 40 zu einer Quelle unabsehbarer Verwirrung und ungeheuren Schadens wird. Hier ist er unerträglich. Um nochmals darauf hinzuweisen: Neben den Bilanzwerten, besser den Bilanzziffern, der kaufmännischen Sitte müssen die Bilanzwerte, die aus dem Prinzipe des „wahren" und „objektiven" Wertes herzuleiten sind, als falsch bis zum Widersinn, als falsch bis zur Lächerlichkeit erscheinen. Das gilt nicht minder von dem, was in den §§ 5—7, als von dem, was in § 16 gesagt ist. Zwar kann man, wie oben in § 8 gezeigt ist, dem Widersinn des § 40 HGB. auch nach der jetzigen Gesetzeslage, nämlich mit dem § 38 HGB., abhelfen. Aber das bleibt immer nur ein Notweg. Durchgreifend kann Wandel nur geschaffen werden, wenn der § 40 anläßlich einer Novelle des Handelsgesetzbuches revidiert wird. Bis dahin muß er, wenn auch seiner Wirksamkeit entkleidet, formell weiterbestehen.

Abkürzungen.

E. i. St.	= Entscheidungen des Köngl. Preuß. Oberverwaltungsgerichts in Staatssteuersachen.
Fischer	= Die Bilanzwerte, was sie sind und was sie nicht sind, Leipzig 1905 und 1908, von Dr. R. Fischer.
Fuisting I	= Kommentar zum preuß. Einkommensteuergesetz, 6. Auflage, Berlin 1904, von B. Fuisting.
Fuisting II	= Kommentar zum preuß. Ergänzungssteuergesetz, Berlin 1899, von B. Fuisting.
Fuisting III	= Kommentar zu den preuß. Gewerbesteuergesetzen, 2. Auflage, Berlin 1900, von B. Fuisting.
Maatz	= Die kaufmännische Bilanz und das steuerbare Einkommen, 4. Auflage, Berlin 1907, von Richard Maatz.
OVG.	= Preußisches Oberverwaltungsgericht.
Prinzhorn	= Über die finanzielle Führung kaufmännischer Geschäfte und Unternehmungen, Berlin 1902, von Karl Prinzhorn.
Reisch-Kreibig	= Bilanz und Steuer Band I und II., 2. Auflage, Wien 1907 und 1909, von Dr. Richard Reisch und Dr. Josef Clemens Kreibig.
ROHG.	= Reichsoberhandelsgericht.
Simon	= Die Bilanzen der Aktiengesellschaften und der Kommanditgesellschaften auf Aktien, 2. Auflage, Berlin 1898, von Dr. Veit Simon.
v. Wilmowski	= Kommentar zum preuß. Einkommensteuergesetz, 2. Auflage, Breslau 1907, von B. von Wilmowski.

Richter und Rechtsprechung.

Von

Dr. Adelbert Düringer,
Reichsgerichtsrat.

I

Rechtsfindung. Wie kommt ein Urteil zustande? Die richterliche Entscheidung als Rechtsschöpfung. Der praktische Erfolg des Urteils. Interessenabwägung.

Wenn mich ein Nicht-Jurist fragen würde, ob ich „ein Anhänger einer freien Rechtsfindung sei", nämlich einer solchen Rechtsprechung, welche möglichst frei von formalen und doktrinären Schranken dem materiellen Rechte, der als natürlich empfundenen und allgemein verstandenen Gerechtigkeit zum Siege verhelfen will, so würde ich unbedenklich antworten: ja.

Würde dagegen ein gelehrter Jurist, der in der neueren Literatur gut Bescheid weiß, die gleiche Frage an mich richten, so könnte ich wohl mißtrauisch werden und müßte zunächst die Gegenfrage an ihn richten, was er denn unter „freier Rechtsfindung" verstehe.

„Freie Rechtsfindung" ist bereits ein Schlagwort geworden, unter welchem sich diejenigen, die es gebrauchen, recht verschiedenes denken.

Die freie Rechtsfindung in dem eingangs erwähnten Sinne ist ein Postulat, ein Ideal, dem wir nachstreben sollen, ja dem wir nachstreben müssen, mögen wir wollen oder nicht, weil wir Kinder unserer Zeit sind, und unsere Zeit eine freie Rechtsfindung im richtig verstandenen Sinne gebieterisch fordert. Sie ist nicht eine besondere neue Methode der Gesetzesauslegung, nicht eine plötzlich entdeckte neue Wahrheit oder Erkenntnis, sondern sie ist das charakteristische Gepräge einer Rechtsprechung, welcher unsere moderne Gesetzgebung die Wege geebnet hat, und die sich als Folge unserer mehr als früher auf das Praktische, das wirtschaftlich Brauchbare gerichteten Lebensauffassung mit Notwendigkeit entwickelt und durchsetzt. Unfruchtbare theoretische Gelehrsamkeit, ideale Spekulationen und Konstruktionen, die zu keinem oder zu einem unpraktischen realen Ziele führen, haben in unserer Zeit eines hochentwickelten Konkurrenzkampfes innerhalb und außerhalb der nationalen Begrenzung keine Existenzberechtigung. Ebensowenig entspricht es der modernen Auffassung, die Form lediglich um der Form willen festzuhalten, ohne Rücksicht auf den mit ihr verfolgten lebendigen Zweck.[1] Der Formalismus tötet, der Geist macht lebendig. Mit der fortschreitenden Erkenntnis unserer Daseinsbedingungen, wie sie uns durch die Fortschritte der Naturwissenschaften, der technischen und der Sozialwissenschaften vermittelt ist, sind wir zu einem Realismus[2] geführt, der sich unaufhaltsam auch in der Rechtsprechung Geltung verschafft. Man mag gewisse Begleiterscheinungen dieses Realismus beklagen oder bekämpfen. Aber niemals wird es gelingen, das von ihm beherrschte moderne Denken und Fühlen zu der Auffassung früherer Jahrhunderte zurückzuschrauben.[3] Dabei sei keineswegs die hohe und vornehmste Aufgabe der Rechtsprechung verkannt, das auch im Kampfe und Widerstreit der materiellen Interessen sich durchsetzende ethische Prinzip eines gesunden und notwendigen Altruismus und die aus ihm sich entwickelnden idealen Gesichtspunkte: Wohlanstand, Treu und Glauben, gute Sitten in Handel und Wandel, zur Geltung zu bringen.

Anstatt aller Theorien, die man für eine möglichst vollkommene Rechtsprechung aufstellen mag, sei hier zunächst einmal untersucht, wie denn ein richterliches Urteil, welches Recht schafft unter den Beteiligten, eigentlich zustande kommt. Das ist häufig ein sehr komplizierter Vorgang!

Jedes Urteil, auch das objektivste, ist ein menschliches Produkt und trägt als solches einen subjektiven individuellen Charakter. Es wird von Menschen Recht gesprochen und Menschen sind keine Maschinen und keine Automaten. Die richterlichen Urteile sind auch keine ausschließlichen Produkte einer bestimmten geistigen Tätigkeit z. B. des Verstandes, sondern für sie gilt in erster Reihe der Satz „in pectore judex“.[4]

Man verzeihe, wenn ich im folgenden mehrfach in der ersten Person

---

[1] Danz, Deutsche Juristenzeitung 1909 S. 286.

[2] Brütt, Die Kunst der Rechtsanwendung S. 98 ff.

[3] „Das deutsche Volk in seinen entscheidenden und führenden Elementen ist praktischer geworden, als es bisher gewesen, und mannigfache soziale Auffassungen, die dem Herkommen nach begründet waren, sind erschüttert.“ Warschauer, Die banktechnische Ausbildung der Juristen, Berlin 1900, S. 13.

[4] Vgl. Gmelin, Deutsche Richterzeitung 1909 S. 95.

rede. Es geschieht nicht aus Vorliebe für die eigene. Aber es kommt mir darauf an, die subjektive Seite bei der Entstehung eines Urteils hervorzukehren.

Wenn mir ein „Fall" vorgetragen ist, oder wenn ich ihn auf Grund der Akten studiert habe, so habe ich von ihm einen bestimmten Eindruck, ähnlich, wie wenn ich ein Buch gelesen oder mir ein Theaterstück angesehen habe. Und aus diesem Eindruck ergibt sich unwillkürlich und meistens sofort mein erstes bestimmtes Urteil: Diese Partei hat Recht, jene Unrecht. Es ist der Ausdruck meines Rechtsgefühls. Es ist der ersten Diagnose des Arztes vergleichbar, der den Patienten untersucht hat. Dabei urteile ich keineswegs, wie Fuchs annimmt,[1] als Laie, ebensowenig als der Arzt am Krankenbett jemals als Laie urteilt oder auch nur urteilen kann. Sondern ich urteile mit meinem durch Rechtskenntnis und praktische Erfahrung entwickelten Verständnis. Wenn ein Landwirt auf Vertragserfüllung klagt, weil ihm der Nachbar auf Ehrenwort versprochen habe, ihm ein Grundstück zu bestimmtem Preis zu verkaufen und sein Versprechen nicht halten will, so bin ich mir von vornherein darüber im klaren, daß die Klage abzuweisen ist, weil der Vertrag wegen Formmangels nichtig ist. Oder wenn ein Bankier klagt, weil sein Kunde, ein Gutsbesitzer, jahrelang den Gewinn aus Börsengeschäften eingestrichen hat, nun aber, da er verloren habe, sich weigert die Differenz zu zahlen, so weiß ich von vornherein, daß der Anspruch des Bankiers voraussichtlich nicht durchzusetzen ist. Als Laie hätte ich in beiden Fällen wohl anders geurteilt. Der Richter kann sich überhaupt nicht beliebig in einen Laien umwandeln und dann wieder in einen Juristen. Er urteilt nach Maßgabe seiner ganzen Persönlichkeit, und diese Persönlichkeit ist beeinflußt durch seine Kenntnis, seine Lebens- und Berufserfahrung; diese sind ein Bestandteil seiner Persönlichkeit geworden.

Habe ich mir ein Urteil gebildet, so suche ich nach den Gründen. Mein erstes Urteil ist nur ein vorläufiges. Es kann sein, daß ich es korrigieren, beschränken, völlig aufgeben muß. Die rationes dubitandi sind nicht in allen Fällen vorhanden, aber doch in den meisten; denn es wird doch immer die Ausnahme sein, daß es jemand ohne allen Grund zu einem Prozeß kommen läßt. Gewisse Momente konnte in

[1] Holdheims Monatsschrift 1908 S. 162.

der Regel auch die mit Recht verurteilte oder abgewiesene Partei für sich geltend machen. Ich sehe dabei von den Fällen ab, in denen die Gründe zur Prozeßführung nicht in der Sache liegen, wie z. B. wenn der säumige Schuldner nur Zeit gewinnen will. Jedenfalls sind bei den Prozessen, die sich in den höheren Instanzen, insbesondere beim Reichsgericht abspielen, immer gewisse Zweifel gegeben. Nur ganz ausnahmsweise kommt das Revisionsgericht in die unangenehme Lage sich sagen zu müssen: diese Revision hätte nicht eingelegt werden sollen.

Der Satz, daß man sich zuerst ein Urteil bildet und dann nach den Gründen sucht, klingt etwas paradox. Aber schon der alte Bartolus hat es so gemacht und der hochverdiente Präsident des österreichischen Reichsgerichts in unseren Tagen nicht anders.[1] Auch habe ich schließlich nicht viel dagegen einzuwenden, wenn mir jemand psychologisch nachweist, daß es doch umgekehrt sei, daß die Gründe, wenn auch unbewußt, schon vor dem Urteil als die tieferen und unerkannten Triebfedern da seien. Ebenso scheint mir der Streit müßig, ob das Urteilen mehr auf dem Gebiet des Intellekts oder mehr auf dem des Willens gelegen ist (Intellektualismus gegen Voluntarismus). Die Frage wird hier nur deshalb gestreift, weil von den Schriftstellern, welche sich mit der „freien Rechtsfindung" beschäftigen, das Urteil als Willensakt, als Tat besonders betont wird. Manche glauben, indem sie diesen zweifellos richtigen Satz aufstellen, selbst eine große Tat zu tun. Ich bin der unmaßgeblichen, manchen gelehrten Häusern vielleicht unwissenschaftlich erscheinenden Auffassung, daß man wohl auf dem Papier, in tiefgründigen philosophischen Betrachtungen Willen und Intellekt scheiden kann, da das Papier bekanntlich sehr geduldig ist, daß diese Funktionen unserer Geistestätigkeit aber derart ineinander eingreifen und sich wechselseitig bedingen und beeinflussen, daß auch hier das unbewußte Leben im Organismus des einzelnen unendlich viel reicher, tiefer und wohl auch komplizierter ist, als unsere Theorien ergründen können.

Die Zweifel und Bedenken, die, bevor ich zu meinem endgültigen Urteile gelange, zu überwinden sind, oder welche für dasselbe schließlich ausschlaggebend werden, können sehr verschiedener Art sein. Liegen sie auf tatsächlichem Gebiete, so muß ich die von den Parteien etwa angebotenen Beweise erheben und bei ihrer Anordnung über die Beweislast

[1] Vgl. Unger, Deutsche Juristenzeitung 1906 S. 786 Fußnote.

im klaren sein. Ich muß wissen, von welcher Seite ich die nötige Aufklärung zu verlangen habe. Dabei urteile ich wieder als Jurist; denn die Verteilung der Beweislast ist eine Rechtsfrage und zwar eine Frage des materiellen Rechts. Häufig besteht das Urteil in einer Würdigung des Beweisergebnisses, in der Bildung oder Ablehnung einer Überzeugung über rein tatsächliche Vorgänge, aus denen sich die Entscheidung des Rechtsfalles von selbst ergibt. In anderen Fällen ist sowohl Tat- als Rechtsfrage zu entscheiden. Die einfachen Fälle, in welchen die Anwendung des Gesetzes ohne weiteres die Lösung der Rechtsfrage gibt, sind — wenigstens in den höheren Instanzen — recht selten. So klar und durchdacht ein Gesetz sein mag — gegenüber der Vielgestaltigkeit der Lebensverhältnisse kann es nur Richtlinien geben; seine Anwendung auf den einzelnen Fall erfordert die selbständige, freie Tätigkeit des Urteilenden. Es ist ein unbestreitbares Verdienst eines Geny, Ehrlich und anderer, das Dogma von der Vollkommenheit und Lückenlosigkeit des Gesetzes gründlich widerlegt zu haben. Übrigens hat das Reichsgericht schon in seiner Entscheidung vom 2. Februar 1889 (I 332/88)[1] dieser Erkenntnis treffenden Ausdruck verliehen:

„Es ist eine für den Gesetzgeber nicht erfüllbare Aufgabe, jedes allgemeine Gesetzesprinzip mit solcher Klarheit in einem Satze auszusprechen, daß sich aus diesem Satze durch einfache Schlußfolgerung die Konsequenzen für alle besonders gearteten, von dem betreffenden Prinzipe beherrschten Fälle entwickeln lassen. Es ist ferner nicht die Aufgabe des Gesetzgebers, für jedes sich gestaltende Lebensverhältnis eine besondere Norm zu setzen. Es ist schließlich nicht des Gesetzgebers Sache, an alle juristisch-technisch möglichen Formen zu denken, vermöge welcher (einer Rechtsprechung, welche an dem Buchstaben des Gesetzes haftet, gegenüber) die Ziele des Gesetzes vereitelt werden könnten. Es ist vielmehr Sache der Jurisprudenz und vor allem Pflicht der (die Jurisprudenz mit unmittelbar in die Lebensverhältnisse eingreifender Kraft betätigenden) Judikatur, die . . . Grundprinzipien des Gesetzes zutage zu fördern und auf die im Leben hervortretenden, im Gesetz nicht besonders hervorgehobenen unter das betreffende Prinzip fallenden Fälle anzuwenden . . .“

---

[1] Vgl. Bd. 24 S. 49 der Entscheidungen in Zivilsachen.

Auf die Stellung des Richters zum Gesetz soll in dem folgenden Abschnitt eingegangen werden. Hier bleibe ich zunächst bei dem Thema, die Stadien nachzuweisen, die ein Urteil durchlaufen muß, damit es Recht schafft unter den Beteiligten.

Bin ich Einzelrichter (Amtsrichter), so verkünde ich mein Urteil, wenn es in mir zur Vollendung gekommen ist. Bin ich Kollegialmitglied, so trage ich mein Votum vor. Und nun hat sich in der Seele jedes einzelnen Mitvotanten derselbe komplizierte Vorgang zu wiederholen, den ich eben geschildert habe, nur daß durch die Vorarbeit des Referenten der eine oder andere Zweifel von vornherein beseitigt sein mag und ein bestimmter Weg für die Entscheidung angegeben wird. Da die menschlichen Gehirne aber verschieden konstruiert sind, da Erfahrung, Lebenseindrücke, Individualität, Kenntnisse bei den einzelnen Mitgliedern des Kollegiums in verschiedenem Maße ausgeprägt sind, so ergibt sich fast bei allen nicht ganz einfachen Fragen auch eine Verschiedenheit der Auffassung. Sie kommt in der Beratung und in der demnächstigen Abstimmung zum Ausdruck. Darüber noch in einem späteren Abschnitt. Hier ist darauf hinzuweisen, daß wenn der Einzelrichter oder das Kollegium in erster Instanz gesprochen hat, man noch lange nicht weiß, was unter den Beteiligten Rechtens ist. Wird von den Rechtsmitteln Gebrauch gemacht, so wiederholt sich der angedeutete Vorgang der Urteilsfindung beim Oberlandesgericht und beim Reichsgericht. Bis ein Rechtsstreit mit einem revisiblen Streitwerte rechtskräftig in den Instanzen entschieden ist, haben mindestens 21 Juristen ihn studiert und sich ein Urteil über ihn bilden müssen! Sechs Instanzanwälte, fünfzehn Richter! Häufig aber ist die Zahl noch viel größer. So wenn der Rechtsstreit infolge von Teil- oder Zwischenurteilen, in einzelnen Abschnitten entschieden wird, oder wenn die höhere Instanz aufgehoben, zurückverwiesen hat, und die Sache dann vor einem anders besetzten Kollegium verhandelt wird. Über einen größeren Prozeß, der einige Jahre in den Instanzen schwebt, haben sicher zwei bis drei Dutzend Juristen sich den Kopf zerbrochen — eine unsinnige Verschwendung von Kraft und Arbeit, die häufig ganz außer Verhältnis steht zu dem erzielten Resultat.

Über die Rechtskraftwirkung der Urteile — die materielle, die formelle, die „Reflexwirkung" auf dritte Beteiligte usw. — wird in der prozeßrechtlichen Literatur ein lebhafter Streit geführt.[1] Es braucht hierauf nicht eingegangen zu werden. Auch mit der konventionellen Theorie von der deklaratorischen Natur des Urteils will ich mich nicht auseinander setzen. Ich bitte die Sache hier von einem anderen Standpunkt aus zu betrachten, nämlich von dem rein praktischen. In allen Prozessen, in denen es sich nicht um eine bloße Betreibung handelt, wo vielmehr die eigentliche Bestrittenheit eines Rechts in Frage steht, wird man sagen müssen: erst das rechtskräftige, unanfechtbare Urteil schafft das Recht unter den Parteien; vorher bestand es nicht, oder war in seinem Bestand völlig in Frage gestellt. Von diesem Gesichtspunkt aus hat Wildhagen auf die rechtserzeugende Wirkung des richterlichen Urteils hingewiesen, wenn er ausführt:[2]

„Es ist eine bei Juristen und Nichtjuristen viel verbreitete Vorstellung, daß das jeweilig geltende Recht für jeden einzelnen Streitfall die Entscheidung — wenn auch hier und da tief verborgen — fertig bereit hält, und daß es die Aufgabe des Richters nur ist, aus diesem unerschöpflichen Vorrate, die für den einzelnen Fall gegebene Entscheidung richtig herauszufinden und damit das gegebene Recht lediglich „anzuwenden“.... Nichts ist verfehlter, als solche Vorstellungen. Sie verkennen die wirkliche Lage der Dinge, wie sie sich dem nüchternen und unbefangenen Beobachter darbietet. Der Richter und **nur** der Richter **bildet** schließlich erst für den einzelnen Streitfall das Recht. Jeder, der einen Prozeß führt, muß erfahren — mag er noch so viele Gesetzesparagraphen, Kommentare, Reichsgerichtsentscheidungen u. a. m. für sich haben —: Recht in seinem Falle ist, was der letzte Richter sagt.... Nach der herrschenden Anschauung ist der Richter sich dieser rechtsschöpferischen Bedeutung meist nicht bewußt. Er glaubt lediglich der Diener einer höheren Macht zu sein. Tatsächlich ist er kraft seines Amtes der Machthaber, der in dem einzelnen Falle durch seine Entscheidung das Recht diktiert.“ ...

Ist das Ende eines Prozesses erreicht, liegt ein rechtskräftiges Urteil vor, eine eigentliche Rechtsschöpfung, die Recht schafft unter den Beteiligten, so ist die Aufgabe der an der Urteilsfindung Beteiligten in

---

[1] Vgl. die Literaturangabe in Seufferts Kommentar zur Zivilprozeßordnung § 322 und bei Pagenstecher im Jahrbuch für Verwaltungsrecht 1907 S. 334 ff.

[2] Vgl. Leipziger Zeitschrift für Handels-, Konkurs- und Versicherungsrecht, Jahrgang 2 S. 484 ff.

der Regel erfüllt. Ich sehe dabei von den relativ seltenen Fällen ab, in welchen das Urteil mit den außerordentlichen Rechtsmitteln, mit Restitutions- oder Nichtigkeitsklage angefochten wird.

Welche Wirkung, welche Bedeutung das Urteil tatsächlich erlangt, ob die neue Rechtsschöpfung Leben und Bestand hat, wie sie auf die einzelnen, wie sie möglicherweise auf weitere Kreise wirkt — das entzieht sich in den meisten Fällen der Kenntnis des Richters. Ein rechtskräftiges richterliches Urteil kann auf Jahrzehnte, ja auf Jahrhunderte hinaus bestimmte Rechtsverhältnisse ordnen. Es ist ebensogut möglich, daß es überhaupt pro nihilo ergangen ist, oder schon nach ganz kurzer Zeit infolge Veränderung der Verhältnisse oder infolge der Disposition der Parteien außer Wirksamkeit tritt. Es kann sein, daß es eine Tragweite erlangt, die bei seinem Erlaß in keiner Weise vorausgesehen war, daß es Existenzen gründet oder vernichtet, daß es geschäftliche Unternehmungen zur Blüte bringt oder ruiniert, daß es die Grundlage für Geschäftsgewohnheiten oder für gesetzliche Maßnahmen bildet. Es kann aber auch sein, daß es ein Schlag ins Wasser ist, daß das ganze Resultat mühsamen jahrelangen Prozessierens nur ein wertloses Blatt Papier ist.

Ein gewissenhafter Richter wird sich immer bemühen, den möglichen oder voraussichtlichen Erfolg seines Urteils, soweit er dazu in der Lage ist, in Betracht zu ziehen. Dies wird ihn einerseits davor bewahren, seine Tätigkeit zu überschätzen; es wird in anderen Fällen sein Verantwortlichkeitsgefühl erhöhen. In jedem Fall aber wird es seinen Blick für das Praktische und Wesentliche schärfen und erweitern. Hier tritt uns ein Vorzug entgegen, den die Tätigkeit des Rechtsanwalts vor derjenigen des Richters voraus hat, und die geeignet ist, dem ersteren in der Auffassung des praktischen Lebens vor dem Richter einen Vorsprung zu gewähren. Dem Rechtsanwalt sind meistens sowohl die Geburtswehen eines Prozesses bekannt, als auch kann er das Schicksal des erstrittenen Urteils weiter verfolgen. Er gewinnt gerade dadurch für die Einschätzung der in einem Prozeß auf dem Spiele stehenden Werte und Interessen häufig ein richtigeres Verständnis. Der Richter mag in manchen Fällen einem Prozeß außerordentlich viel Fleiß und Interesse entgegenbringen; die beteiligten Rechtsanwälte wissen aber im voraus, daß, wie immer die Entscheidung ausfällt, ihr Erfolg vereitelt werden kann. Vielleicht haben die Parteien schon im voraus für jede Eventualität ihre Vorkehrungen getroffen. Ich halte es deshalb für verkehrt, wenn von Vertretern der sog. „freien Rechtsfindung" verlangt wird, daß der Richter grundsätzlich bei der Urteilsfindung unter Abwägung der Werte und Interessen entscheiden soll. Das ist für den Richter in der überwiegenden Mehrzahl der Fälle nach dem Ausgeführten eine tatsächliche Unmöglichkeit, weil er sie überhaupt mit Sicherheit nicht übersehen kann. Stellen sie sich doch vielfach erst im Stadium der Realisierung des Urteils oder der Zwangsvollstreckung heraus. In sehr vielen anderen Fällen würde bei Befolgung dieser Methode anstatt eines Rechtsspruchs eine Opportunitätsentscheidung herauskommen. Der Politiker, der Verwaltungsbeamte, der Bankdirektor mag bei der Entscheidung von Rechtsfragen, die häufig an ihn herantreten, diese Interessenabwägung vornehmen. Der Richter ist dazu grundsätzlich nicht in der Lage. Aber der berechtigte Kern, der in diesem Verlangen enthalten ist, darf doch nicht verkannt werden. Er trifft die Fälle, in denen der Richter das Ergebnis des Prozesses zu beurteilen vermag. Das Urteil soll nicht nur gerecht sein, sondern auch verständig. Es soll auch ein sachgemäßes Resultat dabei herauskommen. Gewöhnlich ist bei Urteilen, bei denen der Richter zu der Überzeugung gelangt, daß ihre Realisierung zu absurden oder unbefriedigenden Resultaten führt, irgend etwas nicht in Ordnung, mögen sie auch noch so gut durch Paragraphen oder Präjudizien gestützt sein. Ja häufig wird man gerade aus der Perplexität des zu erwartenden Resultates erkennen, daß ein angewandter Rechtsgrundsatz falsch ist, falsch sein muß, eben deshalb, weil er zu unmöglichen praktischen Ergebnissen führt.

II

Stellung des Richters zum Gesetz. Gesetzgeberische Funktion der Rechtsprechung. Präjudizien- und Materialienkultus. Englisches Vorbild.

Über das Verhältnis des Richters zu dem Gesetz ist in den letzten Jahrzehnten außerordentlich viel und zum Teil Vortreffliches geschrieben worden.[1] Ich glaube das meiste zu kennen und bitte im voraus um Entschuldigung, wenn etwa der eine oder andere juristische

[1] Ausführliche Literaturangabe siehe bei Oertmann, Gesetzeszwang und Richterfreiheit (Leipzig 1909) S. 44 ff.

Schriftsteller einen Gedanken findet, den er selbst in gleicher oder ähnlicher Weise schon ausgesprochen hat. Ich beanspruche für meine Ausführungen keine Erfinderrechte, erhebe auch nicht den Anspruch vollständig oder erschöpfend zu sein. Im Gegenteil werde ich hier von vornherein eine Reihe von Betrachtungen ausschalten, die eigentlich zum Thema gehören.

Zunächst stelle ich die ganze hergebrachte Lehre von der Auslegung der Gesetze, der grammatischen, der logischen, dem argumentum e contrario, der Gesetzesanalogie, der Rechtsanalogie hier beiseite. Sie hat m. E. nicht allzuviel praktischen Wert. Jedenfalls wird man dadurch, daß man in den hierüber herrschenden Theorien Bescheid weiß, noch keineswegs ein guter Interpret des Gesetzes.

Auch bei der Erörterung der Stellung des Richters zum Gesetz finde ich manche Berührungspunkte mit den Vertretern der „freien Rechtsfindung". Aber wie im ersten Abschnitt hinsichtlich der Interessenabwägung, so muß ich auch hier ihren radikalen Standpunkt ablehnen.

„Der Richter steht unter dem Gesetz. Niemand bestreitet das."[1] Wenn man häufig den Satz hört, der Richter sei ein „Diener des Gesetzes",[2] so lasse ich auch diesen Ausdruck gelten, sofern dabei nur nicht an ein Unterordnungs- und Abhängigkeitsverhältnis, mit dem Beigeschmack der Unterwürfigkeit und Ergebenheit gedacht wird sondern an ein Verhältnis gemeinsamer Dienstleistung für einen gemeinsamen Zweck. Gesetzgebung und Gesetzesanwendung sind gleichwertige Gewalten und Funktionen des Staates. Früher bei einfacheren Staatsorganismen meistens in einer Hand vereinigt, sind sie in unserem ausgebildeten Verfassungsleben getrennten Organen zugewiesen. Aber obwohl nunmehr eine grundsätzliche und äußerlich scharf hervortretende Scheidung der beiden Gewalten durchgeführt ist, bringt es ihre funktionelle Betätigung vielfach mit sich, daß die eine in das Gebiet der anderen eingreift. Eine wechselseitige ununterbrochene Ergänzung der Gesetzgebung durch die Rechtsprechung, aber auch der Rechtsprechung durch die Gesetzgebung erscheint bei der unausgesetzten Bewegung, in welcher sich alle Lebensverhältnisse befinden, in gewissem Maße notwendig.

Zweierlei drängt sich m. E. bei der Betrachtung der deutschen Verhältnisse auf diesem Gebiete auf.

---

[1] Vgl. Fuchs in Holdheims Monatsschrift 1907 S. 184.

[2] Krug, Sächs. Archiv 1908 S. 28.

Einmal der Umstand, daß wir an einer Überproduktion von Gesetzen leiden. Es ist eine längst überwundene Auffassung, daß man durch die Vielheit und Detailliertheit der Gesetzesbestimmungen (kasuistische Gesetzgebung) die Rechtssicherheit fördere. Genau das Gegenteil ist der Fall. Je mehr Gesetze, je mehr Detailbestimmungen in den Gesetzen desto mehr Zweifel über ihre Auslegung, desto mehr Kontroversen, desto mehr Prozesse, desto größere Rechtsunsicherheit. Es gibt fast keine Gesetzesbestimmung, über die nicht in irgend einer Richtung gestritten werden kann. Der einfache Satz des BGB. in § 126:

> Ist durch das Gesetz schriftliche Form vorgeschrieben, so muß die Urkunde von dem Aussteller eigenhändig durch Namensunterschrift .... unterzeichnet sein,

hat seiner Zeit in der juristischen Literatur eine überaus lebhaft diskutierte Streitfrage darüber entfacht, was unter dem „eigenhändig" zu verstehen sei, wenn ein Vertreter im Namen des Vertretenen unterzeichnet. Nach Verkündung des Urteils des I. Zivilsenats des Reichsgerichts vom 21. Dez. 1901 äußerte sich ein ihm jetzt nicht mehr angehörendes dissentierendes Mitglied: „Man muß daran verzweifeln, daß es möglich ist, sich in deutscher Sprache zweifelsfrei auszudrücken; denn nunmehr ist anerkannt, daß der ‚Aussteller' der Urkunde sie auch ‚fremdhändig' unterzeichnen kann." Wer etwa des Glaubens war, daß mit dem Inkrafttreten des BGB. die zahlreichen Kontroversen des früheren Rechtszustandes beseitigt seien, der mußte eine herbe Enttäuschung erleben. Allerdings hat das BGB. zahlreiche ältere Streitfragen entschieden, aber es hat zu einer Unzahl von neuen Anlaß gegeben. Es ist wie mit den Köpfen der lernäischen Schlange. Je mehr Gesetze man macht, um Streitfragen aus der Welt zu schaffen, je mehr neue werden provoziert, die schließlich nur durch eine konstante Rechtsprechung gelöst werden können. Deshalb halte ich es auch für verfehlt, wenn von manchen Seiten auf eine völlige Umarbeitung unserer relativ jungen Gesetze z. B. der Zivilprozeßordnung, oder auch des BGB. selbst hingearbeitet wird. Die Gesetzgebung mag eingreifen, wo sich in der Praxis entschiedene Mängel gezeigt haben, oder wo die Rechtsprechung zu Ergebnissen gelangt ist, die unerträglich sind. Aber je mehr Zurückhaltung dabei geübt wird, desto besser.

[1] Vgl. Bd. 50 S. 56 und Lehmann, Die Unterschrift im Tatbestand der schriftlichen Willenserklärung, Bonn 1904.

Der eben berührte Mißstand hängt mit dem zweiten aufs engste zusammen.

Ich habe den Eindruck, als ob die Stellung des Richters zu dem Gesetz in deutschen Landen vielfach zu subaltern aufgefaßt würde, als ob bei den deutschen Richtern und Gerichtshöfen eine zu geringe Einschätzung ihrer Aufgabe vorherrsche. Manche Richter blicken zu dem Gesetzgeber auf, wie zu einer Art Vorsehung[1], dessen Weisheit sie unbedingt vertrauen, dessen Worte und Motive sie ängstlich ausdeuten und zur alleinigen Richtschnur ihres Urteils machen.[2] Die Richter scheinen sich der rechtserzeugenden Funktion ihrer Erkenntnisse vielfach nicht genügend bewußt. Sie sind daher zu ängstlich bei jeder Weiterbildung und Weiterentwicklung des Rechts, obwohl diese doch von den Bedürfnissen des praktischen Lebens geradezu gebieterisch gefordert wird. Es ist die wichtigste Aufgabe des Richters, das Gesetz dem Leben anzupassen. In dieser Hinsicht handelt er im Sinne und Geist des Gesetzes, wenn er unbeabsichtigte Härten des Gesetzes ausgleicht, unvollkommene Gedanken desselben ausbaut oder das Gesetz Erscheinungen gegenüber zur Geltung bringt, an die der Gesetzgeber nicht gedacht hat, die er aber zweifelsohne seiner Regelung unterworfen hätte, wenn sie ihm vorgelegen hätten. Dies geschieht auch tatsächlich. Wir können es täglich in der Rechtsprechung, insbesondere der des Reichsgerichts, nachweisen. Allerdings ist die Vorschrift des § 1 des Entwurfs zum BGB.:

> Auf Verhältnisse, für welche das Gesetz keine Vorschrift enthält, finden die für rechtsähnliche Verhältnisse gegebenen Vorschriften entsprechende Anwendung. In Ermangelung solcher Vorschriften sind die aus dem Geist der Rechtsordnung sich ergebenden Grundsätze maßgebend —

---

[1] „Das Gesetz ist ein Stück irdischer Vorsehung und es hat reichlich an sich erfahren, wie beschränkt, wie schwach, wie trügerisch dieselbe ist.... Weder die Einsicht noch die Macht der Gesetzgebung reicht an das wirkliche Rechtsleben heran. Das abstrakte stumme Gebot des Gesetzes vermag der vielgestaltigen Bewegung des menschlichen Gemeinwesens nicht Herr zu werden. Das vermag es erst im Bunde mit der lebendigen Macht eines unmittelbar ins Leben eingreifenden Willens.... Nicht das Gesetz, sondern Gesetz und Richteramt schafft dem Volk sein Recht." Bülow, Gesetz und Richteramt, Leipzig 1885.

[2] Vgl. hierzu meinen Aufsatz in der Deutschen Richterzeitung 1909 S. 47, Mainhard ebenda S. 89.

von der II. Kommission gestrichen worden.[1] Aber gleichwohl ist sie geltendes Recht. Die ganze Auslegung des Gebrauchsmusterschutzgesetzes aus den verwandten Bestimmungen des Patentgesetzes beruht auf diesem Prinzip. Ebenso hat das Reichsgericht das nicht näher geregelte Verfahren in Patentberufungssachen „gesetzgeberisch" durch seine Judikatur festgelegt. Die Lehre von den sog. positiven Vertragsverletzungen, die Anerkennung der allgemeinen Unterlassungsklage aus absoluten Rechten, die Lehre von der Unanfechtbarkeit der Beitrittserklärung bei Gründung oder Kapitalserhöhung der Aktiengesellschaft sind gleichfalls Beispiele der gesetzgeberischen Funktion der Rechtsprechung, die sich beliebig vermehren ließen.

Andererseits wird aber der Gesetzgeber vielfach erst durch die Ergebnisse der Rechtsprechung zu einem Eingreifen veranlaßt, sei es, daß die Rechtsprechung eine Lücke des Gesetzes nachweist, zu deren Ausfüllung sie sich außerstande erklärt, sei es, daß sie in Anwendung des Gesetzes zu Resultaten gelangt, welche dem Rechtsempfinden oder dem praktischen Bedürfnisse so sehr widersprechen, daß sofortige Abhilfe notwendig wird. Ich verweise auf das Eingreifen des Gesetzgebers hinsichtlich der Frage der widerrechtlichen Entziehung von Elektrizität, oder auf die Novellen zu § 809, jetzt § 929 ZPO. oder zu § 833 BGB., welche direkt durch die Rechtsprechung veranlaßt sind. Auch hierfür läßt sich eine Reihe weiterer Beispiele namentlich auch aus der einzelstaatlichen Gesetzgebung anführen. Aus jüngster Zeit kommt die Frage der Bestandteilseigenschaft der Maschinen in Fabriken usw. in Betracht, für deren Lösung gesetzgeberisches Eingreifen gefordert wird, falls die Rechtsprechung nicht von sich aus zu befriedigenden, d. h. den praktischen Bedürfnissen entsprechenden Resultaten gelangen sollte.

F ü r d a s M a ß , i n w e l c h e m G e s e t z g e b u n g u n d R e c h t s p r e c h u n g s i c h w e c h s e l s e i t i g z u e r g ä n z e n h a b e n, sind zur Zeit feste Normen noch nicht gefunden. Die gesetzgeberische Funktion der Rechtsprechung tritt in Frankreich viel mehr als bei uns in den Vordergrund.[2] In England

[1] Wohl infolge der an ihr geübten Kritik, vgl. H ö l d e r, Archiv für die zivilistische Praxis Bd. 73 S. 8 ff.

[2] Mit Recht wird von F u c h s, M a i n h a r d u. a. darauf hingewiesen, daß die französische Rechtsprechung es verstanden hat, die ganze Materie der Bekämpfung des unlauteren Weltbewerbes aus den wenigen Bestimmungen der Code civil über Delikt und Quasidelikt abzuleiten; vgl. den geistvollen Aufsatz von O. M e y e r in Goldschmidts Zeitschr. Bd. 26 S. 363 ff.

besteht das common law wesentlich aus dem in den Präjudizien niedergelegten Recht.[1] Dieses System hat den Vorzug, daß den in stetem Flusse befindlichen Bedürfnissen des Verkehrs schneller Rechnung getragen werden kann. In Deutschland hat man sich m. E. viel zu sehr daran gewöhnt, nach dem Gesetzgeber zu rufen und von ihm alles Heil zu erwarten. Ob die bestehende Rechtszersplitterung, ob das ungenügende Ansehen der Gerichte, ob Mängel der Rechtsprechung hieran Schuld tragen, mag dahin gestellt bleiben. Im allgemeinen wird man sagen können: je besser es die Rechtsprechung versteht, das geltende Recht den wenig wechselnden Erscheinungen des Lebens anzupassen, je weniger wird es notwendig, die komplizierte Gesetzgebungsmaschine in Bewegung zu setzen. Auch ein mangelhaftes Gesetz kann bei verständiger Anwendung seinen Zweck erreichen. Andererseits stellt mitunter erst die konsequente Durchführung eines Gesetzes seine Unbrauchbarkeit oder Schädlichkeit heraus. Ich verweise auf das Börsengesetz von 1896, dessen Handhabung ein überaus lehrreiches Vorbild für die richtige Grenzbestimmung der gesetzgeberischen Funktion der Rechtsprechung bietet, auf die sofort einzugehen ist. Freilich werde ich mit diesem Beispiel auf den heftigen Widerspruch der noch unversöhnten Gegner der reichsgerichtlichen Judikatur auf diesem Gebiete stoßen.

Die rechtsbildende Bedeutung der Rechtsprechung ist auch von dem Gesetzgeber selbst in gewissem Umfange ausdrücklich anerkannt und geregelt. Das Urteil entscheidet allerdings nur den einzelnen Fall. Aber hinsichtlich der damit entschiedenen Rechtsfrage wird in § 28 Abs. 2 FGG., § 137 GVG. den dort genannten Entscheidungen eine Art partieller Gesetzeskraft beigelegt. Sie sind vorbehaltlich einer weiter einzuholenden Entscheidung des Reichsgerichts oder des Plenums des Reichsgerichts bindend, und zwar im Falle des § 28 für jedes Oberlandesgericht, im Falle des § 137 für jeden Senat des Reichsgerichts, dem die gleiche Rechtsfrage unterbreitet wird. Auch abgesehen hiervon kommt den richterlichen Erkenntnissen vielfach eine weit über die Entscheidung des einzelnen Falles hinausragende Bedeutung zu. Das Urteil über eine interessante, zweifelhafte Frage wird in den Fachzeitschriften veröffentlicht und Gegenstand wissenschaftlicher Diskussion. Er wird

[1] Vgl. Hatschek, Englisches Staatsrecht §§ 15 ff.

häufig Vorbild und Anregung zu der gleichen Entscheidung anderer Gerichte über dieselbe Frage. Dies hat auch seine Berechtigung, ist insbesondere im Interesse der Einheitlichkeit der Rechtsprechung gelegen.

Wie man übrigens auch vom theoretischen oder doktrinären Standpunkt hierüber denken mag, im Hinblick auf das tatsächliche Ergebnis muß man eine rechtsschöpferische Funktion der Rechtsprechung nicht nur für den konkreten Fall und unter den Beteiligten (vgl. Abschnitt I), sondern auch über den Prozeß hinaus anerkennen. Und in dieser letzteren Richtung übt sie „eine gesetzgeberische Funktion". In ihr liegt auch der Schwerpunkt und die Bedeutung der reichsgerichtlichen Judikatur.[1] Zugleich auch ihre besondere Schwierigkeit. Der erkennende Senat des Reichsgerichts muß sich bei der Entscheidung einer Rechtsfrage immer klar darüber sein, daß sie (vorbehaltlich einer einzuholenden Plenarentscheidung) auch die übrigen Senate bindet. Er muß sich bewußt sein und sich Rechenschaft darüber geben, was sie für das ganze Rechtssystem bedeutet. Und gerade dies ist bei großen und komplizierten Gesetzgebungswerken, wie es unser BGB. oder unsere Prozeßordnungen sind, oft schwer übersehbar.

Wenn hier von einer „gesetzgeberischen Funktion" der Rechtsprechung gesprochen wird, so soll damit der Richter keineswegs grundsätzlich als Gesetzgeber anerkannt werden.

Darin eben unterscheidet sich die hier vertretene Auffassung von der „freien Rechtsfindung" eines Gnäus Flavius und anderer.[2] Die gesetzgeberische Funktion der Rechtsprechung darf **erstens** immer nur eine subsidiäre, eine das Gesetz ergänzende sein, und sie darf **zweitens** niemals zu dem erkennbaren Willen und Zweck des Gesetzes in Widerspruch treten. Denn letzterenfalls würde sie die ihr absolut gezogenen Grenzen überschreiten und sich eine Macht usurpieren, die verfassungsmäßig anderen Organen der Staatsgewalt übertragen ist. Auf die staatsrechtlichen Bedenken, welche der „freien Rechtsfindung" in dieser Richtung entgegenstehen, sobald sich der Richter für berechtigt hält, seine individuelle Auffassung gegen Zweck und Willen des Gesetzes zur Geltung zu bringen, hat Stier-

[1] Die gesetzgeberische Funktion der reichsgerichtlichen Judikatur wurde bei den Verhandlungen über den Sitz des Reichsgerichts besonders betont (vgl. Reichstagsdrucksachen I. Session 1877 Nr. 62).

[2] Vgl. Gnäus Flavius, Der Kampf um die Rechtswissenschaft S. 41.

Somlo[1] überzeugend hingewiesen. Sie würde einen richterlichen Absolutismus heraufbeschwören, eine Willkürherrschaft, die wir auf anderen Gebieten glücklich überwunden haben.

Ich exemplifiziere auf die Rechtsprechung des Reichsgerichts in Börsensachen auf Grund des Gesetzes vom 22. Juni 1896. Sie hat seinerzeit eine Hochflut von juristischer Literatur und einen wahren Sturm gegen den von dem höchsten Gerichtshof bei Auslegung des Gesetzes eingenommenen Standpunkt entfesselt. Das nach überaus heftigen Kämpfen der streitenden Interessengruppen zustande gekommene Gesetz war ein Tendenzgesetz. Die börsenfeindliche Richtung hatte den Sieg errungen und war in ihm zum Ausdruck gelangt.[2] Das Gesetz erwies sich aber bei der praktischen Durchführung in vielfacher Hinsicht als unklar, widerspruchsvoll, lückenhaft. Bei der Auslegung, welche ihm von der der Börse nahe stehender Seite, insbesondere hinsichtlich der sog. Nachlieferungsgeschäfte, gegeben wurde, wäre es ein Schlag ins Wasser gewesen; seine Bestimmungen hätten nur auf dem Papier gestanden und wären durch geschickte Geschäftsbedingungen der Beteiligten völlig außer Kraft gesetzt worden. War das Reichsgericht befugt, von sich aus diese Auslegung zu sanktionieren, vielleicht deshalb, weil es die Bestimmungen des Börsengesetzes für volkswirtschaftlich schädlich erachtete, oder weil die sieben Mitglieder des „erkennenden Senats" zufällig in politischer Hinsicht auf Seite der börsenfreundlichen Parteien standen? (Tatsächlich befanden sich in dem I. Zivilsenate, dem die Rechtsprechung in Börsensachen zugewiesen ist, Angehörige der verschiedensten Parteien.) Sollte von der Zusammensetzung dieses Richterkollegiums von der politischen oder volkswirtschaftlichen Anschauung seiner Mitglieder die Entscheidung eines Kampfes abhängen, in welchem sich in- und außerhalb des Parlamentes die Macht- und Stärkeverhältnisse der Parteien erprobt hatten? Das Vertrauen in die Rechtsprechung des höchsten Gerichtshofes müßte vollkommen erschüttert werden, wenn er in derartigen Fällen für seine Entscheidungen eine andere Richtschnur nehmen wollte, als den ihm aus dem Gesetz und seinen Vorarbeiten erkennbaren Willen und Zweck des Gesetzgebers. Das Reichsgericht hat sich auf den allein richtigen und notwendigen Stand-

[1] Stier-Somlo, Das freie Ermessen in Rechtsprechung u. Verwaltung in der Festgabe für Laband. Tübingen 1908.

[2] Vgl. Düringer-Hachenburg, Kommentar z. HGB. Bd. 3 S. 250, 256 ff.

punkt gestellt, daß es die Bestimmungen des Börsengesetzes im Sinne seiner Urheber ausgelegt hat. Der Wille und Zweck des Gesetzgebers, nicht die subjektiven Ansichten der Mitglieder des Richterkollegiums mußten für seine Entscheidung maßgebend sein.

Ein anderes Beispiel aus der jüngsten Rechtsprechung meines Senats. In Nr. 3 des Schlußprotokolls zur Berner Übereinkunft zum Schutz von Werken der Literatur und Kunst ist das Einverständnis der vertragschließenden Staaten darüber festgelegt, daß die Fabrikation und der Verkauf von Instrumenten, welche zur mechanischen Wiedergabe von Musikstücken dienen, die aus geschützten Werken entnommen sind, nicht als den Tatbestand der Nachbildung darstellend angesehen werden sollen. Dieser Grundsatz wurde auch in das deutsche Urheberrechtsgesetz vom 19. Juni 1901 aufgenommen mit Rücksicht auf die durch statistische Nachweise belegten großen materiellen Interessen der deutschen Musikwerke-Industrie trotz des heftigen Widerspruchs der weiter beteiligten Interessentengruppen der Komponisten und der Verleger. Das Gesetz (vgl. § 22) enthält aber eine Ausnahme hinsichtlich derjenigen Instrumente, „durch die das Musikwerk hinsichtlich der Stärke und Dauer des Tones und hinsichtlich des Zeitmaßes nach Art eines persönlichen Vortrags wiedergegeben werden kann". Bei ihnen sollte unbefugte Nachbildung angenommen werden können. Die Gerichte hatten die Frage zu entscheiden, ob Phonographen unter diese eben bezeichneten Instrumente fallen. Jede Partei, Kläger wie Beklagte, glaubte für ihre Auffassung sich auf das Gesetz berufen zu können. Das Landgericht bejahte, das Kammergericht verneinte die Frage. Konnten die Gerichte hier von sich aus eine „Interessenabwägung" zwischen Komponisten, Verlegern, Fabrikanten vornehmen? Und wie verschieden hätte sie ausfallen müssen, je nachdem der eine Richter mehr das ideale Kunstinteresse, der andere mehr die wirtschaftlichen Gesichtspunkte und die Konkurrenz des Auslandes betont hätte. Nur die Entstehungsgeschichte der Gesetzesbestimmung und der aus ihr zu entnehmende Zweck der Vorschrift konnte den sicheren Maßstab für die Entscheidung bieten, welche zugleich zweifelsohne der zur Zeit in Vorbereitung befindlichen Novelle zum Urheberrechtsgesetz eine bedeutsame Grundlage bietet.

So hoch hiernach die Aufgabe des Richters zu fassen ist, so sehr sowohl die rechtsschöpferische als die gesetzgeberische Funktion der Rechtsprechung zu betonen ist, sie darf sich immer nur in den Richtlinien bewegen, welche ihr die Gesetzgeber vorgezeichnet haben. Nur dann ist sie frei und unabhängig von den Meinungen der Parteien, nur dann ist sie der rocher de bronze in unserem Rechtsleben, auf dessen festes Fundament nicht nur die Könige bauen, sondern auch das Volk mit unerschüttertem Vertrauen sich verlassen kann.

Wille und Zweck des Gesetzgebers sind nicht immer aus seinen Bestimmungen ohne weiteres klar. Mit Recht benutzt der Jurist, der sich in Zweifelsfällen hierüber Gewißheit verschaffen will, die Vorarbeiten des Gesetzes, seine Motive, die bei der parlamentarischen Verhandlung im Plenum und in den Kommissionen gepflogenen Verhandlungen und Erörterungen. Es ist mir unverständlich, daß gerade Vertreter der sog. freien Rechtsfindung, welche einer „soziologischen" Rechtsprechung das Wort reden, gegen die Benutzung der Gesetzesmaterialien eifern. Ist doch in ihnen meistens eine ganze Fülle soziologischer Gesichtspunkte niedergelegt, die die Auffassung und die Kenntnisse des einzelnen, der zur Gesetzesanwendung berufen ist, in der Regel weit übersteigen. Aber allerdings ist bei der Benutzung der Gesetzesmaterialien große Vorsicht geboten. Sie haben keinerlei Gesetzeskraft, und derjenige geht fehl, der sie mit gläubigem Autoritätsgefühl hinnimmt oder sich in nicht geeigneten Fällen aus ihnen die Entscheidung holt, die er selbst zu treffen die Pflicht hat. Die Gesetzesmaterialien können nur den Charakter eines Instruktionsmittels über die Entstehung und den Zweck der Gesetzesvorschrift beanspruchen. In dieser Beziehung müssen sie in ihrer Gesamtheit und ihrem Zusammenhang gewürdigt werden. Auch sind ihre einzelnen Bestandteile ungleichwertig. Der sorgfältig vorbereiteten Motivierung, welche der Gesetzentwurf von den ursprünglichen Bearbeitern im Reichsjustizamt oder in den Ministerien gefunden hat, kann die gelegentliche Äußerung eines Abgeordneten oder eines Regierungsvertreters in der Kommission oder im Plenum nicht gleichgestellt werden. Sie ist häufig durch den Lauf der Debatte veranlaßt, mehr das Ergebnis der momentanen Eingebung als sorgfältiger Überlegung. Aber wegen der Fehlgriffe, zu denen eine ungeschickte Verwertung der Materialien Anlaß geben kann und zweifelsohne schon öfter Anlaß gegeben hat, ihre Benutzung schlechterdings und in allen Fällen auszuschließen, heißt doch das Kind mit dem Bade ausschütten. Die „freie Rechtsfindung" verfährt auch hier radikal, nach der Methode des Doktor Eisenbart, welcher seinem Patienten das ganze Bein abnimmt, um die kleinen Zehen zu kurieren.

Treffend sagt Danz:[1]

„Das einzige Mittel, wodurch bei der Auslegung der Gesetze der Umfang der Geltung einer konkreten Vorschrift bestimmt werden kann, ist die Beachtung des Zwecks, der mit ihr verfolgt wird; nach ihm ist stets die Frage, ob eine Vorschrift gerade auf den konkreten Tatbestand Anwendung findet oder nicht, zu entscheiden. Überall, wo dieses Zurückgehen auf den Zweck nicht erfolgt, liegt Buchstabeninterpretation vor, die sinnlos und ohne jeden Aufwand von Nachdenken die Worte in der gewöhnlichen Bedeutung auffaßt."

Auch die Verwertung der Gesetzesmaterialien darf nur zu dem Behufe erfolgen, den Zweck der Gesetzesvorschrift zu ermitteln.

Dann ist aber m. E. nicht einzusehen, warum diese Verwertung nicht in den Gründen der Entscheidung zum Ausdruck gebracht werden sollte. Es wird dies allerdings nur ausnahmsweise nötig sein; es geschieht aber auch nur ausnahmsweise. An Entscheidungen, wie den oben erwähnten über den Schutz der Komponisten gegenüber der Wiedergabe ihrer Werke durch den Phonographen, haben nicht nur die Parteien, sondern haben alle beteiligten Kreise — die Komponisten, die Verleger, die Musikwerkfabrikanten — ein großes Interesse. Sie haben auch ein Recht darauf zu erfahren, welche Erwägungen für die höchstrichterliche Entscheidung ausschlaggebend waren. Diese Erkenntnis ist schließlich auch von großer Bedeutung für die gesetzgeberischen Faktoren, welche auf der durch die Judikatur geschaffenen Grundlage weiter bauen.

Es ist nicht zu leugnen, daß, obwohl hinsichtlich der Einschätzung der Materialien eigentlich kaum große Meinungsverschiedenheiten bestehen, gleichwohl mit ihrer Verwertung in der Praxis recht häufig gesündigt wird. Der Richter, der gewöhnt ist, sich ausschließlich aus dem Gesetze die Weisung für seine Entscheidung zu holen, ist nur allzusehr geneigt, wo dieses Hilfsmittel versagt, den nahegelegenen bequemen Weg zu den Gesetzesmaterialien zu suchen und zu finden. Dabei besteht die besondere Gefahr, daß Äußerungen der Motive oder der bei der Gesetzgebung Beteiligten für Auffassungen verwertet werden, für welche sie gar nicht bestimmt waren, daß indirekt aus ihnen Schlüsse gezogen werden, die

[1] Rechtsprechung nach der Volksanschauung und nach dem Gesetz (in Iherings Jahrb. 54 S. 1ff.).

nicht beabsichtigt wurden, daß Scheingründe aus ihnen entnommen und verwertet werden, die dem eigentlichen Zweck des Gesetzes und seiner ungezwungenen Anwendung auf den konkreten Fall widersprechen.[1]

Was von der Benutzung der Materialien gilt, ist auch von der Verwertung der Präjudizien zu sagen. Die heutzutage so beliebte allgemeine Publizität der gerichtlichen Entscheidungen mag im großen und ganzen ebenso belehrend als anregend wirken und die Einheitlichkeit der Rechtsprechung fördern. Sie bringt aber auch schwere Gefahren mit sich. Auch sie verleitet den unselbständigen oder bequemen Richter, anstatt selbst die ihm vorliegende Frage durchzudenken und zu entscheiden, sich auf das Präjudiz zu verlassen. Recht häufig wird dabei den konkreten Verhältnissen nicht genügend Rechnung getragen. Kein Prozeß ist dem anderen vollständig gleich; die kleinste tatsächliche Nuancierung kann eine abweichende Beurteilung rechtfertigen.

Man hat in den letzten Jahren vielfach die englische Rechtsprechung der deutschen als Vorbild hingestellt; man hat das „Imperium" der englischen Richter auch gegenüber dem Gesetz als das zu erstrebende Ideal bezeichnet und ohne weiteres verlangt, daß die deutschen Richter anstatt das BGB. und seine Nebengesetze anzuwenden, salomonische Urteile fällen sollten für welche die Vernunft, der „bon sens", die „equity"[2] die eigentliche Rechtsquelle wäre. Daß aber die landläufige Vorstellung von der „freien Rechtsschöpfung" des englischen Richters und ihrem Zusammenhang mit dem Präjudiziensystem falsch ist, hat Mendelsohn in seinem Werke[3] nachgewiesen. Die englische Rechtsprechung ist nur in ihrem Zusammenhang mit der ganzen Organisation der englischen Justiz zu verstehen und zu erklären. Eines müßten wir allerdings zuerst von den praktischeren Engländern und ihren Einrichtungen lernen. Während bei uns alles darauf zugeschnitten ist, die Prozeßsucht zu wecken, anzureizen, zu fördern und auszubilden — relativ niedere Kosten, endlose Prozesse mit Parteibetrieb, unbeschränkte Rechtsmittel durch drei Instanzen, — haben es die lebensklugen Engländer

[1] Auch das Reichsgericht hat sich m. E. von diesem Vorwurf nicht überall freigehalten; vgl. die Kritik der Entscheidung I 293/03 (Bd. 56 S. 196) bei Düringer-Hachenburg Bd. 1 § 27 Anm. 11 S. 272, ferner der Entscheidungen I 131/07 u. III 11/08 in der Leipziger Zeitschrift für Handelsrecht usw. Jahrgang 3 S. 210.

[2] Vgl. Hatschek a. a. O. S. 148.

[3] Das Imperium des Richters. Straßburg 1908.

verstanden, durch die entgegengesetzten Maßnahmen dem Publikum die Lust am Prozessieren möglichst zu verleiden. Und wie das englische Volk über diesen Punkt denkt, das beweisen am besten die englischen Sentenzen „Lawyers' houses are built on the heads of fools" und „To go to law is the art of cutting one's throat with a pen". Solche Übertreibungen sind selbstverständlich cum grano salis zu verstehen. Aber die darin enthaltene Lebensweisheit entspricht viel mehr einer nüchternen Betrachtung der Dinge, als wenn man den Prozeß, den „Kampf ums Recht", als die „Behauptung der Persönlichkeit", als die „Poesie des Charakters" preist.[1] Das sind überstiegene Phrasen, die das wirkliche Leben in zahllosen Fällen Lügen straft.

III

Rechtsprechung und Verkehrssitte. Weltfremdheit der Richter, wissenschaftliche und doktrinäre Jurisprudenz, Laien als Richter.

Zu den wichtigsten Bestimmungen des ganzen Bürgerlichen Gesetzbuches gehören zweifelsohne die §§ 157 und 242. Es ist das Verdienst von Danz[2], die große und ausschlaggebende Bedeutung der Verkehrssitte für die Auslegung der Rechtsgeschäfte und der Normativbestimmungen der Gesetze immer und immer wieder betont zu haben. Danz ist ein energischer Gegner des sog. Willensdogmas d. h. jener Theorie, welche bei Auslegung des rechtsgeschäftlichen Verhaltens einer Person auf die Erforschung und Feststellung ihres inneren Willens den Schwerpunkt legt und diesen als den Grund aller rechtsgeschäftlichen Wirkungen anerkennt. Jedes Rechtsgeschäft hat seine spezifische Bedeutung nur für den Rechtsverkehr, den Verkehr der Menschen untereinander. Und hier kann nicht der rein psychologische, innere Vorgang des Wollens, sondern erst der in irgend einer Weise in die Erscheinung tretende, also der erklärte Wille von rechtserheblicher Bedeutung werden. Nicht der ungeäußerte innere Wille, sondern der geoffenbarte Wille ist daher die Grundlage

[1] Vgl. Ihering, Der Kampf ums Recht S. 41.

[2] Vgl. Danz, Laienverstand und Rechtsprechung, Jena 1898; derselbe, Die Auslegung der Rechtsgeschäfte. 2. Aufl., Jena 1906; derselbe, Rechtsprechung nach der Volksanschauung und nach dem Gesetz, Jena 1908.

des Rechtsgeschäfts. Erst durch seine Erklärung wird der Wille zur Tat.[1]

Die Auslegung der Willenserklärungen, insbesondere der zahllosen stillschweigenden Willenserklärungen, die im Verkehr täglich und stündlich abgegeben werden,[2] hat nach der Verkehrssitte zu erfolgen. Die Verkehrssitte ist eine gleichsam unsichtbar, aber ununterbrochen sprudelnde Rechtsquelle. Sie ist es nicht erst infolge der Vorschriften des BGB. geworden, sondern sie es zu allen Zeiten gewesen, insbesondere auch da, wo sie der Gesetzgeber selbst nicht anerkannte; denn sie ist die notwendige, wenn auch als solche nicht immer erkannte Begleiterin jeder gesetzlichen Regelung des Rechtslebens. Sie ist zur Ergänzung des Gesetzes ebenso notwendig wie zur Ergänzung der Willenserklärungen des einzelnen. Sie vollzieht diese Funktion „selbsttätig", unabhängig von dem Willen und Wissen der Beteiligten. Wer im menschlichen Verkehr lebt, der ist hinsichtlich der Beurteilung seiner Willenserklärungen der Verkehrssitte unterworfen. Auf seine eigene Kenntnis der Verkehrssitte kommt es nicht an. Ihre Normen sind ebensosehr Rechtsnormen wie die Bestimmungen der Gesetze. Ja sie sind stärker als die gesetzlichen Normen, weil das Gesetz, wenigstens für den rechtsgeschäftlichen Verkehr, selbst ihre Anwendung und Berücksichtigung in erster Reihe fordert. Und die meisten Bestimmungen des Gesetzes sind überhaupt nichts anderes als „kodifizierte Verkehrssitte".

Um aber die Willenserklärungen der Parteien, die Rechtsgeschäfte, in denen sich Handel und Wandel vollzieht, richtig nach der Verkehrssitte zu beurteilen, muß der praktische Jurist die Verkehrssitte kennen und verstehen. Damit komme ich auf ein Kapitel zu sprechen, über das in den letzten Jahren gleichfalls überaus viel geredet und geschrieben worden ist — die angebliche Weltfremdheit der Richter.

Ich gehöre nicht zu den Juristen, welche ihren Standesgenossen und damit sich selbst unausgesetzt nnd unter allen Umständen Weihrauch streuen. Wenn der Vorwurf der Weltfremdheit von den verschiedensten Seiten in so intensiver Weise erhoben wird wie heutzutage, und wenn

[1] Das BGB. nimmt zu dem Streite der sog. Willenstheorie und der Erklärungstheorie keine ganz klare Stellung ein. Danz glaubt allerdings seine Bestimmungen ausschließlich für die Erklärungstheorie verwerten zu können; vgl. dagegen Maningk, Willenserklärung und Willensgeschäft, 1907.

[2] Vortreffliche Beispiele s. bei Danz a. a. O.

uns Erkenntnisse beigebracht werden, welche sich in der Tat nur aus dieser Weltfremdheit erklären lassen, so wollen wir immerhin zugeben, daß die Rechtsprechung dieser Vorwurf in gewissem Maße trifft. Ich habe auch schon an anderer Stelle auf die Erklärung für diese Erscheinung hingewiesen.[1] Die deutsche Rechtsprechung läuft nach der spezifisch fachwissenschaftlichen Behandlung, welche sie in den letzten Jahrzehnten erfahren hat, Gefahr, eine rein gelehrte Rechtsprechung zu werden, die der Laie nicht mehr versteht, die auch die Verhältnisse des Lebens hinter den Ergebnissen der „Doktrin" zurücksetzt und ihre Erkenntnis, die doch die Hauptsache bleibt, vernachlässigt. Ich unterscheide zwischen einer doktrinären Rechtsprechung und einer wissenschaftlichen. Das sind freilich Schlagwörter; aber ihr Sinn ist doch ohne weiteres verständlich. Für die erstere Methode ist die aus Quellenstudium, juristischen Konstruktionen und Spekulationen entwickelte Doktrin das leitende, allein maßgebende Prinzip. Eine wissenschaftliche Rechtsprechung schöpft aus allen Quellen menschlicher Erkenntnis, in erster Reihe aber aus den Erscheinungen des Lebens, die zu erforschen und auf ihren juristischen Gehalt zu prüfen sie sich zur Aufgabe macht. Die doktrinäre Justiz schwört in verba magistri, auf die Ansicht angesehener Lehrbücher oder Kommentare und hält es für notwendig, sich mit der „herrschenden Meinung" im Einklang zu befinden. Die wissenschaftliche Justiz frägt nach dem praktischen Resultate einer Rechtsauffassung und prüft, ob dieselbe mit dem Zwecke des Gesetzes und den Bedürfnissen des Lebens im Einlkang steht. Begünstigt wurde die doktrinäre Richtung durch die Notwendigkeit, einen ungeheuren Gesetzgebungsstoff, welcher uns vielfach zuerst durch Theoretiker vermittelt wurde, zu bewältigen. Was der deutsche Juristenstand in den letzten Jahrzehnten während der Einführung der Reichsjustizgesetze, des Bürgerlichen Gesetzbuchs und seiner Nebengesetze, sowie zahlreicher durch die außerordentliche Entwicklung von Handel, Industrie, Technik, Kunstgewerbe usw. notwendig gewordener Spezialgesetze alles zu leisten hatte — das werden vielleicht erst künftige Generationen vollgerecht würdigen. Angesichts der Anforderungen, welche die moderne Gesetzgebung an jeden einzelnen an der Rechtspflege Beteiligten stellte, lief man nach den Lehrbüchern, den Kommentaren, den Monographien, und so ergab sich die unvermeidliche Folge, daß

[1] Vgl. Recht 1907 S. 1033.

Bücherweisheit und Büchergelehrsamkeit die erste Folge der neugeschaffenen Rechtseinheit waren. Wenn demgegenüber eine starke Reaktion einsetzt, welche die Juristen von der Gelehrsamkeit und der Studierstube weg in das praktische Leben ruft, so ist diese Bewegung nur zu begrüßen. Sie wird um so wirksamer sein, je mehr sie sich von Übertreibungen, von einseitiger und ungerechter Beurteilung unserer Rechtsprechung fern hält.

Daß man speziell den Richtern Weltfremdheit vorwirft und darüber klagt, das hat noch einen anderen Grund, der dem richterlichen Beruf wahrlich nicht zur Unehre gereicht. Der Mangel an „Welt", an praktischer Lebenserfahrung wird nämlich bei keinem Beruf stärker empfunden als bei dem richterlichen, weil er gerade, wie kein zweiter, Welt- und Lebenskenntnis erfordert und voraussetzt. Es wird niemand einfallen, darüber zu klagen, daß ein Dichter, ein Musiker, ein Bildhauer weltfremd ist. Sie leben in ihrer Welt, in ihren Idealen. Hier ist die Weltfremdheit fast als Tugend geschätzt. Auch den typischen „deutschen Professor", bei dem man an einen Philologen oder Philosophen oder theoretischen Mathematiker denken mag, können wir uns ohne ein Stück spezifischer Weltfremdheit kaum vorstellen. Im Gegensatz dazu verlangt man aber von dem Richter, daß er im Leben steht und das Leben kenne. Ja, man mutet ihm vielfach die Unmöglichkeit zu, in allen Lebens-, Berufs- und Geschäftsbranchen orientiert zu sein und überall und allenthalten die Sprache, die Anschauung, die Gewohnheiten, kurz die Verkehrssitte zu kennen, welche diesen einzelnen Zweigen menschlicher Tätigkeit und Zusammengehörigkeit eigentümlich sind. Damit wird natürlich der Bogen überspannt und der erhobene Vorwurf ein absolut ungerechter.

Was folgt nun aus diesem Zustand der Dinge? Soll man etwa dafür eintreten, daß der Richter alle Wissenschaft überhaupt beiseite setze, alles Systematische nnd Theoretische überhaupt verachte? Oder ist man berechtigt, wie es geschehen ist, von einem „Bankerott der wissenschaftlichen Jurisprudenz" zu reden?

M. E. sind in unserer Gesetzgebung, speziell bei unserem bürgerlichen Gesetzbuch, allerdings die Theoretiker zu viel, die Praktiker zu wenig zur Geltung gekommen. Denn auch bei ihrer aktiven Beteiligung sind die Männer der Praxis vielfach von vornherein geneigt, sich hinter die Vertreter der Wissenschaft zu stellen. Diese, welche ihre Kraft ausschließlich der Theorie widmen können, welche zur Vertiefung in literarische Arbeiten die erforderliche Zeit haben und haben müssen, sind an präsenten Kenntnissen den Praktikern häufig überlegen. Daraus resultiert auch die vielfach bemerkte Geringschätzung mancher Gelehrter gegenüber dem Praktiker, auf die ich hier nicht eingehen will. Die literarische Behandlung der Rechtsprobleme liegt gleichfalls vorwiegend in der Hand der Theoretiker. Für den jungen Dozenten ist die literarische Betätigung zwar nicht immer ein inneres Bedürfnis, aber jedenfalls ein äußeres. Will er einen Ruf erhalten, so muß er seinen Anspruch darauf durch wissenschaftliche Arbeiten belegen. Daß hier nicht überall erste Kräfte am Werke sind, wird gerade in akademischen Kreisen erkannt, welche sich gegen die Mittelmäßigkeiten zu schützen suchen. Häufig haben solche juristische Schriftsteller die Praxis überhaupt nicht kennen gelernt, sich vielmehr lediglich in der Vorbereitungszeit zwischen dem ersten und zweiten Examen in unselbständiger und unverantwortlicher Stellung mit den Aufgaben der Praxis beschäftigt. Sie verwerten daher in ihren Schriften nicht irgendwelche praktischen Erfahrungen, nicht eine aus dem unmittelbaren Eindruck des Lebens geschöpfte Anschauungsweise, sondern ihre Arbeiten sind lediglich Produkte ihres logischen Denkens, ihres größeren oder geringeren Scharfsinns in der Ausdeutung der Gesetze und ihrer Materialien, in der Aufsuchung und Ausgestaltung juristischer Konstruktionen und Theorien oder in der Wiedergabe oder Widerlegung juristischer Lehrmeinungen. Aus solchen zum Teil überaus scharfsinnigen und gedankenreichen Arbeiten holt sich dann der in dem Drang der Geschäfte stehende Praktiker Rat und Belehrung. Und wenn er nicht mit der nötigen Unterscheidungsgabe ausgestattet ist, das Brauchbare von dem Unbrauchbaren zu sondern, oder wenn er sich in allzu großer Ehrfurcht vor dem Klang schriftstellerischer Autoritäten beugt, mag es ihm passieren, daß er zu höchst wunderlichen und seltsamen Resultaten gelangt. Denn „grau ist jede Theorie", die nicht aus der Kenntnis der Praxis hervorgegangen ist.

Erst in den letzten Jahrzehnten macht sich nach meinen Beobachtungen eine stärkere Beteiligung der Praktiker an der wissenschaftlichen Behandlung des Rechts bemerkbar. Und sie ist sehr notwendig, damit die Erfahrungen des Lebens ausreichende Verwertung und Berücksichtigung finden. Denn schließlich ist doch die Praxis die beste, ja eigentlich die einzige maßgebende Lehrmeisterin. Sie allein gibt den Prüfstein für die Richtigkeit oder Brauchbarkeit der am Gelehrtentisch gefundenen

Auffassungen und Auslegungen. Ja die ganze juristische Wissenschaft hat ihre Existenzberechtigung nur darin, daß sie der praktischen Jurisprudenz, dem Rechtsleben, der Rechtspflege dient. Ich bin der letzte, der die hohen Verdienste unserer hervorragenden Theoretiker um die wissenschaftliche Vertiefung und Fortentwicklung unseres Rechts schmälert. Sie ist m. E. das notwendige, unentbehrliche Korrelat der praktischen Rechtsanwendung. Sie sorgt dafür, daß die letztere nicht zur handwerksmäßigen Routine herabsinkt. Die deutsche Rechtswissenschaft hat Werke aufzuweisen, die sich die Anerkennung und Bewunderung der ganzen zivilisierten Welt erworben haben. Ich verweise z. B. auf Kohlers Handbuch des Patentrechts. Aber die rein theoretische Beschäftigung mit der Rechtswissenschaft hat auch ihre großen Nachteile und Gefahren. Je weniger ein Dozent in der juristischen Praxis Bescheid weiß, je mehr er sich von ihr entfernt, je weniger nützt er seinem Fache. Bezeichnend ist, daß gerade unsere tüchtigsten, hervorragendsten und berühmtesten Rechtslehrer trotz vielseitiger anderweiter Inanspruchnahme nicht darauf verzichten, als Richter in einem Kollegialgericht mitzuarbeiten, lediglich um dadurch mit der Praxis in unausgesetzter Fühlung zu bleiben.

Um der erwähnten Weltfremdheit der Justiz abzuhelfen, hat man die mannigfaltigsten Vorschläge gemacht. Soweit diese sich auf die Vorbildung der Richter beziehen, soll im folgenden Abschnitt kurz darauf eingegangen werden. Ein von der Presse propagiertes, anscheinend sehr einfaches Mittel, das zugleich dem demokratischen Zuge der Zeit Rechnung trägt, ist das Verlangen nach einer regelmäßigen Beteiligung des Laienelements an der Rechtsprechung auch in Zivilsachen. Sind unsere Richter unpraktische, weltfremde Perücken, eigensinnige und vertrocknete Buchstabengelehrte, so muß man ihnen Leute mit gesundem, natürlichem Urteil an die Seite setzen, die im Leben stehen und das Leben kennen! So lautet das landläufige Raisonnement.

Als früherer langjähriger Vorsitzender einer Kammer für Handelssachen, und als ein großer Verehrer dieser Einrichtung, habe ich gegen die Zuziehung von Laien auch zur Zivilrechtspflege im Prinzip nichts einzuwenden. Nur wird sich alsbald herausstellen, daß diese Laienrichter, so oft es sich nicht um solche Verhältnisse handelt, die ihnen infolge ihrer speziellen Berufstätigkeit bekannt sind, mit einer viel größeren Weltfremdheit behaftet sind, als sie unseren Berufsrichtern angeblich eigen ist. Jeder Beruf bildet seine Leute. Wer sich die richterliche Tätigkeit zum Hauptberuf gewählt hat, wer ununterbrochen diese Seite geistiger Tätigkeit übt, die in dem objektiven Aufnehmen, Prüfen und Abwägen der vor ihm erörterten fremden Interessen besteht, der muß hierdurch notwendig Routine, Erfahrung, Sicherheit, praktischen Blick erlangen. Er muß notwendig demjenigen überlegen sein, der gewohnt ist, nur über seine eigenen Interessen und Vorteile nachzudenken und — wie dies wenigstens bei dem Gros der erwerbstätigen Bevölkerung der Fall sein wird — in seinem engen wirtschaftlichen Leben die Kräfte seines Daseins erschöpft. Auch die Fähigkeit, sich in fremde Angelegenheiten zu vertiefen, auch Objektivität und Gerechtigkeitssinn müssen ausgebildet, geübt und gepflegt werden. Laienrichter, welche doch immer nur gelegentlich neben ihrem Hauptberuf, oder, wenn sie privatisieren, neben der anstrengenden Tätigkeit des Kuponabschneidens oder der Unterzeichnung von Aufsichtsratsprotokollen, das Richteramt ausüben, werden daher niemals dieselben Garantien für eine sachliche und gerechte Rechtsprechung bieten, wie der Berufsrichter. Ihr Urteil ist immer nur da von besonderem Werte, wo sie mit ihm an die Erfahrungen ihres Hauptberufs anknüpfen, wo sie als die individuellen Persönlichkeiten urteilen, zu denen sie ihr Hauptberuf geschaffen hat. Deshalb sind Kaufleute und Fabrikanten als Laienrichter ausgezeichnet bei der Beurteilung von Handelsprozessen. Geschäftliche Erfahrung, Kenntnisse und Verständnis der Auffassung, der Denkweise, der Ausdrucksweise, auch der Kniffe und Chikanen, die in ihren Berufskreisen im Schwange sind, Empfindung für das, was hier als fair, als anständig, oder als das Gegenteil anzusehen ist, bringen sie mit und verwerten sie im Gedankenaustausch mit dem Vorsitzenden. Unter dem gleichen Gesichtspunkte mag man auch für die speziellen Fragen, die den Gewerbe- und Kaufmannsgerichten zugewiesen sind, Angehörige der bei diesen Prozessen beteiligten Kreise zuziehen. Aber man hüte sich, weiter zu gehen und grundsätzlich den Laien für einen ebenso guten oder sogar für einen besseren Richter einzuschätzen, als den Berufsrichter.

Ich spreche hier überall vom Standpunkt des Zivilrichters. Aber ich bin doch lange genug in der Strafjustiz tätig gewesen, um mir auch hier eine Ansicht bilden zu können. Für die Strafjustiz liegt die Sache insofern anders, als die zur Entscheidung stehenden Fragen hier in der überwiegenden Mehrzahl der Fälle auf tatsächlichem Gebiete liegen. Auch fallen für die Beteiligung der Laien an der Strafjustiz politische Gesichtspunkte ins Gewicht, die für die Ziviljustiz nicht in Betracht kommen. Im Prinzip gilt aber auch hier dasselbe. Der Berufsrichter bietet größere Garantien als der Laienrichter, und Fehlsprüche werden sicher in dem Maße zunehmen, als man den Berufsrichter und seinen maßgebenden Einfluß auf die Urteilsfindung zurückdrängt. Im übrigen verweise ich auf die ausgezeichnete Monographie von de Niem,[1] dessen Ausführungen ich auf Grund meiner persönlichen Erfahrungen in allen wesentlichen Punkten beistimmen möchte.

Auf dem Leipziger Kongreß für gewerblichen Rechtsschutz vom 15.—20. Juni 1908 wurde die Frage der Einführung von Sondergerichten für Sachen des gewerblichen Rechtsschutzes behandelt. Es wurden aus Juristen und Technikern zusammengesetzte Gerichte gefordert, in welchen die letzteren als ständige Berufsrichter fungieren sollten. Trotz der großen Propaganda, welche für diese Forderungen namentlich in den Kreisen der auf dem Kongreß stark vertretenen Patentanwälte geworben hatte, und obwohl man auf die ursprünglich beabsichtigte Aufstellung von Detailvorschlägen verzichtet hatte, ergab sich für die Einführung der Sondergerichte nur eine Majorität von 99 gegen 53 Stimmen. Aber dieses Ergebnis bedeutet nichts. Viel wichtiger war die Erkenntnis, daß die gegen die Einführung sprechenden sachlichen Gründe in keiner Hinsicht widerlegt werden konnten. Dem Gewicht dieser Gründe vermochten sich nach meinem persönlichen Eindruck selbst enragierte Freunde dieser Sondergerichte nicht ganz zu entziehen. Inzwischen ist auch in der Literatur das Problem weiter behandelt worden.[2] Während es jetzt den Parteien und dem Gericht ermöglicht ist, die für jeden einzelnen Fall geeignetsten Sachverständigen beizuziehen, deren Gutachten unter der Kontrolle der Parteien erstattet wird, würden Techniker als Berufsrichter, die doch auch nicht auf jedem Gebiete beschlagen sein können, ihre technischen Kenntnisse als Richter in unkontrollierbarer

[1] Vgl. de Nieni, Berufsrichter und Laienrichter (Leipzig 1906); derselbe in der Deutschen Richterzeitung 1909 S. 38 ff.

[2] Vgl. die ausgezeichneten Darlegungen von Wertheimer in der Leipziger Zeitschrift für Handelsrecht usw. 1908 S. 671; Professor Dr. ing. Schlesinger in den Annalen des Deutschen Reichs 1909 S. 247; Cohn, Techniker als Richter (Nürnberg 1908).

Weise verwerten. Sie würden der abweichenden Ansicht von Sachverständigen sicher nicht mit derjenigen Objektivität gegenüberstehen, die der juristisch geschulte Richter bietet. Es würde überdies bei der praktischen Einrichtung dieser Sondergerichte sich sofort herausstellen, daß sich zu solchen technischen Berufsrichterstellen nur Mittelmäßigkeiten, nämlich nur solche Techniker oder Patentanwälte drängen, welche in der Praxis nicht hinreichenden Erfolg finden. Denn wer auf technischem Gebiete oder als Patentanwalt Hervorragendes leistet, der versteht es auch, seine Arbeitskraft in einer Weise zu verwerten, daß er seine Stellung schwerlich mit der eines Berufsrichters vertauscht.

IV

Ausbildung der Richter; Richter und Rechtsanwälte.

Man hat behauptet, daß unsere Gymnasien mit ihrer philologischen und scholastischen Schulweisheit veraltet seien, daß sie eine körperlich geschwächte, „geistig verbildete" Jugend heranzögen, daß die humanistische Vorbildung mit eine der Hauptursachen unserer angeblich so mangelhaften Rechtszustände sei. Gurlitt und seine Anhänger sprechen dem humanistischen Gymnasium alle und jede Existenzberechtigung ab.

Zu dem großen Gegensatz der Meinungen, welcher auf dem Gebiete des Schulwesens besteht, kann hier nicht Stellung genommen werden. Wenn die deutsche Nation sich im Verlauf des letzten halben Säkulums eine allseits anerkannte Stellung unter den Kulturvölkern errungen hat, wenn sie nicht nur auf dem Felde der Theorie, sondern in der praktischen Verwertung der Wissenschaften, z. B. in der chemischen Industrie und auf allen technischen Gebieten, einen ersten Rang erworben hat, so verdankt sie dies im wesentlichen Männern, welche humanistische Vorbildung genossen haben. An ihr kann also die angebliche „Rückständigkeit der Jurisprudenz" nicht gelegen sein. Ja, es wird im direkten Gegensatz zu der eingangs erwähnten Auffassung auf der anderen Seite die Überzeugung vertreten, daß nur die geistige Schulung, welche ein großer Teil der deutschen Jugend in den Gymnasien erfährt, die großartigen Erfolge deutscher Wissenschaft auf allen Gebieten ermöglicht habe. Die Gegenprobe ist noch nicht gemacht. Wie dem aber auch sei, es ist unmöglich zu verkennen, daß unsere Gymnasien den jungen Mann zum praktischen Lebensberufe nur in ganz ungenügender Weise vorbereiten. Es ist dies schon eine sehr alte Klage, aber sie muß in dem Maße von Jahr zu Jahr zunehmen, als unser Volk im ganzen praktischer geworden ist (vgl. oben S. 186), und die Anforderungen an diese Seite der menschlichen Geistestätigkeit sich steigern. Der Gymnasialabiturient mag in der lateinischen und griechischen Syntax gut Bescheid wissen, er mag griechische und römische Klassiker mit Verständnis gelesen haben und sich einbilden, bis zu den Quellen unserer heutigen Kultur vorgedrungeu zu sein. Aber er spricht gewöhnlich ganz ungenügend französisch; er hat englisch vielleicht überhaupt nicht gelernt; er versteht mitunter einfache Zins- und Zinsesrechnungen nicht; er ist unfähig einen kaufmännischen Buchauszug zu begreifen oder gar eine Bilanz zu lesen. Ich würde diese Dinge für viel wichtiger halten, als das Rechnen mit Logarithmen. Um die empfindlichsten Lücken meiner Schulbildung in dieser Hinsicht auszufüllen, habe ich, nachdem ich schon das erste juristische Examen absolviert hatte, einfachen Rechnen- und Buchführungsunterricht genommen. Auch die Grundzüge aller politischen Bildung, die Elemente unseres Verfassungs- und Bürgerrechts müßten m. E. viel eingehender auf unseren Schulen gelehrt werden.[1]

Daß auch der akademische Unterricht in mehrfacher Hinsicht der Verbesserung fähig und bedürftig ist, wird nicht geleugnet werden können. Es darf nicht die Aufgabe des Universitätsstudiums sein, dem angehenden Juristen möglichst viel Memorierstoff zu bieten, sondern ihm Ursache, Zweck und praktische Bedeutung unserer Rechtsinstitute klar zu machen, ihn in die Zusammenhänge unseres überaus komplizierten und vielgestaltigen Rechts einzuführen und ihm so die Fähigkeit zur rechtlichen Beurteilung der Erscheinungen des Verkehrslebens beizubringen. Mit dem Vorschlag, den künftigen Juristen vor Beginn des akademischen Studiums ein Jahr lang in die Schreibstuben der Gerichte oder Rechtsanwälte zu stecken, damit er ähnlich wie der angehende Techniker oder der Apothekerlehring zunächst das Handwerksmäßige des Berufes kennen lernt, kann ich mich nicht befreunden.[2] Diese Methode würde nicht nur eine außerordentliche Belästigung der Praxis bedeuten, sie würde voraussichtlich auch dem künftigen Juristen keinen Vorteil bieten. Denn zu anderen als Schreibarbeiten könnte er nicht verwendet werden. Jede praktische Tätigkeit aber, die ohne

[1] Vgl. Rühlmann, Politische Bildung, Leipzig 1908.

[2] Vgl. meinen Aufsatz im Recht 1907 S. 1028.

eigene Verantwortlichkeit geschieht — und eine solche könnte doch einem solchen juristischen Eleven mit Rücksicht auf die auf dem Spiele stehenden Interessen Dritter selbst nicht im bescheidensten Maße übertragen werden —, wirkt geistestötend und unbefriedigend. Beachtlicher erscheint der Vorschlag Zitelmanns[1] die Studienzeit und den praktischen Vorbereitungsdienst so zu verteilen, daß auf eine mehr allgemeinverständliche Einführung in die Rechtswissenschaft in den ersten drei Semestern, eine praktische Dienstzeit, und nach dieser zur Vertiefung der erworbenen Kenntnisse ein weiteres Studium folgen soll; diesem hätte sich dann wieder ein Schlußjahr praktischer Vorbereitung anzuschließen. Allein die oben geäußerten Bedenken bestehen doch auch gegenüber diesem Vorschlag. Auch einem Studenten nach dem dritten Semester wird man in der Praxis keine größere Selbständigkeit einräumen wollen. Gegenüber den von Zitelmann mit vollem Recht betonten höheren Anforderungen an den modernen Juristen scheint aber jedenfalls die Ausdehnung der Studienzeit auf 4 Jahre dringend geboten. Sie empfiehlt sich auch, um dem großen Andrang zur juristischen Laufbahn wirksam entgegenzutreten. Sie bräuchten unter diesem Gesichtspunkt auch nicht mit einer Abkürzung der praktischen Vorbereitungszeit verbunden zu sein. Der erwähnte Andrang hat, wie noch in anderem Zusammenhang zu erörtern sein wird, schwere Gefahren für unsere Rechtspflege im Gefolge. Es ist immer ein Mißstand, wenn ein zu großer Prozentsatz der Bevölkerung von der Rechtspflege leben will. Eine Erschwerung der Bedingungen für eine erwerbende Betätigung auf diesem Gebiete wird ein wirksameres Prophylaktikon sein als die offiziösen Abmahnungen von der Wahl des juristischen Berufes. Denn bei diesen mag jeder einzelne bei sich denken, für ihn werde schon noch ein Platz übrig bleiben. Der Gefahr, daß bei Verlängerung der akademischen Studienzeit ein weiteres Jahr „verbummelt" werde, könnte durch Einführung von Zwischenexamen nach österreichischem Vorbilde gesteuert werden. Ein solches wird ja auch für andere Berufszweige gefordert. Ebensowenig wie für ein praktisches Jahr vor oder während der Studienzeit kann ich mich für den Vorschlag von Förtsch[2] erwärmen, den Studenten schon während der Universitätszeit „die Kunst der Recht-

[1] Deutsche Juristenzeitung 1909 S. 505 ff.
[2] Deutsche Revue, Jahrgang 33 S. 355 ff.

sprechung" zu lehren, also insbesondere die Kunst der Zeugenvernehmung, des Protokollierens, des Vorsitzes, der Belehrung über die Bedeutung des Eides. Ich bezweifle, ob diese Kunst überhaupt „gelehrt" werden kann. Der einzelne muß sie sich erwerben, indem er sich seine Vorbilder wählt. Diese muß er sich während seiner Vorbereitungszeit suchen, und er wird sie, wenn nicht besonders ungünstige Umstände obwalten, auch finden. Die beste Lehrmeisterin ist auch hier die Praxis, die aber erst in dem Augenblick richtig beginnt, in welchem der junge Jurist mit eigener Verantwortlichkeit sich betätigen kann.

Unter den in den deutschen Einzelstaaten geltenden Prüfungsordnungen genießt, wie mir aus studentischen Kreisen versichert wird, die badische den Ruf, die strengste zu sein. Den Studenten, die das am eigenen Leibe erfahren, wird ein Urteil hierüber zuzutrauen sein. Meines Erachtens ist es notwendig, gerade für das erste Examen hohe Anforderungen zu stellen. Ich bin, während ich selbst in dem badischen Examen zu prüfen berufen war, immer dafür eingetreten, bei der Beurteilung der Leistungen keine schwächliche Milde walten zu lassen. Nur hierdurch ist es möglich, ungeeignete Bewerber fern zu halten und zwar zu einer Zeit, in der ihnen noch die Ergreifung eines anderen Berufes möglich ist. Hat der junge Jurist auch seine Vorbereitungszeit absolviert und den Anforderungen des praktischen Dienstes einigermaßen genügt, so wird man sich viel schwerer entschließen, ihn jetzt noch zurückzuweisen.

Die Verwertung der Ergebnisse der psychologischen Forschung ist eine der bedeutsamsten Errungenschaften der modernen Rechtspflege. Sie ist besonders für die Strafjustiz von hervorragender Bedeutung. Das Verlangen, daß auch der junge Jurist während der Studienzeit oder des Vorbereitungsdienstes einen psychologischen Kurs zu absolvieren habe, scheint mir einem dringenden Bedürfnis zu entsprechen. Eine gewisse Ausbildung in dieser Richtung wird es dem künftigen Praktiker ermöglichen, das Vorhandensein psychologischer Probleme im Einzelfalle zu erkennen und dem Gutachten der von ihm gehörten Sachverständigen das erforderliche Verständnis entgegenzubringen. Nur möge sich der Jurist immer davor hüten, schon deshalb, weil er sich einige Kenntnisse oder Erfahrungen auf diesem Gebiete erworben hat, sich selbst für einen Psychologen zu halten. Diese Selbsttäuschung könnte gefährlich werden. Auch wer die Schriften von Männern dieses Faches, wie von Krafft,

Aschaffenburg, Stern, Hellpach u. a., oder die ihre Resultate verwertenden Arbeiten von Wulffen, Gmelin u. a. kennt, ist deshalb noch kein Psychologe. Denn eigenen psychologischen Blick und eigenes psychologisches Urteil sich zu erwerben, setzt, wie mir auch seitens eines mir nahestehenden bedeutenden Psychiaters versichert wird, jahrelange gründliche Übung und Beobachtung voraus.

Sehr beachtenswert erscheinen die Anregungen, welche in den letzten Jahren für eine gewisse kaufmännische, speziell banktechnische Ausbildung der Juristen geltend gemacht werden.[1] Es ist denselben seitens einzelner Bundesregierungen bereits dadurch Rechnung getragen, daß sie die Beschäftigung junger Juristen in größeren kaufmännischen oder industriellen Betrieben auf die Vorbereitungszeit anrechnen.[2] Eine solche Ausbildung wird allerdings nicht für alle junge Juristen in Betracht kommen, aber doch für diejenigen, welche in Handelssachen oder an verkehrsreichen Plätzen sich praktisch zu betätigen gedenken. Bei den großen Anforderungen, welche die einzelnen Zweige unseres Rechtslebens an die Rechtsprechung stellen, wird die Entwicklung immer mehr dahin drängen, Richterspezialisten für einzelne Fächer auszubilden. Die Anfänge dieser Entwicklung sind bereits überall erkennbar. Wir haben bereits die Vorsitzenden der Kammern für Handelssachen, die Richter der freiwilligen Gerichtsbarkeit und die Vorsitzenden der Jugendgerichte, die Mitglieder der in jüngster Zeit für die Streitigkeiten aus dem Gebiet des gewerblichen Rechtsschutzes gebildeten Patentkammern. Auch die Mitglieder des Reichsgerichts werden, nachdem die Verteilung der Geschäfte nicht mehr nach den verschiedenen Partikularrechten, sondern nach Materien geordnet ist, notwendig Spezialisten auf den den einzelnen Senaten zugewiesen besonderen Gebieten.

Unter den vielen Vorschlägen, welche zur Reform unseres Justizwesens gemacht werden, befindet sich auch der, die Richter dem Anwaltsstande zu entnehmen, niemanden zum Richter zu machen, der sich nicht vorher als Anwalt erprobt und eine hervorragende Stellung

---

[1] Vgl. Warschauer, Die banktechnische Ausbildung der Juristen (Berlin 1908); Obst, Kaufmännische Ausbildung der Juristen (Leipzig 1908).

[2] Vgl. § 2 der Bayr. Allerhöchsten Verordnung vom 4. Januar 1901 (Justizministerialblatt 1901 S. 50) und Bekanntmachung des bayr. Justizministeriums vom 5. November 1907 (ebenda 1907 S. 393).

unter seinen Standesgenossen erworben habe. Dieser Vorschlag trägt der Entwicklung und der Wirklichkeit unsere Rechtszustände keine genügende Rechnung und verlangt ohne Rücksicht auf die praktische Durchführbarkeit die Übertragung englischer Einrichtungen auf unsere Verhältnisse. Aber bekanntlich läßt sich für recht fern liegende, überstiegene Vorschläge viel besser Propaganda machen, als für solche, die im Bereich der praktischen Ausführbarkeit liegen, bei denen, wenn man an die Verwirklichung geht, sich sofort auch die Kehrseiten herausstellen. In Preußen galt bis zum Jahre 1879 genau das umgekehrte Prinzip; man entnahm die Anwälte dem Richterstand und „eine Anwaltsstelle wurde fast als Auszeichnung angesehen".[1] So wie sich seit 1879 die Verhältnisse in Deutschland gestaltet haben, stehen sich das „beamtete Richtertum" und die „freie Advokatur" als selbständige und geschlossene Berufsstände gegenüber, und es wird sehr schwer sein, ein praktisch durchführbares Gegengewicht gegen diese Entwicklung zu finden. Der an sich gewiß sehr wünschenswerte häufigere Übertritt von dem einen zu dem andern scheitert an der Macht der realen Verhältnisse. Zweifellos würde mancher Rechtsanwalt, der wenig Erfolg und infolgedessen ein geringes und unsicheres Einkommen hat, seine Stellung gern mit der eines Richters vertauschen. Seine Übernahme in den Richterstand würde aber von den zahlreichen Anwärtern, die von Beendigung ihrer Vorbereitungszeit an ihre Kräfte dem Staate zur Verfügung gestellt haben, als bitteres Unrecht empfunden. Erfolgreiche Anwälte aber, die sich in materiell gehobener Stellung befinden, werden gern darauf verzichten, sich mit den relativ bescheidenen Bezügen des deutschen Richters zu begnügen.

Es ist eine recht auffällige Erscheinung, daß bei den im letzten Jahrzehnt Mode gewordenen Angriffen gegen die deutsche Rechtsprechung die Beteiligung der Rechtsanwaltschaft an ihr meistens völlig außer Betracht gelassen wird. Alle Angriffe in dieser Beziehung hat der deutsche Richterstand allein auszuhalten. Es ist dies ein Beweis für die Oberflächlichkeit und Unsachlichkeit jener Kritik. Denn es wird in deutschen Landen (von der amtsgerichtlichen Praxis abgesehen) kein Urteil gesprochen, auf welches nicht der deutsche Rechtsanwalt einen wesentlichen, nicht selten den ausschlaggebenden Einfluß geübt hat.

---

[1] Vgl. Weißler, Geschichte der Rechtsanwaltschaft S. 384.

Diese Anteilnahme der Rechtsanwaltschaft an unserer Rechtsprechung macht es notwendig, hier kurz auf das Verhältnis zwischen Richter und Rechtsanwalt einzugehen. Die richtige Beurteilung desselben ist für die Praxis von größter Bedeutung.

Richter und Rechtsanwalt sind grundsätzlich mit gleicher Verpflichtung und als gleichwerte Faktoren im Dienste der Rechtspflege zur Verwirklichung des Rechts und zur Erforschung der Wahrheit berufen. Aber sie sind es in verschiedener Weise; sie haben die gemeinsame Aufgabe von verschiedenem Standpunkt aus zu lösen: der Anwalt im *Dienste* der Parteien, von denen er auch die Entlohnung erhält, der Richter *über* den Parteien stehend und völlig unabhängig von ihnen auch insofern, als er die Vergütung seiner Arbeitsleistung von dem Staat erhält, in dessen Auftrag er Recht spricht. Die gemeinsame Aufgabe erfordert dringend ein *harmonisches Zusammenwirken*, getragen von *gegenseitigem Vertrauen* und *gegenseitiger Achtung*.

Aber das tatsächlich bestehende Verhältnis zwischen Richter und Rechtsanwalt ist vielfach nicht derartig, daß es dieser prinzipiellen Auffassung, über die wohl kein Streit besteht, entspricht. Die Praxis bringt es — vielleicht unvermeidlich — mit sich, daß gewisse Reibungsflächen entstehen, daß sich im gegenseitigen Verkehr Schärfen und Ecken herauskehren, die nicht immer rechtzeitig oder in einer der Rechtspflege entsprechenden Weise ausgeglichen werden. Das Interesse der Rechtspflege wird nicht überall als der leitende Gesichtspunkt anerkannt, und auch wo es erkannt wird, nicht überall hochgehalten. Auf dem jüngsten deutschen Juristentag hat *Vierhaus* von einem „Riß zwischen der Rechtsanwaltschaft und dem Richtertum" gesprochen.[1] Ich möchte annehmen, daß er nicht in solchem Maße besteht, wie es *Vierhaus* zu unterstellen scheint. Ich kann auch die von ihm ausgesprochene Befürchtung nicht teilen, daß die im Laufe der letzten Jahre gegründeten Richtervereine geeignet sind, ihn zu verschärfen.

Es ist vollkommen zutreffend, wenn *Vierhaus* selbst hervorhebt, man dürfe bei Beurteilung der hier in Betracht kommenden Verhältnisse nicht zu sehr generalisieren. In der Tat liegen diese in den verschiedenen Landgerichts- und Oberlandesgerichtsbezirken sehr verschieden, wobei der Einfluß einzelner prominenter Persönlichkeiten oft sehr

---

[1] Verhandlungen des 29. deutschen Juristentags, 5. Bd. S. 580.

entscheidend in der einen oder in der anderen Richtung in die Wagschale fällt.

Es bestehen zwischen Rechtsanwalt und Richter Gegensätze und haben ihre sehr reale Grundlage in der erwähnten Verschiedenheit der beruflichen Tätigkeit und der Art ihrer Verwertung. Der Rechtsanwalt ist, indem er dem Publikum seine Dienste gegen Entgelt leistet, in gewissem Sinne, ebenso wie der Arzt, Geschäftsmann. Es muß sein Streben sein, sich eine auskömmliche Praxis zu verschaffen. In dem Maße, in dem sich seine Klientel hebt, quantitativ und namentlich qualitativ, steigt (ganz wie beim Arzte) sein Ansehen und sein Einkommen. Er muß ein self-made man sein. Er muß sich durchsetzen in der Konkurrenz mit einer unbeschränkten Zahl von Kollegen. Die Prozesse, die ihm anvertraut werden, die Verteidigungen oder die Privatklagen, zu deren Vertretung er berufen wird, bieten dazu das notwendige Mittel. Deshalb steht er den Angelegenheiten, mit denen er befaßt ist, notwendig ganz anders gegenüber, als der Richter. Sie sind in gewisser Beziehung seine eigenen.

Der angestellte Richter dagegen fühlt sich in erster Linie als Staatsbeamter. Der Staat ist sein Dienstherr. Von ihm empfängt er seinen Gehalt, seine Rangstellung, seinen Titel, seine Auszeichnungen. Der Staat garantiert ihm im Falle seiner Dienstunfähigkeit die Pension. Der Staat sorgt für seine Hinterbliebenen. Der Staat bestimmt seinen Wohnsitz, seine Beförderung. Der Staat führt — unbeschadet der richterlichen Unabhängigkeit in der Ausübung des eigentlichen Berufs — die Aufsicht über sein dienstliches und außerdienstliches Verhalten.

Der Beruf und die Art seiner Ausübung beeinflußt, wie dies schon in anderem Zusammenhang hervorgehoben wurde, die Lebensauffassung. Niemand — auch der Selbständigste und Originellste — wird sich auf die Dauer diesem unaufhörlich und unmerklich wirkenden Einfluß ganz entziehen können. Gutta cavat lapidem. Aus ihm bilden sich Urteile und Vorurteile. Der Richter gewinnt den Eindruck, bei dem Anwalt sei das Geldverdienen die Hauptsache. Der Rechtsanwalt ist im stillen geneigt, den Richter für einen Mann zu halten, der sich an der Staatskrippe nähren läßt und dem Leben unfrei gegenübersteht. Gelegentlich kommt solche Auffassung auch zum Ausdruck und löst beiderseits unfreundliche Gesinnung aus.

Die freiere Stellung des Rechtsanwalts ist allerdings vielfach nur eine scheinbare. Er ist namentlich als Anfänger von seiner Klientel abhängig. Ein verlorener Prozeß — ein gewonnener Prozeß haben für ihn eine persönliche Bedeutung. Ein junger Rechtsanwalt wird nicht leicht einem Klienten, der seinen Rat einholt, von einem Prozesse abraten. Er könnte es leicht erleben, daß ein anderer, weniger skrupulös, sich desselben annimmt und einen Erfolg erzielt. Er wird seinen Klienten sicher auf die Gefahren jeder Prozeßführung aufmerksam machen; aber er wird ihm auch die Chance des Obsiegens, wenn sie irgend denkbar ist, nicht vorenthalten. Wenn der Richter nicht selten den Eindruck gewinnt, daß eine Prozeßführung von Anfang an aussichtslos oder frivol war, so wird dabei häufig nicht berücksichtigt, daß man am Ende eines Prozesses klüger ist als am Anfang, und daß für die Entscheidung in dem einen oder anderen Sinne so viele Imponderabilien in Betracht kommen, daß eine sichere Voraussage häufig ganz unmöglich ist. Die richtige Ausübung des Anwaltberufes macht daher ebenso hohe Anforderungen an den juristischen Scharfblick, die Gewissenhaftigkeit, die Energie und die Pünktlichkeit des Anwalts, wie an seinen Takt, an sein Rechtsempfinden, an sein eigenstes persönliches Pflichtgefühl. Die angedeuteten Schwierigkeiten vermindern sich in dem Maße, in welchem der Anwalt sich eine feste und gut fundierte Praxis erworben hat. Erst die materielle Unabhängigkeit ermöglicht es ihm, eine strenge Auswahl hinsichtlich der Sachen zu treffen, welche er vertreten und welche er ablehnen will. Allein mit der Steigerung seiner Geschäfte wächst auch seine Verantwortung. Wieviel vitale Interessen sind einem vielbeschäftigten Rechtsanwalt anvertraut! Wie eingreifend und bedeutungsvoll kann sein Rat für Existenz, für Glück und Unglück seiner Klienten werden. Besonders wichtig ist in dieser Beziehung die konsultative Praxis des Rechtsanwalts, deren stille und unmerkliche Wirksamkeit sich der Wahrnehmung des Richters häufig gänzlich entzieht. Es ist schon oben darauf hingewiesen worden, wie das Eindringen des Rechtsanwalts in die Vorgeschichte der Prozesse und die Durchführung der erwirkten Erkenntnisse geeignet sind, seinen praktischen Blick zu schärfen (vgl. S. 192). Ein sehr wesentliches, in der gleichen Richtung förderliches Moment ist die persönliche Beteiligung, die sein eigenes Interesse in gewissem Maße mit dem seines Klienten verknüpft. Bald mehr, bald weniger. Wir sehen hervorragende Rechtsanwälte in einer Reihe bedeutender Banken oder industrieller Unternehmungen persönlich und finanziell beteiligt. In ihren Vertrauensstellungen als Mitglieder des Aufsichtsrats oder Verwaltungsrats oder als Justitiare gewinnen sie Einblick in die weit verzweigten geschäftlichen Beziehungen solcher Institute, und mancher Rechtsanwalt glaubt hierbei nicht nur seine juristische, sondern auch seine kaufmännische Begabung entdeckt zu haben. Viele Rechtsanwälte stehen allerdings auf dem Standpunkt, daß sie eine solche unmittelbare Beteiligung am wirtschaftlichen Erwerbsleben grundsätzlich ablehnen und nicht im Interesse des Standes gelegen erachten.

Der Vorschlag, den Richter notwendig dem Stand der Rechtsanwälte zu entnehmen, berührt sich mit dem noch weiter gehenden Verlangen, das beamtete Richtertum überhaupt abzuschaffen, die „Bureaukratie" auf dem Gebiet der Rechtspflege abzuschütteln und überall Wahlrichter, die in der Mehrzahl nicht einmal Juristen zu sein bräuchten, an ihre Stelle zu setzen.

Ich glaube nicht, daß solche radikale Vorschläge in absehbarer Zeit Erfolg haben. Sie entsprechen auch nicht den Anschauungen der Bevölkerung, wenn sich auch der eine oder andere Verfechter derselben als Interpret der deutschen Volksseele aufspielt und sich, in seinem Ideenkreis befangen, gutgläubig dafür halten mag. Das beamtete Richtertum gewährleistet die Unbestechlichkeit und Parteilosigkeit der Richter und damit eine über alle Strömungen des Tages, der religiösen, politischen und wirtschaftlichen Gegensätze erhabene Rechtspflege. Diese eminenten Vorteile werden bei uns als etwas ganz Selbstverständliches hingenommen; sie sind aber, wie ein Blick auf die Verhältnisse in anderen Staaten z. B. Amerika lehrt, keineswegs selbstverständlich. Gerade in Deutschland mit seiner auch nach erstrittener politischer Einheit im inneren Leben der Nation fortbestehenden Zerklüftung in politische Fraktionen und Fraktiönchen ist die absolute politische Unabhängigkeit des Richterstandes von größter Bedeutung. Es mag sein, daß der „heilige Bureaukratius" in einzelnen Fällen unliebsame Früchte zeitigt. Aber man vergesse nicht, was Deutschland seinem integren Beamtenstand für seine Entwicklung zu verdanken hat. Der Vorschlag, niemanden ohne vorausgegangene mehrjährige Anwaltspraxis zum Richteramte zuzulassen, verkennt auch die Verschiedenheit der individuellen Veranlagung. Wir haben ausgezeichnete Richter, die als Anwälte schwerlich Erfolg gehabt hätten, beispielsweise weil ihnen eine gewisse Initiative fehlt, die der Anwalt nicht entbehren kann, oder eine gewisse Sensibilität eigen ist, die der Anwalt nicht brauchen kann. Im allgemeinen wird man sagen können, daß die Neigung zu einer bestimmten Berufstätigkeit auch der Veranlagung entspricht, und daß der junge Jurist in den Jahren, in denen er sich über die Wahl des richterlichen oder des anwaltschaftlichen Berufs zu entscheiden hat, über seine Neigung im klaren sein wird. Unrichtig und einseitig ist auch die Annahme, daß der Richter überhaupt nicht in dem Maße in die Erkenntnis des praktischen Lebens eindringen könne als der Anwalt. Auch der gewissenhafte Richter nimmt persönlichen Anteil an den Interessen, welche ihm anvertraut sind. In den unteren Instanzen, auf dem Gebiet der freiwilligen Gerichtsbarkeit oder der Strafrechtspflege bleibt der Richter in unausgesetzter persönlicher Fühlung mit dem Publikum und niemand wird behaupten können, daß dem Richter, der die Augen offen hält, durch seinen Beruf die Möglichkeit genommen sei, in die Verhältnisse und Interessen einzudringen, zu deren Prüfung er berufen ist. Der Mangel der persönlichen materiellen Beteiligung sichert die Objektivität seines Urteils. Vor dem anwaltschaftlichen Beruf hat die richterliche Laufbahn den für die vielseitige Ausbildung der Einzelnen sehr wesentlichen Vorteil, daß der Richter nicht an der Scholle haftet, sondern meistens veranlaßt ist, sich infolge von Versetzung und Beförderung in die verschiedenartigsten Verhältnisse einzuarbeiten, sie in Vergleich zu ziehen und die in seinen verschiedenen Stellungen erworbenen Eindrücke und Erfahrungen in seinem jeweiligen Amte zu verwerten. Schließlich sind auch die Verhältnisse der Rechtsanwalschaft, wie sie sich in Deutschland entwickelt haben und notwendig entwickeln mußten,[1] keineswegs derartige, daß sie dem hohen Ideale entsprechen, das die edelsten Vertreter dieses Berufsstandes von ihm im Herzen tragen. Die „freie Advokatur“ gilt heutzutage noch als ein „noli me tangere“, als ein „ethisches Prinzip“, das unter allen Umständen hochgehalten werden muß. Aber die Macht der Tatsache könnte doch mit der Zeit stärker werden als solche theoretischen Prinzipien. Die Überfüllung des Anwaltsstandes wäre ein Krebsschaden unserer Rechtspflege. Der Staat kann sich gegen den Zudrang zum Richteramt durch Zurückweisung ungeeigneter Bewerber oder durch strengere Auswahl schützen. Die Anwaltschaft kann es auf die Dauer unter der Herrschaft der freien Advokatur nicht. Es tritt der Zustand ein, welchen

[1] Vgl. Weißler a. a. O. S. 608 ff.

schon Jhering (Geist des römischen Rechts) als eine schwere Gefahr der Rechtspflege bezeichnet hat, und auf welchen oben S. 215 hingewiesen wurde. Schon jetzt beurteilt die Rechtsanwaltschaft jeden die Rechtspflege berührenden Gesetzesvorschlag wesentlich unter dem Geschäftspunkt seiner Rückwirkung auf die wirtschaftliche Lage ihrer Mitglieder. Und gewiß mit allem Rechte. Aber sie sollte nicht in die Lage kommen, diesen Gesichtspunkt für den allein maßgebenden halten zu müssen. Tritt, wie dies zur Zeit erstrebt wird, eine bessere Ausnützung und Verwertung der richterlichen Kräfte und infolgedessen eine Verminderung des Bedarfs an solchen ein, so wird bei fortdauerndem Zudrang zum juristischen Studium noch mehr als bisher die Überproduktion an Juristen sich speziell zum Nachteil der Anwaltschaft geltend machen. Aber notwendig auch zum Nachteil der Rechtspflege überhaupt. Diese Auffassung wird vielfach in Anwaltskreisen geteilt. Zunächst wird die Anwaltschaft allerdings mit Rücksicht auf die in Aussicht stehenden Prozeßreformen wohl eine abwartende Stellung einnehmen müssen.

Das Recht des Erfinders.

Eine Skizze

von

Dr. Johannes Mittelstaedt,
Rechtsanwalt.

Im Gebiete geistiger Arbeit sprechen wir in gegensätzlichem Sinne von Urheberrecht und gewerblichem Rechtsschutz. Als Urheberrecht bezeichnen wir die Materien der Gesetze vom 19. Juni 1901 und 9. Januar 1907, betr. den Schutz der Literatur und der Kunst. Zum gewerblichen Rechtsschutz zählen wir das Patentgesetz, das Gebrauchsmustergesetz und das Geschmacksmustergesetz.

Äußerlich erscheint der Gegenstand des Schutzes bei beiden Materien verschieden, insofern, als die gewerbliche Zweckbestimmung der Patente, Gebrauchsmuster und Geschmacksmuster bei den Werken der Literatur und Kunst, die wesentlich idealen Zwecken dienen, in den Hintergrund tritt. Konstruktiv weichen die beiden Gesetzesgruppen grundsätzlich voneinander ab. Während die Urheberrechtsgesetze einen absoluten, bis 30 Jahre nach dem Tode des Urhebers dauernden Urheberschutz gewähren, der von keiner Anmeldung oder behördlichen Anerkennung abhängig ist, während also hier ein absolutes Herrschaftsrecht über das Geisteswerk lediglich aus der Tatsache der Urheberschaft entsteht, ist im gewerblichen Rechtsschutz (Patent, Gebrauchsmuster, Geschmacksmuster) nur ein kurzzeitiges Recht gegeben, das in seiner Wirksamkeit an einen Akt der freiwilligen Gerichtsbarkeit (Patenterteilung, Eintragung des Gebrauchsmusters, Anmeldung und Hinterlegung des Geschmacksmusters) gebunden ist. Ganz besonders scharf aber ist der Gegensatz in der Konstruktion des subjektiven Rechts. Das Urheberrecht steht allein dem Urheber zu. Das Patent und Gebrauchsmuster steht dem Anmelder zu. Das Geschmacksmuster steht zwar dem Urheber zu, jedoch nur insoweit, als er das Muster anmeldet und hinterlegt. Während also die Urhebergesetze in subjektiver Beziehung rein auf dem Boden des Privatrechts stehen, haftet dem Patentgesetz und dem Gebrauchsmustergesetz noch der Charakter der Privilegerteilung an, insofern hier willkürlich nicht dem, der die Arbeit geleistet hat, sondern dem, der sie anmeldet, der Rechtsschutz gegeben wird.

Wie hängt es zusammen, daß die Gesetzgebung diese beiden Materien so verschiedenartig behandelt hat? Ist es berechtigt, einen so tiefgreifenden Unterschied zwischen literarischer und künstlerischer Arbeit einerseits und technischer Arbeit andererseits zu machen? Die technische Erfindung ist ebenso geistige Arbeit, wie die literarische und künstlerische Tätigkeit. Die gewerbliche Zweckbestimmung der Patente und Gebrauchsmuster kann das Geisteswerk doch nicht ohne weiteres zu einem anderen Rechtsgut stempeln!

Die Gründe sind zunächst auf rechtshistorischem Boden zu suchen. Beide Materien haben sich aus Privilegien entwickelt. Während aber im Literatur- und Kunstschutz die Rechtsentwicklung schneller vorgeschritten ist, hat sich die Patent- und Mustergesetzgebung von der Schablone des formellen Privilegienschutzes noch nicht loszulösen vermocht.

Der privatrechtliche Gedanke, daß jedes Rechtsverhältnis ein Machtverhältnis ist, das von vornherein vorhanden und nicht erst durch einen Akt der autoritativen Gewalt geschaffen wird, hat sich bei dem Recht an immateriellen Gütern merkwürdig langsam und fast wider Willen Geltung verschafft. Obwohl der Begriff des Eigentums im Sachenrecht längst geläufig war, kam man doch erst sehr spät dazu, ein analoges Recht auch bei den immateriellen Geisteswerken anzuerkennen. Die ersten Anfänge des literarischen Urheberschutzes waren bekanntlich die Gewerbemonopole der Buchdrucker, also gewerbepolizeiliche Bestimmungen. Dann schützte man den Besitz des literarischen Erzeugnisses, indem man dem Verleger ein Privileg gab. Der Gedanke, daß in der Person des Autors, in der Tatsache der Urheberschaft die Rechtsquelle für das Machtverhältnis am geistigen Werke zu finden ist, lag dieser Rechtsanschauung noch gänzlich fern. Als schließlich die Not des Verkehrs dazu zwang, allgemeine gesetzliche Regelungen zu treffen, beschränkte man sich auf Bestimmungen des praktischen Schutzes, ohne die Rechtsquelle selbst zu erkennen. Ende des 18. Jahrhunderts stand die Gesetzgebung noch auf dem Standpunkte des Verlagsschutzes, wenn auch der Schutz von dem redlichen Erwerb des Verlagsrechts abhängig war. Erst im 19. Jahrhundert fand das Recht des Urhebers in der Gesetzgebung ausdrückliche Anerkennung.[1] Aber über das Wesen des Urheberrechts war

[1] Über die geschichtliche Entwicklung des Urheberrechts vgl. besonders Kohler, Urheberrecht an Schriftwerken u. Verlagsr. S. 29ff.

man sich noch längst nicht klar. Die Theorie vom geistigen Eigentum sah das Urheberrecht als ein seinem Wesen nach dem Eigentum gleichkommendes Recht an. Andere wiederum hielten das Autorrecht nur für eine Reflexwirkung der in den Autorgesetzen enthaltenen Strafbestimmungen. Viel Anklang fand auch die Anschauung, daß das Urheberrecht lediglich ein Ausfluß des Persönlichkeitsrechts sei. Kohlers Verdienst dürfte es gewesen sein, daß die privatrechtliche Grundlage des Urheberschutzes endlich klargelegt wurde, indem er erkannte, daß das Autorrecht ein wirtschaftlich verwertbares ausschließliches Recht am immateriellen Gut ist, neben welchem unabhängig Beziehungen rein persönlicher Art bestehen, die in dem Individualrecht, dem Recht der Persönlichkeit, ihren Rechtsgrund haben. Damit ergab sich auch der Grund und organische Zusammenhang der Bestimmungen, die sich in den Urhebergesetzen zum Schutze des Autors finden, und so wurde das Urheberrecht zu einem logisch entwickelten, organisch gefügten Rechtssystem. Allein diese Entwicklung ist doch erst neuesten Datums. Auch das Urhebergesetz vom 19. Juni 1901 hat noch nicht überall den Rechtsgrund des Autorschutzes, insbesondere die Trennung zwischen dem Vermögensrecht an der geistigen Arbeit und dem Individualrecht, scharf begrifflich durchzuführen vermocht.[1]

Im gewerblichen Rechtsschutz finden wir — ähnlich wie im literarischen Rechtsschutz — die ersten Anfänge in Zunftvorschriften, Monopolen, Gewerbeprivilegien.[2] Aus solchen gewerbepolizeilichen Vorschriften heraus ist unsere jetzt geltende Patent- und Gebrauchsmustergesetzgebung entstanden als praktischer Schutz der Erfindungen, ohne daß man dabei sich um den Rechtsgrund des Schutzes, um das Wesen des Rechts, das geschützt werden sollte, kümmerte. Man gab das Patent dem Anmelder ohne Rücksicht darauf, ob er der Erfinder ist, und zwar, wie aus den Motiven hervorgeht, in der lediglich praktischen Erwägung, daß der Erfinder veranlaßt werden soll, seine Erfindung möglichst bald anzumelden, und daß die Schwierigkeit des Nachweises des Erfinders umgangen werden soll.

Während man also im Literatur- und Kunstschutz sich bemühte,

[1] Vgl. hierzu Birkmeyer, Die Reform des Urheberrechts, München 1900, S. 9ff.

[2] Vgl. besonders die Darstellung der Rechtsentwicklung bei Osterrieth, Lehrb. d. gewerbl. Rechtsschutzes (1908), S. 26ff., 163ff., 203ff.

das absolute Recht des Urhebers gesetzlich anzuerkennen, ist die Patent- und Gebrauchsmustergesetzgebuug aus Utilitätsgründen auf dem alten Formalrecht stehen geblieben. Der Grundsatz des Privatrechts, daß das Herrschaftsrecht des Urhebers die alleinige Rechtsquelle ist, und daß man sich legislativ nur zu fragen hat, wie weit der Machtgehalt dieses Rechts aus Rücksicht auf die Allgemeinheit oder aus rechtspolitischen Gründen von außen her zu beschränken ist, wird im Patentrecht ingoriert. Die Lehre des Urheberrechts ist in das Patentrecht noch nicht eingedrungen. Das Patentrecht ist noch Privilegienschutz, denn der Schutz des Anmelders ist, mag er auch praktisch sein, willkürlich. Freilich enthält das Patentgesetz eine Reihe von Bestimmungen, die die Ungerechtigkeit dieses Systems ausgleichen und dem Erfinder auch Rechte geben (§ 3 Abs. 2 in Verb. mit § 24 Abs. 2, § 10 Z. 3, ferner § 5 des Pat.-Ges.). Aber das System ist nicht ein Recht des Urhebers, sondern ein Privileg des Anmelders. Während in den Urhebergesetzen der Autor den Schutz hat und nur ausnahmsweise dieser Schutz zugunsten der Allgemeinheit beschränkt wird, hat im Patentgesetz der Anmelder den Schutz, und dieser Schutz wird durch Ausnahmen zugunsten des Erfinders unterbrochen.

Das Geschmacksmustergesetz gibt zwar den Schutz dem Urheber, jedoch nur, wenn er das Muster anmeldet und hinterlegt. Allein hier hat sich neuerdings ein Übergang zugunsten des absoluten Urheberrechts insofern vollzogen, als das neue Kunstschutzgesetz von 1907 das Kunstgewerbe unter den allgemeinen Urheherrechtsschutz genommen hat und das Geschmacksmustergesetz damit zum größten Teile gegenstandslos geworden ist.[1]

Bei den technischen Erfindungen aber ist der Rechtsschutz in seinem System rückständig geblieben. Er entspricht etwa der Urheberrechtsgesetzgebung des 18. Jahrhunderts, die das Verlagsrecht schützte und den Autor schutzlos ließ. Diese Gesetzgebung erscheint uns heute unmöglich und vorsintflutlich. Sollte die Annahme nicht berechtigt sein, daß das Anmeldesystem unseres Patentgesetzes uns später ebenso rückständig erscheinen wird?

---

[1] Die Streitfrage über die Grenze zwischen Kunstschutz und Geschmacksmusterschutz (vgl. Kohler, Kunstwerkrecht S. 25; Schanze, Leipziger Zeitschr. 1908, S. 651ff., 754ff., 822ff.; Breit, ebenda 1909, S. 343ff., 434ff.) gehört nicht hierher.

Daß die Gesetzgebung bei technischen Erfindungen sich so vorwiegend von praktischen Erwägungen leiten ließ, und daß dabei die Rechtswissenschaft des Urheberrechts zu kurz kam, ist verständlich. Die technische Erfindung begnügt sich nicht mit sich selbst, wie das Schriftwerk oder das Kunstwerk, sondern ist von vornherein für die Allgemeinheit bestimmt. Jede Gesetzgebung bei technischen Erfindungen ist daher von einschneidender praktischer Bedeutung. Der Gesetzgeber muß sich in erster Linie fragen, wie der Schutz gestaltet werden muß, um die Erfindung zu einem wertvollen Verkehrsgut zu machen, und welche Grenzen andererseits zu ziehen sind, damit nicht durch eine Überspannung des Erfindungsschutzes Technik und Industrie gehemmt werden. Daher konzentriert sich bei einem Schutze der Erfindungen das Interesse wesentlich auf die Bestimmung des *objektiven Rechts*, auf die Normen, die den Inhalt der Erfindung und damit den Umfang und die Wirksamkeit des Schutzes betreffen.

Bei den Werken der Literatur und der Kunst spielt die Feststellung des objektiven Rechts kaum eine Rolle. Das Werk tritt von vornherein in einer bestimmten Form in die konkrete Erscheinung. Sein Gedankeninhalt erschöpft sich in dieser Form. Es genügt also hier, das Werk, sowie es geschaffen ist, zur Grundlage des Schutzes zu machen. Der Urheber hat das Recht der ausschließlichen Nutzung des Werkes; einer weiteren Erörterung darüber, was unter dem Werk zu verstehen, was also Gegenstand des Schutzes ist, bedarf es nicht. Die Erfindung dagegen ist eine Ideenschöpfung, die in der Beschreibung oder im Modell nur dargestellt, nicht aber erschöpfend verkörpert wird. Diese Darstellung bietet keine sichere Grundlage für den Inhalt und die Tragweite der Erfindung. Die Beschreibung der Erfindung läßt meist mehrfache Deutungen zu, sie ist oft unvollkommen und unrichtig, der Erfindungsgedanke tritt nicht klar hervor, Neues und Bekanntes wird nicht unterschieden. Für den Erfindungsschutz bedarf es also einer genauen Feststellung des Inhalts der Erfindung, damit einerseits der Erfinder selbst ein sicheres brauchbares, verwertbares Recht erhält, und andererseits für die Allgemeinheit die Grenzen des Schutzes erkennbar sind.

Das Schwergewicht einer Gesetzgebung über den Erfindungsschutz liegt also in den Normen, die das objektive Recht, die Feststellung des Inhalts und Umfangs der zu schützenden Erfindung betreffen, und daher sehen wir, daß sich die Gesetzgebung fast ausschließlich mit diesen

Normen, mit der Frage, ob die Sanktionierung des Nutzungsrechts im Wege des Prüfungssystems oder nur auf Anmeldung hin, mit oder ohne Aufgebot erfolgen soll, beschäftigt.

Allein die Entwicklung des Urheberrechts zwingt dazu, das subjektive Recht des Erfinders anzuerkennen. Auch das praktische Bedürfnis verlangt einen Schutz des Erfinders. So hat sich neben dem Patentgesetz in der Theorie und Praxis ein Schutz des Erfindungsbesitzes nach allgemeinen Rechtsgrundsätzen entwickelt, und die Judikatur hat sich bemüht, die Ausnahme des § 3 Abs. 2 des Patentgesetzes so weit auszulegen, daß trotz des Anmeldesystems des Patentgesetzes ein Schutz des Erfinders anerkannt wird.[1] Dieser Rechtszustand dürfte aber auf die Dauer doch nicht zu halten sein. Die Erfindungen sollen in dem Patentgesetz ihren Schutz bekommen. Das Patentgesetz muß daher in objektiver und subjektiver Beziehung den Schutz regeln, und ein solches Gesetz muß auf der Erkenntnis der Rechtsquelle aufgebaut sein, seine Bestimmungen müssen organisch in sich zusammenhängen.

Eine Neuregelung der Patentgesetzgebung ist bekanntlich zu erwarten, und es ist sicher, daß die gesetzgebenden Faktoren sich die Frage vorlegen werden, ob es nicht nötig ist, ein Urheberrecht des Erfinders gesetzlich auszugestalten. Auch im Reichstage ist neuerdings ausgesprochen worden, daß die Gesetzgebung das Prinzip, daß der Erfinder und nicht der Anmelder den Schutz des Patentes bekommen soll, akzeptieren müsse.[2]

Bedeutsam ist es, daß der Verein für gewerblichen Rechtsschutz, dem sowohl praktische Juristen und Patentanwälte, als auch Techniker und Vertreter der Industrie angehören, sich auf dem diesjährigen Kongreß in Stettin dahin ausgesprochen hat, daß das Patent nicht, wie bisher, dem Anmelder, sondern dem Erfinder zukommen soll. Unter dem Stichwort „Angestelltenerfindung" waren dem Kongreß mit einer von Osterrieth vorzüglich ausgearbeiteten Denkschrift Vorschläge vorgelegt worden, die in erster Linie folgenden Leitsatz enthielten:

„Das Patentgesetz ist dahin abzuändern, daß der Anspruch auf ein Patent oder Gebrauchsmuster dem erst-

[1] Vgl. die Zusammenstellung der Judikatur und Literatur bei Kent, Patentgesetz S. 146ff., 165ff. u. 308ff.

[2] Vgl. die Ausführung des Abgeordneten Dr. Junck in der Sitzung des Reichstags vom 21. Juni 1909, Sten. Ber. S. 8085.

anmeldenden Erfinder oder Rechtsnachfolger zusteht, wobei als Erfinder oder Rechtsnachfolger des Erfinders der erste Anmelder vermutet wird."[1]

Dieser Leitsatz wurde vom Kongreß trotz aller Bedenken, die von mancher Seite geltend gemacht wurden, mit großer Mehrheit akzeptiert. Die Bedenken waren im wesentlichen folgende:

Die Erfindung sei dem Wesen nach etwas anderes als literarische und künstlerische Arbeit; die Art der geistigen Tätigkeit sei eine andere; während das Schriftwerk und das Kunstwerk seinem Inhalte nach stets gewollt sei, beruhe die Erfindung oft auf Zufälligkeiten. Auch sei die Erfindung im Gegensatz zu der Autorschöpfung unpersönlich, das Schriftwerk und Kunstwerk trage den Stempel der Individualität an sich und sei von der Person des Autors untrennbar, die Erfindung dagegen sei unpersönlich, sie könne von dem A. wie von dem B. gemacht werden. Die Erfindung sei auch sehr oft gar nicht das Werk eines einzelnen Urhebers, sondern das Ergebnis gegebener Vorarbeiten und darauf beruhender gemeinschaftlicher Arbeit derart, daß man von einem bestimmten Erfinder gar nicht sprechen könne (Etablissementserfindung). Ferner aber habe die Erfindung für die äußere Welt eine ganz andere Bedeutung als das Schriftwerk oder Kunstwerk. Die Autorschöpfung begnüge sich mit sich selbst, während die Erfindung sich an die Bedürfnisse der Mitwelt richte.

Daß solche Unterschiede zwischen der Autorschöpfung und der technischen Erfindung bestehen, wird niemand verkennen. Allein diese Unterschiede haben mit der Frage, ob man ein Urheberrecht bei technischen Erfindungen anerkennen soll, nichts zu tun. Das Urheberrecht hat seinen Grund in der geistigen Arbeit. Ob der Autor bei dieser Arbeit ein größeres oder geringeres Verdienst hat, ob sein Erfolg auf Zufälligkeiten beruht oder das Ergebnis jahrelanger Bemühungen ist, kann für den Rechtsschutz keine Rolle spielen. Es ist auch keineswegs richtig, daß die technische Erfindung ein Zufallserfolg ist. Der der Erfindung zugrunde liegende Gedankensprung mag manches Mal auf Zufälligkeiten beruhen. Allein gerade die Erfinder haben wiederholt darauf hingewiesen, daß dieser zufällige Gedankensprung noch längst nicht die Erfindung ausmache, daß der Gedanke vielmehr erst ausgearbeitet werden müsse, und daß diese Ausarbeitung, also die bewußte Arbeit des Erfinders, weit

[1] Vgl. die Denkschrift des Vereins für den Schutz des gewerblichen Eigentums, Berlin, Heymanns Verlag 1909.

wesentlicher für die Erfindung sei als der Gedanke, von dem die Erfindung ausgegangen sei.

Ebensowenig ist der Hinweis auf die Etablissementserfindung geeignet, einen prinzipiellen Unterschied zwischen Autorschöpfung und technischer Erfindung zu begründen. Von Praktikern wurde bemerkt, daß die meisten Erfindungen von Einzelerfindern herrühren und man in der Regel genau wisse, wer eine Erfindung gemacht habe. Der Fall, daß man bei der Etablissementserfindung einen Erfinder überhaupt nicht feststellen könne, dürfte also eine Ausnahme sein. Offensichtlich handelt es sich bei dem Hinweis auf die Etablissementserfindung vielmehr darum, daß es oft schwierig sein mag, bei mehreren Erfindern den Anteil des einzelnen Erfinders festzustellen.[1] In diesem Sinne aber handelt es sich um Tatfragen bei der Feststellung der Urheberschaft, Tatfragen, welche ebensogut bei der Autorschöpfung vorkommen, wie bei der Erfindung. Auch in der Literatur und der Kunst kommt es vor, daß mehrere mitgearbeitet haben und der Anteil des Einzelnen nicht zu ermitteln ist. Daß trotzdem ein Autorrecht besteht, bezweifelt niemand. Es kommen z. B. bei Kunstwerken Gestaltungen vor, die hinsichtlich der Urheberschaft sich mit der Etablissementserfindung fast auf das Haar gleichen Schöpfungen kunstgewerblicher Anstalten sind in der Regel nicht das Werk eines einzelnen selbständigen Künstlers, sondern, wie die Etablissementserfindung, ein Produkt gemeinschaftlicher Arbeit. Das einzelne kunstgewerbliche Erzeugnis einer solchen Anstalt beruht auf einer Menge von Vorarbeiten, Erfahrungen in der künstlerischen Behandlung der Materialien, Sammlungen von Motiven, Bearbeitungen verschiedener Stilarten u. a., die verwertet werden. Es bedarf nur geringer eigener Zutat, um auf Grund dieser Vorarbeiten etwas Neues zu schaffen, und auch diese Zutat wird meist nicht von einem Einzelnen, sondern von mehreren Personen in gemeinschaftlicher Beratung und Mitarbeit geschaffen. Die Etablissementserfindung ist also kein Argument gegen das Autorrecht des Erfinders, sondern eine praktische Schwierigkeit, die dazu führen wird, legislative Hilfsbestimmungen zur Beseitigung der Unsicherheit über die Person des Autors zu schaffen, Bestimmungen die ja auch in den Urhebergesetzen bestehen.[2]

---

[1] Vgl. auch die Denkschrift S. 11.

[2] Vgl. §§ 3, 4, 6, 7 Urhebergeſ. vom 19. VI. 1901, §§ 5, 6, 8, 9 Kunstschutzges. vom 9. I. 1907.

Auch die Frage des persönlichen oder unpersönlichen Charakters des Werkes hat mit dem Autorrecht nichts zu tun. Das ausschließliche Recht an der geistigen Arbeit hat der Autor, weil er die Arbeit geleistet, das Werk geschaffen hat, nicht weil seine Persönlichkeit in dem Werke zum Ausdruck kommt. Es ist gleichgültig, ob sein Werk persönlich oder unpersönlich ist. Auch in der Literatur und Kunst kennen wir Werke, denen kaum noch etwas Persönliches anhaftet, die ebensogut von dem A. wie von dem B. gemacht sein können; man denke an literarische Massenarbeit, Adreßbücher und ähnliches, an musikalische Arrangements, einfache kunstgewerbliche Sachen und derartige, mehr gewerbliche Arbeiten. Das Recht am immateriellen Gut hat aber trotzdem der Autor. Der mehr oder weniger persönliche Charakter des Werkes kann nur für die Behandlung des neben dem Recht am immateriellen Gut bestehenden Individualschutzes in Betracht kommen.

Wenn nun schließlich noch darauf hingewiesen wird, daß die Erfindung im Gegensatz zur Autorschöpfung sich nicht mit sich selbst begnügt, sondern für die Bedürfnisse der Allgemeinheit bestimmt ist, so ist dies zweifellos ein Bedenken rechtspolitischer Natur, das mit dem Wesen des Urheberrechts nichts zu tun hat. Es handelt sich dabei nicht darum, daß das Recht an der Erfindung selbst qualitativ ein anderes wäre, sondern nur darum, ob die Bedürfnisse der Allgemeinheit es nötig erscheinen lassen, das unumschränkte Herrschaftsrecht des Erfinders von außen her einzuengen oder zu beschränken. Dieses Bedenken kann also nicht davon abhalten, dem Erfinder gleich dem Urheber das unumschränkte Recht an seinem geistigen Werke prinzipiell zuzuerkennen und den Machtgedanken des Privatrechts auch bei Erfindungen zur Anerkennung zu bringen. Wohl wird man sich fragen müssen, ob und inwieweit die Rücksicht auf die Allgemeinheit Beschränkungen des Herrschaftsrechts des Erfinders erfordert. Doch würden solche Beschränkungen mit dem Wesen des Erfinderrechts nichts zu tun haben. Sie würden das Urheberrecht des Erfinders nicht qualitativ zu etwas anderem machen, sondern nur Schranken sein, die von außen her die Befugnisse des Erfinders einengen und damit den Machtgehalt des Erfinderrechts verringern.

Alle diese Bedenken sind also keine Argumente gegen das Urheberrecht des Erfinders. Sie zeigen vielmehr, in wie vielen Beziehungen die Erfindung der literarischen und künstlerischen Arbeit wesensgleich ist und zwingen zu der Folgerung, daß die technische Erfindung, da sie ebenso wie literarische und künstlerische Werke der Erfolg geistiger Arbeit ist, die Rechtsquelle ihres Schutzes nur in der Urheberschaft haben kann. Ein Gesetz, das den Schutz der Erfindungen logisch und organisch ausgestalten will, muß also zum Ausgangspunkt das Urheberrecht des Erfinders nehmen.

Die legislative Ausgestaltung des Erfinderrechts wird sich daher den Urhebergesetzen anzuschließen haben. Der oberste Grundsatz des Urheberrechts, daß der Urheber das ausschließliche Recht an seinem Werke hat, muß auch für die Erfindung gelten. Nur wird dieser Schutz insofern eine andere Ausgestaltung erfahren müssen, als die objektive Feststellung der Erfindung zu dem Erfinderrecht hinzutreten muß. Jedoch handelt es sich dabei nicht um eine Negierung des Erfinderrechts, sondern um eine aus praktischen Gründen notwendige Beschränkung oder vielmehr Feststellung des dem Erfinder prinziell zustehenden, ausschließlichen Herrschaftsrechts.

Da nun dieses System der Feststellung des objektiven Rechts im geltenden Patentgesetz bereits enthalten ist, so würde die Einführung des Erfinderrechts keineswegs eine Umwälzung des Patentgesetzes sein. Es würde nur die Feststellung des objektiven Rechts, die in der Patenterteilung und der Nichtigkeitsklage ihren Ausdruck findet, in das Rechtssystem des subjektiven Rechts des Erfinders eingefügt und das subjektive Recht des Anmelders beseitigt werden müssen.

Dem Stettiner Kongreß sind folgende Vorschläge zur Ausgestaltung des Patentgesetzes gemacht worden:

1. Ist ein Patent nicht von dem Erfinder oder dessen Rechtsnachfolger angemeldet, so steht jedem Urheber der in Frage stehenden Erfindung oder dessen Rechtsnachfolger das Recht zu auf Übertragung des Anspruches auf das Patent oder auf Übertragung des schon erteilten Patentes.

2. Das gleiche Recht steht demjenigen zu, dessen mündlichen oder schriftlichen Beschreibungen, Zeichnungen, Modellen, Gerätschaften oder Einrichtungen oder Verfahren der Inhalt der Anmeldung ohne seine Genehmigung entnommen worden ist.

3. Die Erhebung der Klage aus 1. und 2. ist zulässig vom Zeitpunkt der Anmeldung an. Im Falle 1. verjährt die Klage drei Jahre nach Erteilung des Patentes.

4. Für die Klagen aus 1. und 2. sind ordentliche Gerichte zuständig.
5. Wird während des Anmeldeverfahrens die Klage aus 1. und 2. erhoben, so kann die Anmeldeabteilung auf Antrag das Verfahren bis zu dessen Erledigung aussetzen, wenn der Anspruch des Klägers glaubhaft gemacht wird.

   Das Gericht, bei dem die Klage auf Übertragung anhängig ist, kann durch einstweilige Verfügung

   a) die Aussetzung des Anmeldeverfahrens anordnen,
   b) den Kläger ermächtigen, sich dem Anmeldeverfahren anzuschließen.

   In diesem Falle ist der Kläger im Anmeldeverfahren nach den Grundsätzen der Nebenintervention zugelassen.[1]

Die Vorschläge lassen das Bestreben erkennen, das Erfinderrecht zum Rechtssystem des subjektiven Rechts auszugestalten und die Bestimmungen des bisherigen Patentgesetzes daneben für die Feststellung des objektiven Rechts beizubehalten. Allerdings ist dieser Gedanke insofern nicht konsequent durchgeführt, als der Einspruch aus § 3 Abs. 2 und die Nichtigkeitsklage aus § 10 Z. 3 des Gesetzes nicht beseitigt werden. Es ist nicht ersichtlich, warum man das subjektive Recht des Erfinders als Grund zur Vernichtung des Patentes noch beibehalten sollte, wenn man dem verletzten Erfinder den Anspruch auf Übertragung des Patentes gibt. Die Patenterteilung als Feststellung des objektiven Rechts hat mit dem subjektiven Recht des Erfinders nichts zu tun. Das Patent wird erteilt, wenn eine Erfindung vorliegt, gleichgültig, ob diese Erfindung einem anderen entwendet ist oder nicht. Das subjektive Recht findet seinen Schutz ausschließlich in der Klage auf Übertragung des Patentes, und findet in dieser Klage auch praktisch ausreichend Schutz, denn der Erfinder, der das Patent auf diese Weise erhält, kann dasselbe durch Nichtzahlung der Gebühren zum Verfall bringen. Auch dürften die in Nr. 5 dieser Vorschläge enthaltenen Bestimmungen zum einstweiligen Schutz des Erfinders innerhalb des Patenterteilungsverfahrens nicht praktisch sein. Es ist an und für sich schon mißlich, das Gericht dem Patentamt überzuordnen und ihm die Befugnis zu geben, in das Verfahren vor dem Patentamt autoritativ einzugreifen, wie es dort vorgeschlagen wird. Eine einstweilige Verfügung des Gerichts auf

[1] Vgl. die Denkschrift S. 34.

Aussetzung des Anmeldeverfahrens ist auch zum Schutz des klagenden Erfinders praktisch nicht nötig. Es genügt vollkommen, wenn dem Anmelder durch einstweilige Verfügung des Gerichts verboten wird, über die Anmeldung durch Verzicht oder Rücknahme, oder durch Übertragung oder Lizenzerteilung zu verfügen. Auch der Vorschlag, den Erfinder als Nebeninterventienten im Erteilungsverfahren zuzulassen, dürfte nicht opportun sein, das Eingreifen eines Nebeninterventienten würde das Erteilungsverfahren nur unnötig erschweren.

Der Kongreß ist den Vorschlägen nur teilweise gefolgt und hat folgendes beschlossen:

1. Ist eine Erfindung nicht von dem Erfinder oder dessen Rechtsnachfolger angemeldet, so steht demjenigen, dessen mündlichen oder schriftlichen Beschreibungen, Zeichnungen, Modellen, Gerätschaften, Einrichtungen oder Verfahren der Inhalt der Anmeldung ohne seine Genehmigung entnommen worden ist, neben dem Einspruch das Recht auf Übertragung des Anspruchs auf das Patent oder auf Übertragung des Patents zu.
2. Die Klage verjährt in drei Jahren nach Bekanntmachung der Anmeldung gemäß § 23 Pat.-Ges.
3. Für die Klage sind ordentliche Gerichte zuständig.
4. Zieht der Anmelder im Falle der Klage die Anmeldung zurück, so kann der Erfinder die Anmeldung mit ihrer Priorität innerhalb einer Frist von drei Monaten, nachdem ihm die Zurücknahme bekannt geworden ist, aufnehmen.

Hiernach soll also der Erfinder, dem das Patent grundsätzlich zukommt, nur dann klagen können, wenn aus seiner Erfindung der Gegenstand der Anmeldung entnommen worden ist. Das ist inkonsequent. Man erkennt das Erfinderrecht als Grundsatz an, beschränkt aber seine Geltendmachung auf den Klaggrund der Entwendung, und beläßt es damit im wesentlichen bei dem bisherigen Zustand. Dem Beschlusse liegt wohl der Gedanke zugrunde, daß die Klage des Erfinders gegenüber dem unberechtigten Anmelder nur vorkommt, wenn die Anmeldung von dem Anmelder oder einem Dritten dem Erfinder entwendet worden ist. Allein dies dürfte doch nicht dazu führen, daß man den Grundsatz des absoluten Rechts des Erfinders, den man zuerst anerkennt, dann wieder negiert. Es ist auch nicht richtig, daß jede Klage des Erfinders eine Klage wegen entwendeter Erfindung sein müßte. Im Falle der Doppelerfindung kann eine unberechtigte Anmeldung vorliegen, ohne daß dem klagenden Erfinder gegenüber eine Entwendung gegeben wäre.

Will man den Grundsatz, daß der Erfinder das ausschließliche Recht an seiner Erfindung hat, daß ihm daher das Patent zukommt, dem Patentgesetz zugrunde legen, so ergibt sich m. E. folgendes:

1. Die Patenterteilung bleibt für die Feststellung, ob und inwieweit eine Erfindung vorliegt, unverändert. Alle Fragen des subjektiven Rechts müssen aber aus dem Patenterteilungsverfahren ausscheiden. Die Anmeldung, die Vorprüfung, das Einspruchsverfahren würden also unverändert bleiben, nur würde der Einspruch auf Grund des § 3 Abs. 2 in Wegfall kommen. Auch die Nichtigkeitsklage als Ergänzung des Patenterteilungsverfahrens[1] würde unverändert bleiben, nur würde die Entnahme der Erfindung als Nichtigkeitsgrund (§ 10 Z. 3) wegfallen.

Für das Patenterteilungsverfahren wird sich die Notwendigkeit ergeben, einen Beteiligten durch Fiktion zu schaffen, da das Verfahren von einer Person betrieben werden muß. Diese Schwierigkeit dürfte durch die vom Stettiner Kongreß im Anschluß an das österreichische Gesetz vorgeschlagene „Vermutung des Anmelders als Erfinder“ am besten gelöst sein. Allerdings hat diese Vermutung ihre Bedeutung hier nur für das Patenterteilungsverfahren, nicht darüber hinaus, denn die Vermutung soll innerhalb des Patenterteilungsverfahrens ja nicht subjektiv Recht schaffen, ist vielmehr nur eine Fiktion, deren Zweck auf der Notwendigkeit beruht, einen Beteiligten für das Erteilungsverfahren konstruieren zu müssen.

2. Der Erfinder hat das Patent zu beanspruchen, auch wenn er es nicht angemeldet hat. Für dieses subjektive Recht des Erfinders gelten die Grundsätze des Urheberrechts.

a) Wie in den Urhebergesetzen, muß auch im Erfinderrecht der Beweis der Urheberschaft durch eine Vermutung erleichtert werden. Diese Vermutung der Urheberschaft knüpft in den Urhebergesetzen an

[1] Die Frage, ob etwa das Patenterteilungsverfahren durch Beschränkung der Vorprüfung zu vereinfachen ist, und ob etwa die Nichtigkeitsklage erschwert werden soll, gehört hier nicht her, da es sich hier nur darum handelt, wie sich prinzipiell das Patenterteilungsverfahren und die Nichtigkeitsklage zu dem Urheberrecht des Erfinders verhält.

das Werk selbst an. Derjenige, der auf dem Werk als Verfasser genannt wird, wird als Urheber vermutet (§ 7 Ges. v. 19. VI. 1901, § 9 Ges. v. 9. I. 1907). In dieser Form läßt sich die Vermutung des Urhebers in das Erfinderrecht nicht einführen, weil, wie oben gesagt, die Erfindung ihrem Inhalte nach nicht schon in der Beschreibung oder dem Modell, sondern erst in der Patentschrift festgestellt wird. Die Vermutung zugunsten des Erfinders wird daher logischerweise an die Patenterteilung anknüpfen müssen. Es ist als Erfinder oder Rechtsnachfolger des Erfinders derjenige zu vermuten, der das Patent anmeldet.

b) Damit ist für die Legitimation des Erfinders eine praktische Hilfe gegeben. Es entsteht aber nun im Erfinderrecht die besondere Schwierigkeit, daß mehrere selbständige Erfinder vorhanden sein können. Bei der Literatur und der Kunst ist der Fall, daß dieselbe Schöpfung von zwei Personen unabhängig voneinander gemacht wird, kaum denkbar, obwohl er nicht absolut ausgeschlossen ist.[1] Dagegen kommt es bei Erfindungen vor, daß die gleiche Erfindung von zwei Personen unabhängig gemacht wird. Da nun den ausschließlichen Schutz der Erfindung nur der eine von beiden haben kann, so ergibt sich die Notwendigkeit, hier eine praktische Hilfsbestimmung einzufügen und den Schutz demjenigen Erfinder zu geben, der zuerst anmeldet, so daß also, wie es in dem Leitsatz des Stettiner Kongresses heißt, das Patent dem erstanmeldenden Erfinder zusteht.

c) Der Erfinder kann auf Grund seines Urheberrechts von dem unberechtigten Anmelder die Übertragung des Patentes verlangen. Zur Klagebegründung gehört der Nachweis, daß der Kläger der Erfinder ist. Ferner muß der Kläger nachweisen, daß der Anmelder nicht der Erfinder ist, da ja zugunsten des Anmelders die oben erwähnte Vermutung besteht. Ein weiterer Nachweis dagegen, insbesondere der Nach-

[10] Derartige Fälle sind im Gebiete der Tonkunst vorgekommen, z. B. hat es sich kürzlich in einem Prozeß herausgestellt, daß der bekannte Refrain des Maximliedes aus Léhars „Lustige Witwe" schon in einer früher erschienenen Komposition eines anderen Komponisten vorkam. Die Beweisaufnahme ergab mit ziemlicher Sicherheit, daß beide Komponisten absolut selbständig voneinander geschaffen hatten. — Bekannt sind ja auch die sog. „wandernden Melodien" in der Musik. Mögen diese auch meist auf unbewußtes Nachschaffen zurückzuführen sein, so dürfte doch wohl anzunehmen sein, daß in manchen Fällen die gleiche Melodie von zwei unabhängig voneinander schaffenden Künstlern gefunden worden ist. Unsere musikalische Ausdrucksform ist nicht so vielgestaltig, daß solche Möglichkeit ausgeschlossen wäre.

weis eines Zusammenhanges zwischen der Anmeldung und der Erfindung ist nicht erforderlich.

d) Für den einstweiligen Schutz des Erfinders während des Patenterteilungsverfahrens ist es selbstverständlich, daß das Gericht, bei dem die Klage des Erfinders gegen den Anmelder anhängig ist, dem Anmelder durch einstweilige Anordnung die Verfügung über die Anmeldung verbieten kann. Da aber der Anmelder, bevor eine solche einstweilige Anordnung ergeht, durch Zurücknahme der Anmeldung den Erfinder schädigen könnte, so dürfte die von dem Stettiner Kongreß unter Nr. 4 beschlossene Bestimmung, daß der Erfinder in solchem Falle die Anmeldung mit ihrer Priorität wiederholen kann, zu empfehlen sein.

e) Aus der Analogie der Urheberrechtsgesetze folgt ohne weiteres, daß das Recht des Erfinders abgetreten werden kann. Da das Recht des Urhebers grundsätzlich abtretbar ist, ist nicht einzusehen, warum das Recht des Erfinders nicht ebenso abtretbar sein sollte.

f) Aus der Analogie der Urheberrechtsgesetze ergibt sich auch die Anerkennung eines Individualschutzes des Erfinders. Die Nennung des Erfinders in der Patentschrift, die jetzt allgemein gefordert wird, ist ein Postulat, das sich mit dem Anmeldesystem unseres Gesetzes nicht vereinen läßt, in dem Urheberrecht aber ohne weiteres seine Begründung findet. So gut der Urheber eines Schriftwerkes oder Kunstwerkes das Recht hat, daß das Werk nur unter seinem Namen in die Welt geht, so gut er verbieten kann, daß das Werk ohne Autorbezeichnung oder unter fremdem Namen verbreitet wird, kann auch der Erfinder verlangen, daß sein Name in der Patentrolle eingetragen wird. Dieses Recht ist reiner Individualschutz und daher unveräußerlich. Selbstverständlich gehört die Geltendmachung des Rechts auf Namensnennung nicht in das Patenterteilungsverfahren, das ja nur mit dem objektiven Recht sich befassen soll. Der Anspruch auf Namensnennung ist vielmehr, falls er bestritten wird, im Wege der Klage gegen den bestreitenden Patentinhaber geltend zum machen. Wird der eingetragene Patentinhaber verurteilt, seine Zustimmung zur Nennung des Erfinders zu geben, so kann das Patentamt ohne Schwierigkeiten den Namen des Erfinders in der Patentrolle vermerken.

Man wird nun fragen, welchen praktischen Nutzen die Ausgestaltung des Erfinderrechts für das Patentrecht hat.

Zunächst ist darauf zu erwidern, daß der logische Aufbau eines

Rechts immer ein praktischer Nutzen ist. Gesetzliche Bestimmungen haben nur dann eine Berechtigung, wenn sie auf der theoretischen Erkenntnis von Grund und Wesen des Rechts beruhen. Die Anwendung und Auslegung eines Gesetzes ist nur dann mit Sicherheit möglich, wenn sie auf das Wesen des Rechts zurückgehen und den Zusammenhang mit analogen Rechtsgebieten berücksichtigen können. Daß also die Einführung des Erfinderrechts, weil sie eben auf der Erkenntnis der Rechtsquelle beruht, eine praktische Bedeutung hat, darf nicht in Frage gestellt werden.

Aber auch hiervon abgesehen sind die praktischen Konsequenzen nicht ganz ohne Belang. Zunächst ist in negativer Hinsicht festzustellen, daß bei obigen Vorschlägen eine Belastung des Patenterteilungsverfahrens nicht eintritt. Das Patenterteilungsverfahren wird vielmehr erleichtert insofern, als die Prüfung des subjektiven Rechts, der Einspruch auf Grund des § 3 Abs. 2 Pat.-Ges., ganz ausscheidet.

Das Recht des verletzten Erfinders wird dem geltenden Recht gegenüber wesentlich erweitert. Es ist oben hervorgehoben worden, daß die Judikatur aus allgemeinen Rechtsgrundsätzen und aus § 3 Abs. 2 des geltenden Patentgesetzes eine Korrektur des Anmelderrechts zugunsten des Erfinders geschaffen hat. Manche Schriftsteller[1] halten diese Korrektur und Ausgleichung zum Schutze des Erfinders für hinreichend. Demgegenüber ist folgendes festzustellen: Bisher konnte der Erfinder gegenüber dem nichtberechtigten Anmelder aus § 3 Abs. 2 nur die Vernichtung des Patentes herbeiführen, nicht aber selbst das Patent erlangen. Der Anspruch auf Übertragung der Patentanmeldung oder des Patentes als Entschädigungsklage oder Bereicherungsklage war obligatorischer Natur und gegenüber den Rechtsnachfolgern des zum Schadenersatz Verpflichteten nur insoweit durchzuführen, als diese den Besitz in anfechtbarer Weise erlangt hatten. Dagegen könnte zukünftig die Klage des Erfinders auf Grund seines Urheberrechts gegen jeden Anmelder durchgeführt werden, selbst wenn dieser den Besitz der Erfindung in nicht anfechtbarer Weise und in gutem Glauben erworben hat. Der klagende Erfinder braucht nur zu beweisen, daß er die Erfindung gemacht hat und daß der Anmelder nicht der Erfinder ist. Er braucht nicht zu beweisen, auf welche

[1] So Kohler, Handbuch S. 311; ähnlich auch Schanze, Gutachten in den Verh. d. 29. Juristentages Bd. 1 S. 185ff.

Weise der Anmelder in den Besitz der Erfindung gekommen ist. Ebensowenig braucht er einen Zusammenhang zwischen seiner Erfindung und der angemeldeten Erfindung zu beweisen. Er ist damit sogar in der Lage, gegen einen Anmelder vorzugehen, der den Gegenstand der Anmeldung aus der Erfindung eines anderen unabhängigen Erfinders entnommen hat.

Schließlich hat das aus der Anerkennung des Urheberrechts sich ergebende Recht des Erfinders auf Namensnennung nicht nur ideale, sondern auch materielle Bedeutung. Das soziale Problem der Angestelltenerfindung hat hier eine Lösung, die befriedigender und praktisch wichtiger sein dürfte, als die Versuche, die Angestellten durch Beschränkung der Vertragsfreiheit zu schützen. Der Anspruch auf Namensnennung ist, wie schon hervorgehoben, als Persönlichkeitsrecht unveräußerlich. Dem Erfinder kann also sein Recht, in der Patentrolle genannt und damit in der Öffentlichkeit bekannt zu werden, durch Vertrag nicht entzogen werden. Wird aber der Name des Erfinders in der Öffentlichkeit bekannt, so ergibt sich für das Etablissement zunächst moralisch die Notwendigkeit, dem Erfinder auch einen angemessenen Teil des Nutzens seiner Erfindung zukommen zu lassen oder doch ihn in seiner Stellung so zu heben, daß er ein Äquivalent für seine Erfindung erhält. Auch praktisch ist das Etablissement gezwungen, dem Erfinder entsprechende Vorteile zu bieten, die ihm andernfalls die Konkurrenz unbedingt anbieten würde. Auch hieraus zeigt sich, daß ein auf der Erkenntnis der Rechtsquelle logisch aufgebautes Gesetz von selbst die praktischen Schwierigkeiten löst.

FSC
www.fsc.org
MIX
Papier | Fördert
gute Waldnutzung
FSC® C083411

Kolibri 360 GmbH
Ferdinand-Jühlke-Straße 7
99095 Erfurt, Deutschland
produktsicherheit@kolibri360.de